The Social Body

Nick Crossley

社会的身体

ハビトゥス・アイデンティティ・欲望

Habit, Identity and Desire

ニック・クロスリー［著］

西原和久・堀田裕子［訳］

新泉社

本書は、私の父トニー・クロスリー（一九四三 - 一九九八）を追悼して書かれた。また、彼の死に耐えて気丈でありつづけた母ドットのためにも書かれた。そして本書を、妻ミシェルに捧げる。

社会的身体◉目次

謝辞

私は、一九九〇年のはじめに、身体に関する思索を開始した。本書は、その一連の思索に基づく結論をまとめ上げる試みとして書かれたものである。ちょうどその頃、私はメルロ＝ポンティの著作に出会い、社会科学に対してメルロ＝ポンティの見解が重要な意義をもつと確信し、次第にその確信を深めていった。それから一〇年。さまざまなことはあったが、穏やかな時が流れてきた。もちろん、数多くの熱気に満ちた時間もまた流れた。私はその間、同僚や友人とともに、多くの実りある議論を重ねてきた。とくにサイモン・ウィリアムズとアン・ウィッツに対しては、彼らからの激励と私を導いてくれたさまざまな思索に対して、感謝の意を述べておきたい。

この一〇年の月日は、たしかに多くの幸せな時間をもたらしてくれたが、同時に悲しい時間をもたらしたことも事実である。私の周辺の多くの人びとが、この間に亡くなった。乳母ドリス、義理の乳母アイリーン、祖父ビリー、学生時代からの親友ロブ、そして父トニー。

死ほど、人間の「身体性」について鮮明に思い起こさせるものはない。だが死が私たちの身体性について思い起こさせてくれるのならば、私たちの身体はまた、私たちが社会的存在として享受する「死後の生のかたち」についても思い起こさせてくれる。他者は、私たちの身体の内部に生きつづける。それは、単に記憶としてだけではない。他者は、私たちの身体に遺してくれた習慣や良心の声というかたちで生きつづけている。

議論することや議論を楽しむこと、そしてときには議論の喜びのために孤立することも恐れぬこと、さらには尊大な言動を避けるために十分なユーモアのセンスをもつこと、これらのことを私に教えてくれた父と祖父に、とくに感謝したい。彼らの主義主張とは異なっていて、本書の内容に同意できない部分も数多くあるだろう。本書では、彼らがもっとも述べそうな批判を先取りして、それに応えるという試みもおこなっている。それによって、そうしなかったときよりも本書をより豊かなものにしていることをただ願うのみである。もし本書がわかりやすく読めるとすれば――そうであることを願っているが――彼らにもその功績が認められるべきであろう。それは、私の饒舌に対して彼らが笑いをもって批判したということによって、その饒舌という弱点を避けることができたという点だけではない。彼らの聞くことへの熱望、話すことへの熱望、論じることへの熱望が、人間の知性と理性は必ずしも専門用語の学問の世界のなかで生まれるわけではない、ということを私に教えてくれたからである。

最後に、妻ミシェルに感謝したい。彼女は、本書のいくつもの論点について私とともに討論し議論しながら、この八年を過ごしてきた。そして彼女は、いまだに議論をやめることを拒んでいる。私たちが議論を重ねるうちに、たくさんのワインボトルが醸成され、良い味を醸し出してきたが、むろんそのワインを酌み交わして重ねられた私たちの議論もまた、良い味を醸し出してきたはずである。

私は、完成した本書に残る欠点に関して、「その責任はここに挙げたすべての人びとにある」と言いたい気持ちもある。だが、学術文化において著者は謙虚でなければならないという義務がある。それゆえ、他人に責任を転嫁するような異端の行動は許されないだろう。したがって私は、この特別な重荷を自分自身のものとして背負い込もうと思う。

ニック・クロスリー

第一章　序論――二元論と身体的実践

「身体」は、ここ二〇年以上も前から社会学の内部で主要な論点になってきている。ブライアン・ターナーの『身体と社会』（Turner 1984）のような萌芽的・独創的な著作も刊行されていた。だが、それ以前の早い段階でのターナーその他の先駆者たちが取り上げた源泉とそこでなされた議論にまで目を向けるならば、身体はもっと早い段階から主要な論点になってきていたことがわかる。その間に、広範囲におよぶ研究がなされ、議論が取り交わされてきた。

だが、こうした研究全体と、それらの研究によってもたらされた数多くの興味深い洞察があるにもかかわらず、一定の解きがたい問題もまた残されている。とりわけ社会学は、心身二元論の問題を提起してきたが、この哲学的難問に満足のいく答えを見いだしてはこなかった。これが筆者の見解である。実際のところ、私たちは二元論というこの問題がもつ性格についてさえ、明確にできていないと筆者は考えている。しかしながら、これは孤立した単一の問題ではない。私たちが身体の問題を射程に入れて社会学を考えようとするのであれば、二元論は重大なハードルである。この二元論は、身体性を問う際のまさに根底にあり、私たちが行為作用、アイデンティティ、社会的実践の性質といった中心的問題を理論化しようとする際には、かなり重要な意義をもっている。二元論を解明できるかどうかが、身体を射程に入れた社会学の達成されるべき試み全体にとって、分岐点になっているのである。

本書で筆者は、この解きがたい哲学的問題の社会学的意義を描き出しながら、問題に取りかかろうと考えている。そうして、哲学的視点と社会学的視点とに同時に目を向けながら、バラバラだが重なり合う一連の研究の主要部分をまとめてみたい。その一群のまとめによって私たちは、解決策を指し示し、またそうすることで言葉の正確な意味において、身体を射程に入れた社会学のための基礎を発展させることができるようになるだろう。たとえ筆者のカンバスが理想としていたものよりも大きく広がってしまった場合でさえも、この知的努力の帰結は決して包括的なものではない。筆者が議論から省いた多くの論点、理論、問題があるからだ。しかしながら、この限定を施すことで、私たちが直面している諸問題や私たちがそれらの諸問題を解くための可能性についての、より明確な見取り図を得ることができるようになるならば、もちろんそうする価値がある。さらにもう一点付け加えるならば、二元論という問題に取り組むこと自体が、一冊の本の長さの研究で取り組む以上の論点を提起しているということも理解できるであろう。

本書の最初の章であるこの序論で、筆者が取り扱い、確認するさまざまな主題と問題の概要を述べておこう。本書のなかで、読者はやがてそれらの主題と問題に実際に触れることになるはずである。ではまず、二元論の一般的な論点から始めよう。

(1) 二元論

二元論は、身体の社会学を研究する者にとって主要な問題である。重要な研究の多くは身体をひとつの問いとして掲げており、その答えはときに身体への社会学的関心の存在理由そのものであるかのように思われる。たとえばブライアン・ターナーは、「現代哲学が、妥当性を欠いたものとして心／身の差異を広くしりぞけるようになった時代においても、多くの社会学は心／身の厳密な二分法を暗に引き受けているという点で、いまだにデカルト的である」（Turner 1984 : 2）という。そして、「伝統的な心身の二分法と人間の身体性の無視は、社会科学において重大な理論的および実践的な問題である」と彼は論じる（Turner 1992 : 32）。同様にクリス・シリングは、いくぶん曖昧な言い方ではあるが、「社会学は心身の二分法を採用することによって、哲学の長年の伝統に従ってきた」（Shilling 1993 : 8-9）と記している。最後に、もっと最近ではサイモン・ウィリアムズとギリアン・ベンデロウが、「身体からの精神の分離」は、他の多くの二元論とともに、社会学を含む西洋思想の伝統に対して大きくかつ問題の多い影響をおよぼしてきた、と論じている（Williams and Bendelow 1998 : 1）。

二元論に対するこうした社会学的関心には、どこか逆説的なところがある。「身体」は、どのような社会学的パースペクティヴにおいても中心的概念ではなかったが、「精神」もまたそうではなかったのである。社会学者たちはむしろ、「行為主体」、「実践」、「行動」、「行為」、「行為者」といった概念に関心をもっている。これらすべての概念は精神的でもあり身体的でもあるという、統合された構造を表わしている。さらに、二元論を解こうとする、より説得力のある哲学的努力のなかには、「行為」あるいは「行動」に明確に焦点をあて、それを精神と身体との間の中立的な概念とみなしながら、この概念が二元論を乗り越えることを可能にすると試みるものもある（Ryle 1949 : Merleau-Ponty 1965）。

こうした哲学的視点からみると、伝統的な社会学は哲学とくらべると身体性に関してほとんど語ってこなかったし、二元論についても問題であるとはあまり感じてこなかったといえるかもしれない。だが同時に、伝統的な社会学は行為を問うことで、私たちの学問分野に二元論の問題をもたらした精神と同様に（心身）二元論のまさしくもう一方である身体には関心をもっていた、といえるかもしれない。

こうした逆説にもかかわらず、身体性への私たちの関心は、「身体」を社会学的な論題として位置づけ、それとともに二元論の問題としても位置づけることにある。この問題に取り組むことが、本書の最初の部分における筆者の目的である。次の第二章では、古典的で哲学的な定式化における二元論の性質と問題を明らかにするところから始める。デカルトが『省察』のなかで措定している有名な議論の概要を述べ、それからその議論に対する一般的な哲学的批判と、その議論が社会学に引き起こす諸々の困難について考えてみたい。

それに続く第三章では、二元論に対するかなり一般的な哲学的回答について考察する。それは実際のところ、精神とは脳であるという主張である。もしそのとおりであるならば、二元論の問題は解決する。というのも、脳は身体の一部であり、したがって精神と身体との二元性は消滅することになるからである。しかしながら、この議論は不完全である。あるいはもっと正確にいえば、この議論は社会学的な見地からすると諸問題を引き起こす。私たちが知り、振る舞い、考え、感じるすべてのことが脳のなかの活動を意味するという考えに、筆者はまったく賛成しないわけではない。しかしこのことは、脳が精神「である」ということを意味するのではない。脳が精神であると仮定することは、社会科学にとってきわめて残念な結果をもたらす。そこで私たちは、二元論に対する別の回答を見いだす必要がある。

第四章と第五章では、筆者自身がより好ましいと考えている回答の概要を述べる。筆者の出発点は、「機械のなかの亡霊」という神話としての、デカルト的視点についてのギルバート・ライル（Ryle 1949）による論述である。この論述は二つの構成要素からなる。つまり、精神が亡霊として、身体が機械として描かれているのである。第四章と第五章では、これら二つの要素にそれぞれ取り組む。第四章で筆者は、デカルトの亡霊を追い払うため、ライル自身による心という言葉を「脱構築」しようと思う。そして第五章では、身体が機械であるという考えを批判するために、人間の身体に関するメルロ＝ポンティ（Merleau-Ponty 1962；1965）の研究を援用したい。

以上のことは多くの点で、私たちが「身体」に関心をもつようになるより前に社会学が着手した地点、すなわち社会的な行為主体の問題へと私たちを引き戻す。この社会的な行為主体という観点からすると、人間は精神でもなければ、厳密にいうと身体でもない。むしろ、人間は精神的で身体的な社会的行為主体である。しかしながら、私たちは出発点にまでは完全には戻らない。ライルとメルロ＝ポンティの議論によって、筆者は、行為作用のもつより物的で身体的な相の多くを、行為主体についてのより心的‐身体的な考え方を確立するかたちで、明らかにできるだろう。とくに筆者の議論は、人間の知覚・情動・欲望という感覚的な性質と、行為作用・コミュニケーション・思考の身体的基盤を取り上げて、それらに焦点を合わせている。

（2）習慣と身体的実践

二元論に取り組むに際して、少なくとも筆者のやり方では、私たちがあらかじめ予想していたよりもさらに議論を進めることになる。二元論への適切な取り組みは、デカルト的体系の多くの原理を揺さぶる。なかでも、もっとも注目に値するのは、「精神」という概念、人間的自己についてのデカルト的定義における「思惟」の優位性、この思惟の優位性にともなう伝統的な主／客二分法、といった諸原理を揺さぶることにある。第四章と第五章でみるように、私たちは反省的思考に特権を与えるデカルト的傾向をしりぞけることになるだろう。私たちにはむしろ、実践的な存在としての人間的自己のイメージが与えられている。つまり私たちは、いかなる反省も生じうる以前に、身体＝物理的に世界に巻き込まれつつ、かつ世界への実践的支配力を享受しているのである。このことは、「主体」を根本的に脱中心化する。私たちは、私たちの反省的意識や自己意識を、知覚的行動、言語的行動、運動性をともなう行動などのもつ前反省的基盤のうえに築かれた、氷山の一角のようなものとみなすようになる。さらに私たちは、これらの行動について――意図的なものであろうと――その背後に反省的な存在を想定することなく、またいかなる仕方であれ、それらの行動を意欲したり計画したりすることを想定することなく、考えなければならないだろう。

このことは、多数の問題点と論点を引き起こす。しかしとくにここで、ライル（Ryle 1949）が多くの人間活動の性向基盤と呼ぶものと、メルロ゠ポンティ（Merleau-Ponty 1962）が「習慣」として言及するものについて考える必要がある。習慣という概念は、近年の社会科学の内部で、とりわけ心理学的行動主義の内部で用いられて粗雑に扱われた結果、手厳しく批判されるようになった概念である（Camic 1983）。しかしながら、この習慣という概念にはむしろ、より優れた精巧なかたちで用いられてきた長い歴史がある。また、メルロ゠ポンティ（Merleau-Ponty 1962）は、現象学的伝統にいる思想家たちのなかでもとくに、習慣についての多数の粗野な見方から区別するために「ハビトゥス」という術語を用いることに貢献したフッサール（Husserl 1973；1989；1991）の影響を受けており、そのようなより精緻な思考の歴史のなかに確実に加えることができるのである。

習慣は、身体を射程に入れた社会学にとってきわめて重要な概念である。というのも、習慣という概念は、諸々の反省的な思考や投企を省略したり支持できないような位置へと追いやったりすることなく、それらを「ふさわしい場所」に位置づけながら、行為作用についての私たちの考え方を実践的で身体的な人間実践の中心に据えることを可能にするからである。こうした理由から、第七章では以上の考えについての詳細な考察に取り組む。だがこれをおこなう前に第六章で、社会学的な目的のために習慣やハビトゥスといった考えを発展させることにもっとも貢献してきた著者、すなわちピエール・ブルデューの研究を検討しておく。

習慣についての現象学的研究を考究する前にブルデューを論じることにし、したがってメルロ゠ポンティについての二つの章の間に彼の議論を効果的にはさみこむことにしたのには、二重の意味がある。第一に、ブルデューは習慣の概念を社会学における中心的論議へと高め、プラクシス理論に結び付けている。それゆえ、彼の研究に関する議論は、私たちが細部にわたって探究する前に、習慣という概念の社会学的意義を引き出し、習慣に関する論議の骨子に社会学的な肉づけをしてくれる。メルロ＝ポンティに対して公平にいえば、メルロ＝ポンティもまた、そのような社会学的関心事に決して注意を払っていないわけではない。彼の研究は大いに社会哲学的である。その研究は、社会学的研究から引き出されており、そうした研究のなかでもモース、レヴィ＝ストロース、ヴェーバー、マルクス、ルカーチらの考えに直接的に関与している。実際に、メルロ＝ポンティの研究が社会学において核となる「構造主義者」の考えの多くを先取りしていると主張することは、さほど奇異なことではない。メルロ＝ポンティが論じたように、人間は「社会的世界とある種の循環関係のなかに」(Merleau-Ponty 1964：123) ある。

私たちは、習慣のかたちをとってなされる、社会構造の言語的な「内自化」を通じて、現在あるところの私たちになる。しかし、発話のような私たちの行為は、同時に、言語的な社会構造に命を吹き込み、その構造の再生産を促すものでもある。ここでもっと紙幅があれば、彼の社会理論をより詳細に探究することが理想であるかもしれない（Crossley 1944 を参照。さらに多少なりとも推敲したものとしては Crossley 2001 を参照されたい）。だが結局、メルロ＝ポンティのさまざまな考えは、ブルデューによって練り上げられ経験的に考究された社会的プラクシスと構造に関する、より包括的で洗練された考えを予示しているにすぎない。このようにみると、ブルデューの研究は、議論するに非常にふさわしいものとなるのである。

筆者がブルデューによる習慣の理論を最初に議論する第二の理由は、それが習慣についての現象学的理論が解くことのできる諸問題を提起しているという点にある。筆者の見解では、ブルデューに対しては不公平で見当違いな多くの批判がなされてきた。たしかにブルデューのパースペクティヴにも問題があり、私たちはその問題点を示す必要もあろう。だが現象学研究によって、私たちはこうした諸問題を示すことと、そうすることで同時に、ブルデューの基本洞察を精緻化し深めることができるようになるのである。

ブルデューの研究は、行為作用についての私たちの考え方にかなり役立つ。それは、習慣という概念によって私たちは、行為者として、いかにして社会的世界に属するのかを理解することができるようになるからであり、また上記のメルロ＝ポンティからの引用のなかで述べられている「循環関係」を理解する手がかりをも与えてくれるからである。そして、ブルデューがハビトゥスを「構造化された構造」としても「構造化する構造」としても説明していることからわかるように、ブルデューにおいても「循環関係」は等しく認められている。そして実は、デュルケムも次のように述べていた。

……個人は社会から生じ、個人自身の最良の部分を得る。社会のすべてが、個人に他の存在とは異なる特質と特別な位置と、知性的で道徳的な文化とを与えるのである。……人間性に特有の諸属性は社会に由来する。しかし他方で、社会は諸個人を通じてのみ存在し存続するのである。もし社会という観念が個人の精神と信念のなかで姿を消し、集団の伝統や熱望が諸個人によって感じられたり共有されたりするということがまったくないのであるならば、社会は死滅するであろう。(Durkheim 1915 : 389)

諸個人は私たちの知っているところの行為者になるために、言語のような、彼らの生きる社会の諸構造と諸図式を獲得ないしは内自化しなければならない。しかし、それらの諸構造や諸図式は、当該の個人に先立って存在する他の行為者の諸行為のなかで具現化されるかぎりでのみ、存在する。この循環もしくは循環関係は、社会学が示すことのできるもっとも基底的な現象のひとつであり、習慣を軸にそのまわりをまさに循環している。人間がその性質を変化させるということは人間の性質であるからにほかならないが、人間がまわりの世界において経験する行為の諸様式と諸原理とを内自化し、技能的知識《ノウハウ》の新しい諸形式を吸収し調整する能力を拡張させるかぎりで、この循環が可能となるのである。

さらに、人間が真の意味で社会的世界の「中に」あるということも同じ理由による。すなわち、世界が人間の

「中に」あるからである。だが、この「中」とか「外」とかいう言い方はかえってデカルト主義的傾向があるため、むしろ人間のあり方そのものが社会的世界の諸構造を身体化するからであるといったほうがよい。第二章でみることになるが、デカルトは、人間行為者を自らの生きる社会の傍観者とみなしていることで非難されている。デカルトは、人間行為者とその社会との関係を、思惟する主体と思惟の客体との関係としてみなさなければならないとした。このことによって、デカルトの哲学的省察の過程そのものが、言語という社会的構成物の内部で形づくられたものであり、彼の属していた科学的および哲学的な伝統の慣習と手続きによってまとめられている、という事実が説明できなくなる。デカルトは社会の傍観者ではないのである。こうした思考をもたらす立ち居振る舞い、つまり彼の言葉こそが彼が間違っていることを立証する。というのも、その言葉は孤立した存在の立ち居振る舞いではなく、むしろある集団の立ち居振る舞いであるからだ。デカルトが社会的世界に属していることをさらけ出すことなしには、語ることも考えることもできないだろう。選択や反省よりも深いところにおよぶ社会的世界への所属性が、最終的にデカルトの生きた身体性のなかに習慣として住みついているのである。

　このことはもちろん、変化や変容の可能性を否定するものではない。人間の実践は創造的で創意に富んでおり、人間の諸社会は歴史的な運動の絶えざる過程のなかにある。しかしこれらの変容は、それらが束の間の時とともに過ぎ去ってしまうことを防ぎ保持する力がなければありえない。いかに歴史や創造の多くが変化や変容を示そうとも、それらは等しい程度に継続を必要とする。出来事は出来事のうえに必ず積み重ねられ、発展は発展のうえに必ず積み重ねられる。このことが可能なのは、出来事や発展がどこへともなく消えてなくなるわけではないからである。言い換えれば、このことは人間の身体の内部に習慣として沈殿し、未来に起こる出来事や発展のための土壌となるかぎりで可能なのである。これらは筆者が第六章と第七章で探究する問題である。

（3）可逆性と再帰性

私たちは身体「であり」、私たちの身体的なあり方が習慣に根づいているという主張は、本書の一貫した主題である。しかし、この議論は再帰性の可能性を妨げるものではない。すなわち、ここで再帰性といっているのは、私たちが身体と習慣を問題あるものとして経験し、その意味で身体や習慣を「もつ」といわれているように、私たちが身体と習慣を自覚するという考え方のことである。私は身体であるが、自分の身体を対象として経験できるかぎりでは、私は身体をもってもいる。習慣についても同様である。このことは、言語の内自化、すなわち反省的心構えをとるよう促す身体技法（Mauss 1979）によってある程度は可能である。

だが、より具体的にいうと、メルロ＝ポンティ（Merleau-Ponty 1962）もミード（Mead 1967）も、自分が他者のために存在しているかぎりで、そして自分自身に向かってくる他者のパースペクティヴをとることができるかぎりで、行為者は自分自身にとって存在すると論じている（Crossley 1996）。この点に関してミードはとりわけ興味深い。というのも彼は、プレイを通じて子どもが自分自身のハビトゥスの内部に他者の役割を内自化するようになるやり方を、巧みに描いているからである。筆者は本書において随所でこの問題を探究するつもりだが、それについての主要な考察は第八章でおこなうことにする。

筆者の考える再帰性に関する理論は、過去を振り返り自分自身を観察する私たちの能力が、他者のパースペクティヴを私たちのハビトゥスへと内自化することから生じるということを示している。それは、間主観性の理論である。しかしこの理論には、私たちが他者にとっても対象としてあるかぎりにおいて、私たちは自分自身にとっての対象となるという帰結、そしてより具体的にいうと、私たちは一般的な社会的枠組みと集合表象の内部から、自分自身を意識するようになるという帰結をもたらす。このことが含む意味合いも第八章で展開されるが、そこでは身体的な差異がそのような表象や分類の図式の内部でコード化される仕方について具体的に言及がなされる。生殖器や肌の色を含む身体的な異なる徴は、実際のところ、身体資本の符号になり、さまざまな習慣への道を切り開く（あるいは閉ざす）と同時に、人生の軌跡を形づくるという点を第八章では論じている。諸々の社会的カテゴリーは、ハビトゥスとヘクシスとして現われながら、肉体にしみ込んでいる。

自他関係のこれらの問題を探究することは、前述の社会学的循環――ただこの場合はより即座に循環するものだが――へと、私たちを引き戻す。筆者は、再帰的な投企が、習慣によっても環境によっても形づくられ、また逆に習慣や環境をも形づくる、と結論づけたい。それらの投企は、社会の内部では社会構造として現われ、実質的には社会をみる社会自身の見方である。さらにこうした性質から、投企はつねにそれ自体、見えない死角でもある。

(4) 欲望

筆者が本書で扱う最後の主題は、欲望である。私たちは、ロング（Wrong 1961）や彼以前のフロイト（Freud 1985）、さらに遡ってホッブズ（Hobbes 1968）にならって、社会の規範的要求となぜか本質的に対立するものとして、つまり反社会的で生物学的な力として欲望について考えることに慣れている。この見解には良い点も多々ある。たとえば、エリアスによる『文明化の過程』（Elias 1984）に関する研究は、現在の私たちの礼儀作法がいまのようなかたちであるのは、長い歴史的過程のなかで「飼いならされてきた」結果であると考えるに十分な、さまざまな経験的理由を提示してくれる。さらに私たちはみな、自分自身が分裂させられているという基本的な経験と、共有された規範と期待に沿うために自分自身を訓育し統制する努力をしなければならないという基本的な経験とを、よく知っている。にもかかわらず、欲望が必然的に反社会的であると当然のように思うこと、逆にいえば、規範上の違反へと駆り立てるさまざまな情動や衝動が社会領域の外部で生起していると当然のように思うこと、このことに私たちは慎重であるべきだというのが筆者の主張である。

自制心を失って激怒し、ゲームを中断させてしまうスポーツ選手の場合を考えてみよう。つまり、規則を破り、規範を侵し、攻撃的になる選手の場合である。だが、選手がそうするのは、ゲームにどっぷりと身を浸しているからこそであり、ゲームが彼らにとってまさにそれだけの意味があるからである。彼らの暴挙は、規範的な条件のなかでは反社会的であるが、それがまさに恣意的で文化的なプラクシスに関与し参入することに由来するという点では、非常に社会的である。言い換えれば、未経験者には何の意味もないサインやシンボルや差異が、彼らにとっては意味をもつのである。彼らは理由もなく「暴挙」には出ない。それは、生物学的あるいは心理学的な抑圧感情がそうでないのと同じである。むしろ彼らは、必ずしも適切ではないにしても、自分たちが自身の内部で猛烈に感じ取っているような構造をもつ社会的状況に対応しているのである。したがって、このゲームという社会的状況は、より広大な社会的世界のなかにあるものだ。人間の欲望は、社会的世界を構成するさまざまなゲームのなかに注がれている。その欲望は、私たちを熱狂的に社会へと引きずり込む。以上のことが、なぜこれらのゲームが私たちにとって重要なのか、そして、なぜ場合によっては情動や衝動がこういったゲームの規範的な境界線を越えてしまうのか、の理由である。

ブルデュー（Bourdieu 1998）は晩年近くのいくつかの著作のなかで、この論題について説明を加えている。しかし筆者は、彼の説明に対していくつもの批判をおこなっている（本書の第六章参照）。その代わりに筆者は、ヘーゲルの考えを再考しながら、人間の欲望はもともと、承認を求める欲望であると論じている。承認を求める欲望は、私たちを社会的諸関係へと引き込む。これは、原社会的な欲望である。しかし、それはまた、私たちを競争や敵対といった諸関係へも引き込む傾向である。これが、社会的世界を構成する闘争の場の多くの場面で、私たちが目にするものである。

以上、本書全体のなかのいくつかの重要な主題について、非常に簡潔かつ足早に概観してきた。こうして、いまやデカルトと二元論の哲学的問題とに戻ることができるだろう。

第二章　心身二元論——デカルトの亡霊について

魂を、何らかの理念的な場において、空想的で孤独な存在を保持しつづける身体から分離したものとして考える必要はまったくない。魂は世界のなかにあり、その生命は諸々の物の生命に深く関係している……。

（デュルケム『個人と集合表象』）

本章の目的は、心身二元論を詳細に検討することをとおして、身体を射程に入れた社会学のための道筋を明確にすることである。筆者は、デカルト（一五九六‐一六五〇）による一六四一年の『省察』、正式名称は『神の存在、および人間の精神と身体（物体）との区別を証明するところの、第一哲学の省察』（Descartes 1968）を概説しながら、二元論者の立場を呈示し、批判をおこなう。この種の二元論に関する筆者の考察は、すべてではないとしても、二元論への一般的な哲学的異論のうちのいくつかを伝えるものである。しかし筆者の主な関心は、社会学的に問題となる二元論の性格と、二元論を批判することが社会学にもたらす意義にある。二元論とその限界についての考察は、社会学にとって身体性の意義について考える重要な契機をもたらす。筆者はこの契機を大いに活用してみることにしたい。

(1) デカルトの亡霊

デカルトは、彼の企図した脈絡のなかで、すなわち『省察』のなかで二元論にたどり着いた。それは、彼の生きていた時代に新しく登場した科学が土台とすることのできるような確実性を見いだすためであった。デカルトは、自分自身と彼の同時代人の思惟を妨げていた当時の迷信のような信仰と先入観に気づき、知のための確固とした基盤を見いだすために、彼が完全には確信できないものすべてを疑うことに決めた。たしかにデカルトは、ある特別な命題の真理については感じ取っていたが、もしそれをも疑う理由を見いだすことができるならば、それを捨て去る覚悟をしなければならない、あるいは少なくとも、それに対する信仰を疑わなければならないと記している。彼が疑うことができないと見いだしたものは、確実性の土台となる支点としての「アルキメデスの点」として用いられる。

デカルトがこの脈絡のなかで考えている最初の潜在的基盤は、感覚的知覚である。しかし、諸感覚が知らせるものを彼は確信することができる、とでもいうのであろうか。この命題はすぐに棄却される。というのも、デカルトは、自分が夢を見ているかあるいは幻を見ているかもしれないという可能性について考えるからである。彼はいままで、現実と見間違うほどの非常に鮮明な夢をいくつもみてきたことを思い起こす。いまこの瞬間に、彼は夢を見ていないといえるのであろうか。実際のところ、諸感覚によって彼に立ち現われてくる世界全体は、ただの夢であるかもしれない。ちょうどそれは、彼がかつて見たことがあると自分でも知っている数々の夢のなかで、非常に現実的な様相を帯びて擬態された世界のようなものであるかもしれないのだ。ことによると、彼の人生全体はたくみに作り上げられた夢であったにすぎないかもしれないのだ！　彼は、それが夢でないということをいかにして認識することができるというのであろうか。同様に、彼は、諸々の幻覚の可能性と、幻覚といわないまでも人間の諸感覚によって欺かれる可能性にも気づいている。

　こうして彼は、自分の感覚の明証性と、その諸感覚が彼にもたらすすべてを疑わなければならなくなる。このことは、外的世界の存在と――私たちの目的にとってはとりわけ重要なことだが――自分の身体の存在とを疑わなければならないことを意味する。自分の身体も、夢や幻覚といった架空のものにすぎないかもしれないのである。このことは、彼が自分の身体を感じたり知覚したりできるということを否定するものではない。身体は、そもそも否定できない存在である。だがデカルトは、こうした諸経験の認識論的な地位を問うているのであり、それによって彼が確実だと思うものを疑うことへと導かれるのである。彼は、自分の身体を見たり感じたりしているのだが、数々の夢や幻覚のなかではあらゆる種類の架空の存在をも見たり感じたりしてきたのである。とはいえ、確実な知と真理を求める営みのなかでは、見ることや感じることは彼にとって何の価値もないのである。

　こうした「外的世界」と自分の身体を疑うことは、論理の真理と理性の真理のなかのいくつかを疑うことによってもたらされる。これらの真理は、デカルトも「悪魔」によって欺かれうる点を理由に、疑われうる。この「悪魔」とは、論理と理性の手続きおよび帰結が、実際のところ誤っているときでさえも、明白であるかのようにみせかけるものである。いかにしてデカルトは誤りを誤りとして認識できるのであろうか。もちろん、この悪魔の議論にも限界がある。だがこの議論のなかでデカルトは、疑う余地のない真理と確実性の地点を見いだした。たとえ彼が悪魔に欺かれていようとも、彼が思惟しているという事実に対して疑いをかけることはないし、その可能性もないであろう。たとえ彼の思惟するすべてのことが間違っているとしても、彼が思惟しているということは確実なままでありうる。そしてもし、彼が思惟しているならば、少なくとも思惟する存在として、彼は存在している。こうして私たちは、有名なデカルトの言明、すなわちコギト・エルゴ・スム（われ思う、ゆえにわれ在り）にたどり着く。

それゆえ、もし神が私を欺いているとしても、私が存在しているということは疑いえない。そして、神に好きなだけ私を欺かせておこう。私が私は何ものかであると思惟するかぎり、神は決して私を無に帰することはできない。したがって、それについて注意深く考え、すべてを綿密に検討してきた後に、人は結論として次の命題を確実なものとして受け入れるに違いない。すなわち、私は在る、私は存在するということは、私がそれを表明するか、あるいはそれを精神にいだく際には、つねに必然的に真理である。（Descartes 1968: 103, 傍点は原著）

ここから、善きものであり自分を欺くこともないであろう神が存在するということへの（論理的に考えた）信仰を頼りにしながら、デカルトは自分自身のそれまでの数々の懐疑に異議を唱え、それらの懐疑によって自らが棄却してきたものの多くを復権させはじめる。そして、その過程で彼は、私たちがここで関心の中心においているいくつもの結論を引き出す。とくにデカルトは、自分自身の身体の存在を疑うことができたという事実から、それによって思惟する存在としての自分の存在を、疑義をさしはさむことなく推論する。つまり、自分の精神と身体、あるいはより一般的な言い方をすれば自分の心と物とが異なる「実体」であるに違いなく、そして自分という存在は、本質的に心的実体のなかにあるに違いないと推論する。もしデカルトが、身体なしで存在している自分自身を想像できるのなら、彼の「本当の姿」は彼の身体とは違う別の何かであるはずであり、そして、この別の何かが思惟するものだとするならば、彼の「本当の姿」とは彼の精神であるに違いないと推論している。このことは、精神と身体、あるいは心と物との間にある差異の問題を要請するが、適切にもデカルトはそれについて自分で説明している。心的実体の特性と物的実体の特性とはまったく異なる、とデカルトは論じているのである。物は空間のなかで延長したり、分割したりすることが可能である。それは、（当時の優れた思索家たちが発見しはじめていた）物理的性質の諸法則に従っている。これと対照的に、心は空間のなかで延長したり、分割したりすることは不可能であり、前述の諸法則には従っていない。したがって心は、より明確にいえば、思惟する実体なのである。

こうして私たちは、基本的な二元論的立場にたどり着いた。人間は二つの異なる「実体」からできているといわれる。一方は、空間のなかへと延長し、物理的決定の諸法則に従っている。他方は、厳密にいえば非空間的で、分割不可能な実体であり、思惟するものである。さらに、これら二つの実体に関する私たちの知は、獲得することができる確実性の形式と度合いにおいて基本的に異なる、とデカルトは付け加えている。実際のところ、人間の身体は外的世界の一部であると彼は主張する。身体はそれ自体、いかなる度合いの確実性でもっても、知ることは困難である。「外的」対象の数々についての知は、必然的に諸感覚によってもたらされるが、その諸感覚は当てにならない。それとは対照的に、人間自身の精神についての知は、当てにならないような諸感覚によってもたらされるのではない。精神についての知は、即座にかつ即座の確実性でもって、内部から知られるのである。精神は思惟し、思惟するということを知っている。また、精神は知り、そして知るということを知っている。精神は、自己透過的である。したがって、人間の精神は、人間の身体よりも、そして実際には他のあらゆるものよりも、より容易にかつ正確に知られるのである。

この説明では、精神は身体に対して明らかに高いレベルに押し上げられている。自分の身体の存在を疑い、それによって、思惟する存在としての自分自身の存在を疑うことをしないデカルトの力能は、自分の真の性質にとっては、自分の身体が二次的なもので非本質的な相であるということを必然的に意味する。実在するデカルトとは、思惟する実体、すなわち精神のことである。彼の身体は、世界のなかのもうひとつの経験的客体であるにすぎない。ここでは、精神の描かれ方に注目しておくことが重要である。デカルトの「精神」は反省的で観想的な実在であり、その精神と世界との関係は、思惟と知に根づいており、そうした精神の知と思惟は、形式において本質的に命題的で述定的である。つまり、それら思惟や知は、世界について、の反省的な数々の命題あるいは思惟のなかにあるのである。精神と精神の外側にあるあらゆるものとの関係、あるいはむしろ精神と精神それ自体との関係は、その精神に関する思惟という形式をつねに必然的に帯びている。

ギルバート・ライル（Ryle 1949）は、私たちが後で扱うことになるデカルトへの批判をおこなっているが、デカルト的図式を総括して、「機械のなかの亡霊」の神話として特徴づけている。この特徴づけに関しては、次の二つの点が重要である。第一に、その特徴づけは、デカルト的体系の内部にある精神のもつ亡霊のような性質へと、私たちの関心を引きつける。つまり、精神は実体であるが、物体ではない。精神は「物」ではないのである。第二に、その特徴づけは、デカルト的思惟の内部にある身体についての特定の考え方へと、私たちの関心を引きつける。レーダー（Leder 1998）は、デカルトが論じた身体を「人という物体」あるいは「肉塊」として描いており、そのまったき物理的性質と人間の諸特性の不在を強調している。だが、ライルの描写は、私たちの目的にとってより適切である。デカルトにとって身体は機械であり、機械仕掛けの物や装置と同種であるとライルは論じている。身体のさまざまなパーツや操作の手段は、物としての機械のなかにある、ゼンマイ、レバー、滑車と同種である。後で考察することになるが、もし私たちが完全に二元論を超えようとするならば、亡霊の神話と、こうした機械の神話とに挑戦する必要がある。

デカルトが精神と身体とを区別する明白な理由、すなわち、彼が一方は疑うことができ、もう一方は疑うことができないということの理由は、奇妙で不十分なものだという印象を私たちに与える。しかし多くの哲学者は、この議論に対してより深遠で多少なりともより重要な、隠された意味を認めてきた。デカルトは、私たちが知っているような物理諸科学が最初に登場し一定のペースで展開されはじめたときに、すべてをそのなかに含んでいる宇宙全体が、機械論的な因果関係の諸法則によって説明されるであろうという期待が沸き起こった、ということも同時に書いていた。デカルトは一人の理知的な人間として、これら物理諸科学の発展に強く感銘を受け納得させられていた。実際に彼は、物理諸科学にも貢献しており、彼の『省察』やその他の著作は、私たちが述べたように、物理諸科学の成功への道に立ちはだかる先入観を取り除くことが意図されていた。

しかしながら、彼はまた、その過程のなかにある危険性を認めてもいた。すべてを機械論的な因果関係によって説明すれば、人間の自由、創造性、魂といった考えを棄却せざるをえなくなるだろう。デカルトは一人の敬虔な人間として、こうしてもたらされうる結末とその影響とを恐れていた。こうした背景からみれば、精神と身体とを切り離すという彼の企図は、人間性の自己像を、自然科学の進歩から救い出す試みとして読みとることができる。その企図によって、身体は科学によって描かれる世界に属していると彼は認めることができたのであろう。科学によって描かれる世界とは、『省察』の出版から一年後に生まれたニュートンが、ほどなくして注目を浴びる主張をおこなうことになる世界のことである。しかし精神は、異なる種類の物質、あるいはむしろ「実体」である。精神は、物質とは異なる仕方で研究されなければならず、また物質と同じ法則に従うものではない。精神は、決して物理諸科学の範囲内に含まれえないのである。

西洋諸社会の内部でいくつもの科学革命が生じたことと、宗教的世界観が相対的に地盤沈下したこととは、私たちが二元論を受容する際に、かなり異なる背景をもたらしてきたのは間違いない。私たちはデカルトと同じような科学的諸言説に直面しているわけではないし、デカルトと同じような擁護すべき宗教的自己像をもっているわけでもない。にもかかわらず、科学革命による諸変化は、デカルトの恐れを根拠のないものや不合理なものにみせかけるほど甚大なものではない。還元論と、感覚や知覚を欠いた物理的諸過程によって人間に関することすべてを説明したいという欲望は、これまでもありつづけてきたように、明らかにいまでもある。そして、もしこれらの努力がその論理的諸帰結へと見事に至るのならば、私たちはデカルトと同様に失うものも多い。私たちがデカルト的立場を酷評する際には、このことを心に留めておくことが重要である。デカルトの立場は、筆者が後で示すように、たしかに間違っている。しかし、彼が取り組んでいた問題は決して無意味なものではない。相対的に自律的な人間秩序という基本的な考えは、物理的な因果関係という原子化された関係に還元できないものである。そうした人間秩序は、デカルトが擁護しようとしていたものだが、それについての考えは、私たちの多くが今日も依然として擁護したいと願っているものである。

(2) 二元論にともなう哲学的諸問題

デカルトは、精神と身体の間の差異を定式化してから、次に、二元論にとっての主要な問題と認められてきたひとつの問題を自分自身で措定した。すなわち、精神と身体とがいかにして相互作用するのかという問題である。広範囲にわたる人間諸活動において精神と身体とが「相互に関わり合っている」のであるから、もし実際のところそもそもそれらが分離しているならば、それらは相互作用しているに違いないということを私たちは認めている。たとえば、知覚との関係で、知覚諸器官というかたちで「身体」が関わっているということを私たちは認めているが、知覚が意識における重要な諸要素のひとつであるように、「精神」が関係しているということも認めている。私たちは、自分たちが見るもの、聴くもの、嗅ぐものなどを意識しており、意識のなかのそうした要素は、私たちが見る、聴く、嗅ぐと述べることで意味されるものにとって必要不可欠なものである。人間の両目を覆うといったもっとも簡単な実験からは、これら二つの要素間に相互作用があることが明らかになる。知覚器官が遮断されると、私たちは、遮断しなければ意識するものを、知覚上で意識することをやめることになる。

同様に私たちは、有意味で理知的なすべての行為が、精神と身体の「両方」を必要とすることを認めている。というのも、意味と理知とは「心的」であるが、行為には必然的に身体がともなうからである。たとえば、人は自分の身体を動かさずに本を書くことはできないが、あらゆるものが心的諸過程の結果であるならば、本というものはまさに心的諸過程の結果でもある。問題は、いかにしてこの相互作用が達成されるのかである。これは、哲学的にいうと、二元論がたじろぐ点である。なぜなら、これまで相互作用についての納得のいく説明が示されてきたことは一度もなかったし、今後も納得のいく説明がなされることは決してないであろうと考えるだけの十分な理由があるからである。相互作用は、多くの人が考えているように、不可能である。私たちはこのことを支持する二つの論拠を考えることができる（Carruthers 1986を参照）。

相互作用は文字どおり考えられないという批判が、いくつかおこなわれてきた。なぜなら、デカルトが精神と物質を定義するその仕方が問題だからである。「精神」は空間を占めることはなく、精神が物質に影響をおよぼすことを求められるようなときも、精神は物質といかなる接触をもつこともまったくできないと批判者らは論じている。そのうえ、物質は必然的に物理的な決定論の法則に従って機能し、定義上、この法則に従ってのみ機能する。そのため、この法則によってそれ自体は影響を被らないような実体によって、物質が影響を被るはずはない。もし「身体」が物理的原因によってではなく、別の仕方で影響を被るのだとするならば、「身体」は結局、（物理的）性質の法則に従っていないということになろう。たとえば、「a」（たとえば熱湯）が「b」（行為者）に対して「c」（手を引っこめるという行為）をさせる際に、「b」が「c」をおこない、「c」が「a」と同じ類いの物理的条件ではないと感じるならば、「b」は、物質がそうであるといわれているように、単に物理的な決定論の法則によって決定づけられているわけではない、ということになる。同様に、物質は物理的な実体として、物理的な機械論や物理的な因果関係によって諸事物に対して影響をおよぼすことができるが、非物理的な諸事物に作用する仕方などはまったくない。したがって、精神は、物理的な因果関係の法則に従うのだとするならば、物質によって影響を被るにすぎないはずであろう。だが、デカルトによると、精神はそうした法則に従っておらず、したがって物質の影響も被るはずはない。以上のことは別の言い方をすれば、次のように論じることもできるであろう。すなわち、デカルトは精神と物質とを、自給自足的ではあるが根本的には異なり、それぞれが優先権をもつタイプの「体系」だと考えている。私たちは、こうした体系それぞれの内部での相互作用は考えることができる。だが、これら体系のうちのひとつのなかで生じるものとして考えることができるにすぎないのであって、これら二つの体系の間で生じるものとしてではない。というのも、そもそも両者は定義上、自給自足的であり、それゆえ相互作用のなかに入り込むあらゆる外的なものの可能性は阻止されているからである。

こうした心身の相互作用という考え方に対して、その他の批判もさまざまなかたちで向けられてきた。それらは、因果的説明のために因果関係のメカニズムを特定する必要はないし、実際のところその説明が物理的である必要もないと示唆している（Carruthers 1986）。もし私たちが、心的な出来事と物理的な出来事との間に「恒常的な結び付き」を見いだすことができたとしたら、このことは因果関係を成立させるには十分であろうと批判者らは論じている。すなわち、もしある種の心的な出来事が、ある種の物理的な出来事によって恒常的にもたらされるのだとしたら、なるほど私たちはこの二つの間に因果的な相互作用があると意味ありげに語ることができるだろう。とはいうものの、しかし神経科学においては——現在までのところその知は限られているが——その物理的な因果関係を示す経路のネットワークが亡霊のようなかたちで干渉したり、「ブラックホール」に陥ったりしているのではないということを十分に認められる脳に関する知があると論じられている。換言すれば、心身の相互作用という考え方には原則として何の問題もないのだが、実際のところはそうした相互作用は起こらないといえるだけのことを私たちは十分に知っているということが論じられているのである。

これらの議論のうち、心身の相互作用が原則としては起こるというほうが、心身の相互作用が実際は起こらないというよりも納得のいくものである、と筆者は考えている。後者は二つの理由から不十分である。第一に、筆者が第三章で論じるように、「意味」が私たちの身体に影響をおよぼす道筋を示すことによって、この議論でしばしば含意されている物理的な因果関係の単純なモデルに異議を唱えることができるからである。脳のなかにはブラックホールなどないのだが、脳の内部にあるすべてが「物理的刺激」に還元して説明されうるという考えは、それ自体問題である。第二に、心＝脳の相互作用は原則としては可能ではあるが実際には生じないと論じることは、諸事実が——主題化されたり等閑視されたりすることはいうまでもなく——さまざまに解釈される仕方を粗雑に単純化しているからである。結局それは、いかなる特定の時点においても、科学者共同体の内部で優勢な概念枠組みと技術環境に従っているのである。

たとえばクーン（Kuhn 1970）による科学哲学の研究は、科学的事実の存在が実験に基づくものであろうとなかろうと自明であるという考えに異議を唱えている。彼はこのことを示したうえで、特定のパラダイムの内部で科学的事実の意義が異なって構成されるというまさにそのことを示している。そして、ポパー（Popper 1969：1972）でさえも——彼の立場は事実に関するこの主張が基づいている実証主義に近くなってくるのだが——、実験によって明らかにされた「事実」が、実験されてはいないが当然真実であるに違いないというある一定の「基礎命題」、および諸事実についての理解を枠づけるある一定の「基礎命題」を必然的に前提とする、という結論を避けることができなかった。したがって神経科学は「機械のなかの亡霊」をまったく見いだしてこなかった、と私たちが主張するのは正当だろう。というのも、神経科学は、唯物論的な科学として、第一にそのような亡霊など決していないという仮説と、そのような亡霊を見たとしてもそれを亡霊として認識しないであろうし、できないであろうという仮説に基づくからである。たしかに、たくさんあるに違いないが説明できない出来事のように、関連するすべてのものと存在するすべてのものが、「私たちがその（物理的）原因をいまだ見いだしていない物理的出来事」だとみなされる際、唯物論的な科学のパラダイム的枠組みは、物理的な相互作用のみを認めているのである。

他方、心身の相互作用という考えが、解決できない概念上の諸問題を呈示しているという議論は、筆者の見解からすると説得力がある。この議論を批判する人びとは、前述のように、いかにして私たちが心と体との間で相互作用が生じることを受け入れられるのかということを、私たちが理解する必要はないと論じている。言い換えれば、必要なことは、私たちが一方と他方との間の「恒常的な結び付き」を認めうるということだというわけである。こうした経験論的批判は、筆者の視点からいえば問題がある。なぜならそれは、いかなる物理的現われからも独立し、その主体として作用しているといわれるような心的作用を私たちは認めることができるということ、また実際に私たちがその種の心的作用をそれとして認めることができるということ、これらのことを前提にしているからである。精神が身体におよぼす影響と、身体が精神におよぼす影響とを検討するためには、私たちはそれぞれを独立した純粋な状態でみることができなければならない。しかしながら、私たちにはこのようなことはできない。というのも、私たちは心的作用を、具体的身体活動や物理的現われによって認める以外に方法がないからである。したがって、批判者たちが心身の相互作用を認めるために規定する諸条件は、原則として、そうした相互作用という考え自体と同様に不明瞭で不可思議なものなのであり、想像もつかない問題が再び浮上してくることになるのである。

私たちは、心身の相互作用が考えられないものであるという主張に、再び戻ることになる。私たちが心的諸実体をその具体的身体性から独立したものと認めることができない理由は、非空間的実体という考えがそもそも支離滅裂なものだからであるということを、ここで付け加えておくべきであろう。世界には非空間的で分割不可能な相が多くある。たとえば、美がそのひとつであり、信仰もそうであるが、私たちはこれらを「実体」として言及するなどということは夢にも思わない。なぜなら、実体は必然的に空間的なものだからである。

(3) 主知主義について

二元論的立場に対する第二の批判の傾向は、二元論が反省的で知性的な作用に与える優位性と、二元論が心的生や心的活動に与える述定的あるいは命題的な形式に関わるものである。こうした立場の重要な批判点は、反省的で命題的な作用がつねに別の何ものかを前提にしているという点である。その別の何ものかとは決して詳細には説明されてはいないが、それが前提にされることによって、デカルトの示す意味で原初的ではありえないものが含まれている。この批判は、フッサール（Husserl 1973）とメルロ＝ポンティ（Merleau-Ponty 1962）の両者によってなされたように、知覚に関する分析との関係で措定されてきた。知覚についてのデカルト的な説明は、知覚が判断のなかにあることを示していると批判者は記している。その説明は、私たちが見るものは私たちが「そこ」にあると判断するものであり、したがって私たちは目でもって、というよりもむしろ精神でもって知覚するというのである。

もし、私が道を通り過ぎる人びとを窓の外に見る機会があれば、彼らを見て私は人びとを見ていると必ず言う……だが、私がこの窓から見るものは、亡霊やゼンマイ仕掛けでのみ動く人形を覆っている帽子やマントではないのだろうか。だが、私は彼らを実際に人間であると判断し、こうして私は、私の精神のなかに棲みつく判断というたったひとつの力によって、私が信じていたものが目で見たものだったということを理解するのである。（Descartes 1968：110）

この説明は根本的に間違っている、と批判者は論じる。デカルトの説明による人びとの知覚は、上の引用で述べられているように、おそらく判断という作用に基づいているのであろう。だが、彼が判断しているものは先行するもうひとつの知覚、すなわち帽子やコート〔マント〕の知覚である。そしてデカルトは、帽子やコートの知覚に先立って彼が判断した知覚を認めることができなければ、帽子やコートについての彼の知覚も判断に基づいていると主張することはできない。換言すれば、デカルトによる知覚についての説明は、実はすでになされた知覚を前提にしているのである。その説明は、説明しようとしていることを前提にしており、それゆえ根本的に間違ったものなのである。知覚についての適切な説明は、それが判断や解釈やその他の「述定」作用に論及するものであるとはいえ、そのような作用の基底にある有意味な経験や知覚がまずもって説明されなければならない。その作用とは、デカルト的体系の反省や命題によっては説明されえない経験や知覚のことである。

以上は、単に知覚についての議論であるだけではなく、命題的な作用や状態によって「精神」を定義しようとする企図そのものについての議論である。私たちが、「述定」によってこれらの作用を概念化しながら、判断、解釈、反省などによって精神を定義するかぎり、私たちは必然的に、判断や解釈などがなされる状態の有意味な経験を前提にしなければならない。その経験とは、精神に関する主知主義的な理論と定義によっては説明されえないものなのである。

こうした同じ批判に到達するもうひとつの道は、ライル（Ryle 1949）によって示されている。ライルが論じているのは、デカルト主義は心的生を命題的思惟と同一視しているため、行為は、反省されることによって、あるいは命題的な仕方で思惟されることによって、有意味で理知的であるにすぎないと必然的に想定しているという点である。たとえば、バス停まで歩くことは有意味的で理知的である。というのも、人はそうすることについてまず前もって計画したか、そうでなければ思惟したからである。作用が理知的あるいは有意味的なものであるためには、思惟をともなわなければならない。思惟は意味と理知の源であるからであり、おこなうことは思惟することをともなわなければならないからである。しかしながら、これには問題がある。思惟することも反省することも作用であり、それゆえ思惟や反省を有意味的で理知的なものとみなすことを求めるデカルト主義者は、思惟や反省の意味や理知を説明するために、反省という先行する作用を措定しなければならなくなる。もしも思惟が思惟深いと思われることになっていたり、反省が反省されなければならなかったりするならば、思惟は、ひとつの行為として思惟されなければならない。もしここで説明を止めるのならば、以上のことは受け入れられるとしても、説明は終わらない。先行する知性的作用は、それ自体に先行する知性的作用が理知的であることを必要とし、それ自体に先行する知性的作用はさらにそれに先行する知性的作用が理知的であることを必要とする、というように、この過程は無限に続く。そして再び、デカルト主義者あるいは「主知主義者」による諸々の説明は、無限後退に帰着することになる。つまり、土台となる作用のそれぞれが、それ自体、土台となるものを必要としているのである。したがって主知主義は、つじつまの合わない実行不可能なものなのである。

こうした批判から次のことがわかる。すなわち、先行する述定作用にさらに先行する述定作用に言及することなく、それらを（潜在的に）有意味的で理知的であると認める述定的な心的作用についての考え方を、私たちは必要としているということである。私たちは第四章で、いかにしてライルがまさにこうした作業をおこなっているのかを、そして第五章では、メルロ＝ポンティがいかにしてこうした作業をおこなっているのかをみていくことになる。だがさしあたっては、この二人の哲学者がそれぞれに提示している説明は、述定的で心的であると私たちが通常思うような行為だけでなく、すべての行為が、いかなる種類の知性的な作用によっても先行されることなく、有意味で思惟に富んで知性的でありうることを示している、とだけ言っておこう。彼ら二人は、行為あるいはプラクシスの哲学でもって、綿密に考え抜かれた心の哲学に取り組んでいるのである。

（4）身体を問うとはどういうことか

最後の批判点として、身体と精神とを区別することへとデカルトを導く道筋について考えてみよう。すなわち、デカルトの懐疑の方法、とりわけ彼自身の身体の存在についての懐疑の仕方についてである。現象学的伝統の内部からなされるいくつもの興味深い議論は、この点を問題にしてきた。たとえば、フッサール（Husserl 1970）は、デカルトによる自分の身体の存在についての懐疑は、身体と精神との間の差異をすでに前提にしており、結果的に（当時としては比較的新しく奇抜なものであった）ガリレオによる物質の定義を流用することに基づいていると論じている。デカルトの反省は、自分の精神に与えられているものについて、根本的かつ前科学的に先入観をともなわず考察されると思われている。フッサールはそのように記している。彼がこう記す目的は、科学を基礎づけるべき疑いえない真理を示すことにある。

しかしながら、デカルトは最初の困難に陥る。というのも、図らずもではあるが、デカルトは科学的抽象概念（すなわち物質の定義）を、彼の反省の内部の基本的な仮定として内自化しており、その科学的抽象概念を問題視したり再検討したりすべきところで、そうしていないのである。換言すれば、デカルトが自分の身体の存在を懐疑することができるのは、彼がすでに身体を精神から区別されるものとして仮定しているからであり、また彼が当時としては最新で優勢だった科学理論――とりわけ、その科学論が展開する「物質」（あるいは「身体」）についての定義――の「影響下」にあるために、精神から区別されるものとして身体を仮定しているからである。このことは、デカルトの哲学が科学の基盤となるあらゆる可能性を否定してしまう。なぜなら、彼の哲学はすでに科学の諸議論を前提にしているからであり、したがって、それがすべての基盤となるということは循環的になってしまうからである。だが私たちの視点からすると、さらに重要なのは、デカルトの哲学が彼の精神と身体についての考察を問題の多い道へと引き戻している点である。デカルトに対するフッサール自身の省察、少なくとも彼の晩年の著作においては、私たちのもっとも基本的な経験が、それ以上に還元しえないかたちで身体的であることが示されている（Husserl 1970；1973）。人間が自分自身の身体を疑うということ、それによって精神あるいは経験の領域から身体を分け隔てることができるということは、まったく認めがたいことなのである。

これと非常によく似た批判は、メルロ＝ポンティの研究（Merleau-Ponty 1962）においても示されているが、彼は重要な補完もおこなっている。私たちの身体は私たちが世界のなかに存在する仕方であり、世界を経験する仕方であるとメルロ＝ポンティは論じる。だが、私たちの身体はそれ自体、少なくとも第一義的にではないが、私たちの経験の対象ではない。より正確にいえば、私たちの身体の経験は、私たちの外部にある対象の経験とは基本的に異なっている。この議論は『知覚の現象学』のなかで長きにわたって展開されているが、ここで私たちはその点に関する次の二つの例をみておくことができる。

まず、私の身体を動かすという行為は、外的諸対象を動かすという行為とはまったく異なる。後者の場合、誰かが（私が）ある特定の仕方で何かに（対象に）向かって行為している。だが、このことは前者には当てはまらない。私が腕を動かすとき、私の腕は動くだけである。誰かが何らかの仕方で何かに向かって行為しているわけではないのである。同様の対比が、痛みについても明らかである。たとえば、私は「手が痛い」と言ってもいいが、同様に、私が「このガラスが痛い」と言うときとはまったく異なることを言い表わしている。私の手は、ガラスが痛いというときと同じ仕方で私を痛くさせることはない。むしろ私は、手のなかに痛みをもっている。つまり、私の手は「痛みがはびこる空間」なのである。これらの観察の重要な点は、私たちの身体は、そもそも私たちにとっての経験の対象ではなく、むしろ私たちの経験の手段そのものである、ということである。そして、私たちが経験するのは私たちの身体ではなく、むしろ身体が私たちをして接近させ「志向」させる何か別のものなのである。[1]このことは、私たちがあたかも自分自身を振り返ったり、自分自身の身体的なあり方を対象化して自分自身の経験にたどり着いたりすることができるということを否定するものではない。だがそうした場合でも、私たちは私たちの具体的身体性から逃れてはいない。むしろ、不器用な言い回しを用いると、私たちは（たとえば視覚対象としての）私たちの身体を、（たとえば視覚のように）身体的に経験するのである。したがって、メルロ＝ポンティにとって、そもそも私たちの身体は、デカルトの提示するやり方によってさまざまなかたちで懐疑され、確言されうるような、知の対象あるいは経験の対象ではないのである。自分の身体を世界のなかにあるもうひとつの経験的対象として見いだすデカルトの主張は、間違っている。デカルトが自分の経験について真に根本的な省察をおこなっていたならば、このことがよくわかったはずであろう。

(5) 社会学的含意

これらの哲学的批判、とりわけ心身の相互作用に関する批判は、社会学的なやり方でも同様に定式化されうる。だが、この定式化をおこなう前に、私たちは二元論的立場をとる、より広範囲におよぶ社会学的含意について、簡潔に考えておくべきであろう。どれだけ甘く見積もっても、この立場の考えは奇妙なのである。

身体とは異なる、内側にある「実体」としての「精神」を概念化するなかで必然的にデカルトが示したのは、心的生が社会的世界に先立ち社会的生活から独立して存在する私的な状態であるということだ。より正確にいえば、デカルトは社会的世界という考えそのものを問題あるものにしている。たとえばライル(Ryle 1949)は、二元論的世界の内部における社会的世界について次のように論じている。

> ……人は、他人の内側の生において生じているいかなる出来事にも直接的に接近することはできない。人は、自分自身の振る舞いからの類推によって、他者の身体に観察される行動から精神状態へと、問題の多い推論をおこなうにすぎない。そして、他者はその行動により記号となって表われると思われている。……このことは、完全な孤独が魂の避けられない宿命であることを示している。身体だけが互いに出会うことができる。
>
> (Ryle 1949 : 16)

ライルの最後の文章、「身体だけが互いに出会うことができる」というのは、身体を射程に入れた社会学を研究する者たちに対して訴えかけているようにも聞こえる。そして、それには一面の真理がある。私たちは、私たちの具体的身体性によって他者たちと出会い、相互作用することができるにすぎない。というのも、出会うことと相互作用することは感覚的行為であるからである。その感覚的行為は、他者たちを知覚するために求められる感覚諸器官と、自分が知覚されることを可能にする感覚可能な諸特質の両者に依存している——むろん、コミュニケーションにとっては運動的能力も必要とされている。この意味で、社会的世界の可能性そのものは、それが実際のところ相互作用に基づいているので、私たちの具体的身体性に支えられている。ライルはここで具体的身体性には言及してはいないが、むしろデカルトが概念化しているような「身体」には言及している。そして、このデカルト的な考え方は、社会学的観点からするときわめて問題あるものなのである。

デカルトのいう「身体」は物理的体系、すなわち「肉塊」である（Leder 1998）。それは、社会学者にとっては何の興味もないはずである。しかし、デカルトの理論の内部では、身体はたったひとつの、公的で、したがって潜在的には人間生活の社会的な相なのである。社会学者にとって多くの関心を引き寄せる、そうした人間生活の公的で社会的な諸相、すなわち有意味的で理知的な諸相は、ライルが論じるように、デカルト主義にとっては必然的に私的で非社会的であるような、非物質的な「精神」のなかにあると思われている。さらに、それらは「内部」から知られうるにすぎない。とりわけその理由は、非空間的実体として精神が外部をまったくもたないからである。したがって、共有された意味と意味体系からなる間主観的世界は無意味なものになる。

……心的出来事は「心」として知られている孤立した領域で生じる。そして、おそらくテレパシーは別として、ある人の心に生じるものと、別の人の心に生じるものとの間には直接の因果的結合はまったくない。……心はそれ固有の場であり、内側の生のなかで私たちはそれぞれ、亡霊のようなロビンソン・クルーソーのごとき生を生きている。人びとは互いの身体を見たり聴いたり揺さぶったりすることはできるが、人びとは決して互いの心の働きを見ることも聴くこともできないし、互いの心に作用をおよぼすこともできない。（Ryle 1949：15）

ライルがいうような「完全な孤独」は、「魂の不可避な宿命」である。それゆえ、二元論に加担する社会学者は、克服できない重要な問題に直面する。方法論レベルでは、諸々の行為や出来事の背後にある意味あるいは理由を分析しようとする社会学者の企図は、ライルがいうように「問題の多い推論」以外の何ものでもありえない。しかしながら、このこと以上により根本的なのは、デカルト理論が認めるような孤立した霊的なモナドたちの「間」には、あらゆる意味や意義が交り合うとか、そうでなければ意味や意義が備わっているとかいえないがゆえに、まさに社会的世界という考えそのものの土台が削り崩されることになるという点である（Crossley 1996a）。それぞれの「思惟する実体」は、私たちが通常、社会的世界として言及し、この「思惟する実体」が属している——と私たちがいいたい——必然的にモナド的な「共同体」に先行し、かつそこから独立して、完全に形づくられているのである。「思惟する実体」は、デカルト主義者にとってはモナドたちの「共同体」に属していないし、属することはできない。なぜなら、「思惟する実体」がモナドたちの「共同体」に属しているとしたら、まさにその心的な本質は——「思惟する実体」などという考え方をとらなければ実際には結びついていると思われるのだが——何ものとも結び付いていないからである。

これは個人主義の極端な形式であり、前述のような二元論者の主知主義によって困難さを一層増している。精神によって個人を定義すること、述定的な思惟によって精神を定義すること、思惟の客体と思惟主体である精神との関係のように、精神の外側にある何ものかと精神との関係を定義すること、これらのことによって必然的にデカルト主義は、世界から取り除かれたものとしてのひとつの人間像を描いている。つまり、つねに世界の傍観者であって、決して世界の一部ではないものとして、である。たとえば、デカルト主義者は、共通の文化あるいは言語のなかに共存する諸個人を考えることができない。言語は、（心的）孤立のなかでは、個々の精神が個々の意味に与える一連の本来的に無意味な身体的な動きないしは記銘以外の何ものでもないことになる。そうなるとコミュニケーションは、言語の習得と同じように、ひとつの推理ゲームになるであろう。そして言語の「内部で」思惟する私たちの感覚は、必然的に誤ったものになるであろう。というのも、言語で定式化するということは、十分に形づくられた思惟の――程度の差こそあれ慎重になされた――翻訳以外の何ものでもありえず、それは言語から完全に独立した心的領域において生み出されたものということになるからである。つまり言葉は定義上、感覚的で身体的な事柄なのであり、したがってデカルト主義にとって、言葉は思惟あるいは意味をまったく欠いているからである。これらの結論は問題含みではあるが、そうであるのはその結論が極端だからというだけではない。とりわけ最後の点は、デカルト的体系に自己矛盾をもたらす。なぜなら、この最後の点は、精神が自己透過的であるという考えに異議を唱えているからである。もし、(反省的) 思惟が言語以外の場所に存在するのなら、それは思惟する存在として私たちが気づいている何ものかではない。私たちの思惟は言語の形式のなかで、私たちに対して生起する。私たちが考えたり経験したりするものが何なのかを見いだすためには、思惟を言語化できないということと、思惟について思惟することができないということとは同じだということを見いださねばならない、と私たちは述べているのである。したがって、もしデカルト主義が精神と身体の差異に関して正しいことをいっているのであれば、精神の自己透過性に関して必然的に間違っていることになるし、逆に自己透過性について正しいことをいっているのであれば、精神と身体の差異に関して必然的に間違っていることになるのである。

これらの点は、社会統合の過程を概念化するためのデカルト的体系の妥当性に関して、種々の問題を引き起こす可能性が高い。というのも、社会統合は、基本的な文化的諸規範のなかで意思疎通し共存する私たちの力能を必要としているからである (Crossley 1996a)。そして私たちは、この問いをさらにおし進めることができる。筆者が思うに、ライルは、デカルト的体系においては身体だけが互いに出会うと考えることによって、厄介な問題を抱え込んでいると思われる。なぜなら、その思考によってライルは、膨大な社会生活と社会活動が心的な事柄についての公的な精査や議論に関係していると思わされているからである。したがって、精神が私的で外側から到達できないという考えは、あてずっぽうによる以外では、非常に間違った考えであるように思われる。たとえば、道徳的推論や関係しあう諸実践は、志向、自責の念、動機づけといった諸々の事前評価に基づいてなされる。その一方で、処罰、広告、教育は、精神に対して、それらを変化させようという志向でもって何らかの仕方で働きかけていると思われる。さらに、私たちの日々の相互作用は、他者たちの心的状態を不断にモニターすることと関係しており、雰囲気や特徴を事前評価している。実際、部外者のほうが当人以上に当人の精神を知っているかもしれないと示すことも、場合によっては私たちは決して否定しない。

これらの観察は次の二点で重要である。第一に、心的生がまさに公的で社会的な領域のなかにあることを示している点、そして第二に、社会統合の過程にとってこの事態がもつ重要性を示している点である（Crossley 1996a）。厳密な意味で、身体だけが互いに出会い、私たち一人一人の心的生が言葉の厳密な意味で私的な事柄であるならば、私たちはいかにして諸活動を相互に調整することができるというのであろうか。私たちが互いの精神にまったく接近しえないのだとしたら、社会的世界を展開させていくことを確実におこなわなければならないとき、いかにして互いに影響をおよぼすことができるというのであろうか。

（6）二元論への社会学的批判

もし私たちが心身の相互作用に関する前述の哲学的批判と社会学的批判とを結び付けるのであれば、その特性は、二元論に対するより強固な社会学的批判の形式をとることになる。ライルが述べているように、もし「身体だけが互いに出会う」のであれば、相互作用や交渉の仕方によって多様で局所的な社会秩序を調整しながら構成することを含めて、社会学者たちが関心をもつ社会統合の諸過程は、必然的に具体的な身体化の諸過程でなければならない。この言明それ自体は完全に受け入れることができる（Crossley 1995b も参照）。しかしながら、もし精神が身体と異なっており、それらの間の相互作用が不可能だということが真実ならば、私たちがここで言及している社会的諸過程も不可能だということになる。身体が特定の志向や考えを表現するようには作られていないのだとするならば、公共の場で秩序をめぐる交渉をしたり、理念や文化を次の世代に伝えたりすることはとてもできないであろう。

この議論を遡及していけば、私たちは二元論に対する有力な社会学的批判にたどり着く。私たちは社会学者として、社会統合がすべての社会にとって通常で必要な姿であるということを認めている(2)。そして、これらの過程が同時に身体的でも精神的でもある諸々の相互作用によって達成されるということも、私たちは認めている。このことを考慮に入れると、私たちは、精神と身体がうまく相互作用しているか、あるいはそもそもそれらは別個のものではないと演繹することができる。私たちがすでに考察してきたことから、二元論者が定義するような精神と身体との間の相互作用は不可能であるということを認めている。したがって、私たちは、精神と身体とは異なる実体ではないという結論と、この二元論は間違っているという結論とに至らざるをえない。

筆者は社会統合の問題をめぐるこうした重要な点を書き記してきたが、このことは社会的行為に関するより一般的な諸問題のうちのひとつの特別なケースにすぎない。社会的行為は必然的に身体的でも精神的でもある。社会的行為は、理知的で有意味でしばしば合理的である。だが、それはまた「身体=物理的な営為」をも必然的にともなう。話された言葉であれ、物理的諸対象との操作上の関わり合いであれ、あるいはその二つの組み合わせであれ、意味を伝える身振りをともなって、社会的行為は、空間を通じた運動と他の（身体物理的な）存在との（身体物理的な）関わり合いを必然的にともなう。したがって、社会学は私たちの存在がもつ心的次元と身体物理的次元との調整を前提にする。このことからわかるのは、デカルト主義者は心身の相互作用を説明し損なうことによって、もっとも基本的なこの考えを社会学的道具箱のなかで説明することを必然的に遠ざけてしまっている、ということである。それゆえ、デカルト主義は、社会学的観点からするときわめて悲惨な結果をもたらすものである。いかなる社会学者も二元論者ではあることはできない。社会学者たちには、誰もそのどちらか一方であるべきでないと考えるだけのもっともな理由がある。

もう一点、私たちがこの二元論についての議論から引き出して述べておきたいことは、精神と身体との間のデカルト的差異は社会学者たちにとって役に立たないものである、ということである。というのも、私たちの研究対象はこの二つの間のどこかにあるからだ。私たちは、身体それ自体には関心がない。いや、より正確にいえば、狭義の物理的な意味での身体には関心がない。かといって、私たちは精神にもまったく関心がない。正確にいえば、少なくともデカルトが呈示するような非身体的で位置をもたない形式での精神にはまったく関心がない。私たちは行為主体、行為、プラクシス、実践に関心があるのであって、それらはすべて必然的にそして同時に、精神的で身体的なものなのである。デカルトは社会学のために、まさに間違った仕方によってではあるが、その分け前を与えてくれるのである。

小括

以上のことから、私たちは次のように結論づけることができるだろう。つまり、社会学と二元論とは混和しえないということである。こうした結論を出すことはもちろん、私たちの挑戦における小さな一歩にすぎない。というのも、私たちは次に、いかにして二元論を回避するのかを解き明かさなければならないからである。だがそれは、身体を射程に入れた社会学という観点からすると、有益な一歩である。なぜなら、こう結論づけることによって、私たちは、身体的生、心的生、社会的生の相互関係性について考えることができるからである。私たちは、人間の身体性が社会的世界の構成にとって中心的なものであることを立証してきたが、それは社会的相互作用が必然的に感覚的なものであり、知覚し知覚されるという私たちの力能に依存しているからである。そして、社会的相互作用と社会統合が、多くの場合、「心的諸状態」を公的に利用することに支えられていることも、つまり（「身体だけが互いに出会う」のであるから）そうした「心的諸状態」の身体性をともなうという事実に支えられていることも、私たちは立証してきた。実際に、このことは身体性と精神性とが社会的世界にとって必要なものので、社会的世界の内部で切り離すことができないかたちで絡み合っているということ、そして身体性と精神性とはそのようなものとして研究されなければならないということ、これらのことを示しているのである。

注

（1）ここでの「志向」（intention）は現象学用語の意味で用いられている。私たちは身体をそれ自体として経験するのではなく、私たちの身体を通じてむしろ世界を経験するのである。私たちの身体的な経験は、世界「についての」経験であるか、あるいは、その内部で私たちが接することになるあらゆるもの「についての」経験である。

（2）このことは、社会がコンフリクトのないもの、あるいは自己透過的なものであることを意味するのではなく、また、生じつつありいままさに生じている表面上の要求を大きく超えたところで、相互理解が浸透していることを意味するのでもない。さらに、そこでの相互理解がいかなるものであれ何の努力もなく生じていること、あるいは権力、不平等等の関係、さまざまなかたちの差別が存在しないということを意味するのでもない。ここで含意すべきは、行為者が公的空間において自らの諸活動を全般的にうまく調和させていることと、言語、伝統、技能、知識が、ある世代から次の世代へと——その途中でしばしば変容されるにもかかわらず——程度の差はあれうまく受け継がれているということだけである。

第三章　すべては脳のなかにあるのか――誤解の始まり

脳の状態が、すべての知性的な現象に影響をおよぼし、そうした現象（純粋感覚）のうちのいくつかにとっての直接的な原因であるということは明らかである。だが、他方で……表象生活は神経物質のもつ内在の性質に由来するわけではない。というのも、ある程度、表象生活はそれ自体の力によって存在しており、それ自体に特有な存在様式があるからである……。表象の関係は、その関係の基礎にある神経要素とは本来的に異なっている。表象生活は諸細胞のある特定の特徴が、きわめて新しい何かを確実に生み出すことを手助けするが、それを構成するには十分ではない。というのも、表象生活は細胞よりも長く生きつづけ、細胞とは異なる特性を示すからである。（デュルケム『個人と集合表象』）

次章では、筆者の考えていることが二元論から抜け出るためにもっとも実行可能な道筋である、ということの概略を述べることから始めるつもりである。だが本章では、一般に支持されがちであるが不十分なひとつの可能性について、考えてみたい。それは、精神は実際のところ脳である、という見解である。この見解は人気があるので、筆者がそれについてここで考察しておくことは正当であろう。筆者がここでいまその観点をしりぞけておかなければ、この問題は、よりよい別の道筋を見いだすという筆者の企図にたえずつきまとって苦しめることになるからである。

この見解には多くのバージョンがある。それぞれが複雑で、洗練されていて、他のものとは異なっている。これらの種類ひとつひとつについて考える紙幅はないので、筆者はその研究方法の全体的な欠陥を例証するのに十分な、わずかだが重要なモデルに焦点を合わせたい。まず、筆者がなすべき哲学的でも社会学的でもあるさまざまな異論の考察に進む前に、このモデルを手短に概観することから始めたい。

本章における筆者の基本的な主張は、精神と身体とは異なる「実体」ではないにもかかわらず、私たちは、心＝脳の理論化が必然として示すようなやり方で「心的なもの」を「物理的なもの」に還元することはできない、ということである。筆者の支持する議論は、次の二重の意義を含んでいる。

まずは、物理的な記述と心的な記述が、互いに適切に位置づけることのできない二つの異なる論理域に属している、ということを示そうと思う。しかしながら、このことの基礎となっているのは、人間行為者の心的生活と社会的生活とが、原子化された物理的な諸部分を合わせたものよりも大きなひとつの全体であるという、より深遠な議論である。心＝脳同一理論は、首尾一貫したものとなるために、複雑な諸々の社会的行為と社会的相互作用とが物理的な因果関係という第三の過程、すなわち化学物質の相互作用へと分解可能であることを要する。だが、それらは分解できるようなものではない。人間行為者についての筆者の見解は、全体的に唯物論的である。しかし筆者は、心＝脳の立場に明らかであるといわれているような未完成な俗流の唯物論よりも、物理的構造についてのより複雑な考え方と、物理的世界の内部で現われる現実のより高次の諸秩序とが必要だと考えている。この議論は、後続のいくつかの章で詳しく述べられていくが、重要な点のいくつかは本章でも詳しく述べられるであろう。

(1) 心=脳同一理論モデルの概観

心=脳同一理論は、現代の諸形式において生物学的進化論と結び付けられる傾向にある。これは、筆者が第二章で記したように、二元論に対しておこなった最初の二つの哲学的批判のうちのひとつから、きわめて当然の結果として生じてくる。その批判はすなわち、精神と身体との間には相互作用などありえない、ということを示したものであった。その理由は、精神と身体との間の相互作用は原理的に不可能であるから、あるいはそうした相互作用が実際には起こらないということを、私たちが知っているから(つまり、脳のなかには「ブラックホール」などないということを、私たちが知っているから)というものである。この見解を主張する者たちは、心身の相互作用が不可能であると推論しており、心身の「両方」が同時に人間的生の多くの領域に関わっているという私たちの認識と結び付いている。このことによって私たちは、その二つが実はひとつであるという結論へと必然的に導かれるとも推論している。だが実際問題としては、どちらかひとつが引き出される。私たちが知っているように、身体は存在しており、それは物理的な因果関係の諸法則に拘束されているが、心=脳同一理論の主張者たちは、精神は要するに身体、より厳密にいえば脳であるにちがいないと論じる。ここでは、とりわけ脳という部位が選び出されている。というのも、私たちの意識経験と理知的行動との協同において、脳が中心的役割を担っているということを私たちが認めているからである。

このことが人間の行為作用という考えを掘り崩すことになるという批判を予想して、この観点を主張する者のなかには、逆に、実際には行為作用についての理論が必然的に要請されていると論じる者もいる。

他の身体的出来事によって引き起こされている身体的出来事の因果的連鎖、それはいずれ決して破壊されることはないとわかるだろう、などと私たちは期待してはいないであろうか。だが結局のところ私たちは、細胞活動のすべての細目が、それに先行する物理的刺激によって因果的に説明されることはないと確信してはいないだろうか。そのとき、二元論者は、私たちの決定が――それは、非物理的な魂のなかでの非物理的な出来事として解釈されるのだが――つねに私たちの物理的運動の本当の原因であるということを否定しなければならないという、おかしな立場に置き去りにされるように思われる。(Carruthers 1986 : 64)

換言すれば、もし私たちの身体が物理的刺激によって動かされるにすぎないならば、行為作用に関するいかなる本格的な理論も、私たちの行為にとって刺激として機能する物理的出来事として決定という出来事を考えたほうがよいことになるだろう。さらに物理学主義は、私たちが意識について知っていることから何も取り除きはしないといわれている。実際のところ物理学主義は、意識が人間の行為作用の内部で決定的な役割を果たすという共通感覚的な直観を支持するのに十分な、進化論的議論を提供することができるといわれている。そうした議論では、意思決定のような意識的諸過程が、単なる付随現象であるとは考えられないくらい、私たちのエネルギー消費全体のうちで高い割合を使い果たすといわれている。意識的諸過程は現実の機能を果たさなければならず、またそうするなかで進化論的有利性を得る。というのも、そうしなければ「意識をもたない」存在との生存競争において、意識をもつ存在が敗北することになるからである。「意識をもたない」存在も私たちとほぼ同じことができるが、意識的行為作用の幻想を支える価値をもったエネルギーを使うことはない。

この立場は、文化あるいは学習についての考えを妨げるわけではなく、実際いくつかの場合では、文化の伝達という考えが、少なくとも社会生物学のかたちでかなり一般的になってきている。社会生物学者たちは、知識や革新によって守られた生存の有利性についてはいうまでもなく、文化間で思考や行為の仕方がかなり異なることにも気づいている。そして社会生物学者たちは、遺伝子や遺伝的伝達についての説明を文化的に構成され伝達された諸構造、すなわち彼らが「ミーム」と呼ぶものについての説明で補足してきた。

ミームに関する例としては、楽曲、理念、キャッチフレーズ、衣服の流行、壺の作り方やアーチ型の門の建造法などが挙げられる。(Dawkins 1976 : 192)

そこでは、ミームは模倣によって「脳から脳へと渡り歩く」と論じられている。

遺伝子が、精子あるいは卵子を経て身体から身体へと渡り歩くことによって、遺伝子のプールのなかで繁殖するのとちょうど同様に、ミームは、広義に模倣と呼ばれうる過程を経て、脳から脳へと渡り歩くことによって、ミームのプールのなかで繁殖する。もしある科学者が良い考えを読んだり聴いたりするなら、彼はそれを彼の同僚や学生に伝える。彼は、論文や講義のなかでそれに言及する。もしその論文が人気を博したら、その考えが脳から脳へと広がりながら繁殖するといえる。……あなたが私の心に繁殖力のあるミームを植えつけるとき、ウイルスが宿主の細胞の遺伝子的仕組みに寄生するのとちょうど同じ仕方で、脳がミームの繁殖の担い手となり、あなたは私の脳に文字どおり寄生することになる。(Dawkins 1976 : 192)

心＝脳同一説のテーゼのもつ大きな魔力は、それが利用する諸科学の業績と地位に基づいているというのが筆者の見解である。神経科学やそれと同種の諸科学は、実際のところ遺伝学と進化論と手を組みながら近年かなり進歩してきた。それゆえ、人びとがこれらの理論を、哲学的諸問題に答えるために比較的無難な選択肢とみなすであろうと期待されているかもしれない。一連の脳の映写技術の登場はとりわけ注目すべき進歩であり、同一理論主張者をもっとも励ましているように思われる。その技術によって科学者たちは、人間がある特定の事柄をおこなうとき、そして/あるいは、それを経験するとき、脳のある特定の諸部位が活性化されるというまさにそのことを理解することができる。こうした技術は、目にみえるかたちで、心的活動が実際のところ身体=物理的活動であるということを示しているように思われる。これら科学的進歩を問うことは、筆者の能力を超えているし、それを問いたい理由もとくにない。私たちが彼らの議論を受け入れることには慎重であるべきもっともな理由はある(Lewontin 1993 : Levins and Lewontin 1985 : Rose et al. 1984)。だが、彼らの議論は他の誰の議論にも負けず劣らず印象的で興味深いと筆者は感じている。とはいえ、こうした科学の頂点で作り上げられた哲学的理論としての心=脳同一理論が、適切な仕方で心身二元論の問題を解決するという考えには、筆者は強く異議を唱えたい。さらに、その理論が皮肉なことに、人間的生に関する社会学的パースペクティヴとしっくりいくということ、しかしながら社会学はその理論に対して熟慮したうえで批判をおこなうことができるということ、この二つのことを筆者はいま考えている。

筆者は、心=脳同一理論に立ち向かうために、次の三つの重要な批判をおこないたい。第一に、その理論は正当とは認められない還元主義的なものである。第二に、その理論が俗流の唯物論の姿であり、その姿はもっと洗練された姿に取って代えられうるし取って代えられるべきである。第三に、その理論は多くの点でデカルト的枠組みに執着しており、その枠組みのもっとも問題のある諸相の多くをそれ自体が再生産している。本章で筆者は、これらの主張を支えるいくつもの議論を概観していくことになる。だがこの段階では、筆者の議論は、「精神」の代わりとなる可能性のある候補をみつけることに関わるものではないし、精神の代わりとなる何かがみつかる場所を示すことに関わるものでもないということを、あらかじめ指摘しておくべきであろう。

筆者の見解では、同一理論の魅惑的な部分は、デカルトにならって、私たちが自らの心的過程すべてを遂行し、そして/あるいはそうでないとしても、その心的過程を含む、「精神」と呼ばれる単一の空間、場所、あるいは事物が存在すると仮定する傾向がある、という点である。脳は、そうした要求を満たすことができると私たちが間接的に知っている主要な構造「のようなもの」であって、こうした先入観は同一理論を助長する。しかしながら、私たちに開かれている別の道がある。それは、「精神」と「身体」という物象化された考えを棄却し、精神的で身体的な行為作用という考えに賛同するという道である。このことが——筆者の理解では——社会学にとっても、またより一般的にいっても最良の選択であり、このことこそ筆者が本書の後半で探究しようと思っていることである。だがまず私たちは、心＝脳同一論の諸問題について考えなければならない。

(2) 精神の意味

筆者は、常識的な議論でもって論の展開を始めようと思う。その議論は、通常、思われているよりもより豊かな水脈をもつ。同一説のテーゼは、私たちには間違っているように思えると筆者は示してきた。というのも、私たちが心的諸状態を自分自身あるいは他者に帰属させるとき、私たちは脳について語っているとは考えていないからである。さらにいえば、私たちは脳について何も知る必要はないし、私たちが脳をもっているとしても心的諸物質について非常に意味ありげにかつ理知的に語る必要もないからである。たとえば、私たちは、ある小説家をとりわけ心理的に明敏であるとみなすかもしれないが、このことは小説家たちが脳について多くを知っているとか、小説家たちが脳について論じているといったことを意味するわけではない。また反対に、私たちは、神経科学者たちのなかには、脳の働きについては非常によく理解しているにもかかわらず、心的生や人間心理学に関しては比較的乏しい理解力しかもっていない者もいると思うこともあろう。神経科学者たちは、身体＝物理的構造や化学的反応について、具体的にはシナプスや神経伝達物質について論じている。これと対照的に、小説家は、感情、動機、知覚、信念について書いている。そして、神経科学者と小説家が、そもそももう一方の領域については知らなくても、それぞれがそれぞれの領域について十分かつ印象的に書くことができるという事実は、私たちがきわめて異なる二つの領域を扱っているということを示している。

ここで、次のことを付け加えておくことが重要である。すなわち、小説家と神経科学者は、精神と身体をそれぞれ代表する者ではないということである。神経科学者が論じることのなかには心的な内容は実に少ないが、小説家による心的状態や心的過程についての記述はずっと身体的である、と私たちはいいたくなるかもしれない。だがたとえば小説家たちは、身体的感情や身体的感覚に言及することによって「内側」から、そして身振り、行為、会話に言及することによって「外側」から、心的状態を私たちに伝えるだろう。舞台や映画は、この点に関していっそうよりよい例を与えてくれる。たとえば、「精神」の意味や心的過程を伝える小説家の力能が役者の身体的演技にかかっているのは明らかである。

ここで同一理論の主張者はおそらく、私たちが「日常心理学」の罠、つまり日常生活にありふれてはいるが、結局は神経科学に引き継がれていく精神についての非科学的で無知な考え方の罠にはまりつつある、と答えるであろう。これに対して筆者は、次の二つの理由で異論を唱えたい。第一に、同一理論に対する私たちの常識からの反論は、私たちが心的生を記述するために用いる言語の意味を中心におこなわれるという点を強調しておくことが重要である。私たちは心的過程における脳の役割を否定しているわけではない。私たちは、心的過程が脳と関係していることを結果として示す論証によって、訂正させられることもあるであろう。だが私たちは、二元論や、精神についての非物質的な何らかの考え方を弁護することについて議論しているわけではない。私たちが「精神」というとき「脳」を意味しているわけではないし、私たちが「困った」というとき「シナプスXの高まり」を意味しているわけでもない。そうではなく、脳の活動についての科学的論証のいずれも、これが私たちの意味するものだといわれても、私たちを納得させることはできないだろうといっているだけなのである。私たちの容認しているような「日常心理学」の言説に関して注意深く分析をおこなえば、精神という言語を用いる際に意味していると考えている以上の何かを実際は意味しているということを、明らかにすることができるかもしれない。だが、これは同一理論主張者の戦術ではない。彼らは、意味よりもむしろ脳に関心がある。実のところ、私たちが「精神」というときには「脳」を意味しているわけではない。この観点からすれば、私たちの批判に対する同一理論主張者の反応は、その点をまさに見落としているのである。

私たちは次の章で、この心的術語の意味の問題に再び戻ることにしよう。だがさしあたり次に私たちは、同一理論主張者たちへの回答の第二の系列について考えなければならない。それは、脳科学が日常心理学に置き換わる可能性はまったくないということである。なぜなら、社会的行為者として私たちは日常心理学に依存しているが、同一理論主張者としての彼らもまた、日常心理学に依存しているからである。私たちが日常心理学に依存しているのは、第二章で述べたように、社会的相互作用と社会統合は、自分自身と他者との両者の心的生を理解する私たちの能力に依存しており、この理解の仕方は定義上、日常心理学だからである。もし私たちが日常心理学を不要なものとしてしまうのなら、私たちは互いに理解することをやめるであろうし、社会的世界は統合をやめることになるだろう。さらに、私たちは社会的相互作用において直接的に脳に接近することはまったくできないため、日常心理学は脳の諸状態に関するいかなる言及も必然的に除外しなければならない。デカルトのいう精神のように、脳はいわば頭蓋骨のなかのどこか深いところに押し込められており、私たちにはまったく近づけない。たとえ私たちが別の人の脳をちらっとみることができたとしても、その場合もまったく違いはない。というのも、脳の諸々の働きは私たちにとって未知で不可解であり、心的にはまったく明らかではないからである。私たちが脳と呼ぶ身体＝物理的なゼリー状の化学物質の運動は、たとえば「愛」や「合理的計算」を指示するものとして生じるわけではない。

このことが、筆者の議論の第二の部分へと導く。それは、心＝脳同一理論もそれが寄生する神経科学も、少なくとも「心的諸物質」について主張することを望むかぎり、必然的に日常心理学に依存するということを示す議論である。同一理論主張者が、脳の一部を、理知や不安といったある特定の種類の心理学的機能の原因として同定するためには、同一理論主張者は脳の諸状態と心理学的諸状態との間の相関関係を示さなければならない。彼らは、「X」という領域が理知的な人びとのなかに広がるというまさにそのことと、私たちが不安になるとき「Y」という領域がいかにして「P」を分泌するのかということを示す必要がある。しかし、これをおこなうために、同一理論主張者は理知や不安が何であるかを知る必要がある。だが、彼らはこのことを他の誰もが日常的におこなうのと同じ仕方で知りうるにすぎない。すなわち、日常心理学によって、あるいは、それに基づく磨きあげられた知性的な何らかの構築物によって、知りうるにすぎないのである。

さらに同一理論主張者は、認めざるをえない脳の諸状態と心理学的諸状態との相関関係を同定しているが、そのなかでは、ただ暗黙のうちにではあれ、心的現象と神経学的現象とは異なっているとみている。繰り返していえば、不安な諸状態における脳の諸過程と諸個人との間の相関関係を――「人が不安なとき、脳はこのようになります……」といったかたちで――同定することによって、脳科学者はもっぱら脳に関する不安のメカニズムを明らかにできるにすぎない。だがこのことは、私たちが不安によって意味するものが、脳科学者が不安によって意味するような、脳が「このようになります」というものではないことを示している。もし脳がそういうものだとするならば、私たちは脳について語る必要はないだろうし、同一理論主張者の説明は結局、同語反復になるだろう。実際に、神経科学を日常心理学に置き換えてしまうならば、まさしくそれは日常心理学がいうところのものになってしまう。つまり、そのような日常心理学がいうものは、知覚、想像、動機、思惟、感情とは何の関係もない脳やシナプスやその他さまざまな分泌作用についての説明であろう。私たちは、こうしたいかなる言説のなかにも、私たちが心的と呼ぶものをほとんど見いだせない、と筆者は示しておきたい。このように、心＝脳同一理論には問題が多い。その理論は、明らかにそうすることが不必要で不適切なときに、二つの論理域をひとつに収斂させてしまうおうとする。「精神」は脳ではない。なぜなら、私たちが心的用語と神経学的用語をそれぞれ使うとき、それらはかなり違うものを意味するからである。

このことは、私たちが心的な言語を用いるとき正確には何を意味しているか、そして「心的なもの」の本質は正確にはどこにあるのかといった問題を引き起こす。筆者は次章でこの点を詳細に論じようと思うが、そこではギルバート・ライル（Ryle 1949）の研究について考察する。だがさしあたっては、私たちの批判をさらに進める必要がある。

筆者はこれまで、「意味」の観点から見解を述べてきた。私たちが「心的過程」というとき、私たちは「身体＝物理的な脳の過程」を意味しているわけではない、と筆者は示してきた。だがこれは、いかに限定された言い方をしても、単なる意味の問題ではない。いったん精神に関する言語と脳に関する言語との間の隔たりが探究されると、人間的生の水準あるいは構造のうえに、精神に関する言語が位置し、それは神経科学の言説によって位置づけられた物理的諸過程には厳密にいうと還元できないということが私たちにはわかってきた。すなわち、行動の体系として人間有機体の組織化のレベルがあり、それは「身体＝物理的諸構造」に完全に基づくのではあるが、にもかかわらず、その組織化は身体＝物理的諸構造には還元できないままで、異なった形式の言説と分析とを要請するひとつの構造と動態を表わしているということが、わかってきたのである。この点はしっかり解き明かされる必要がある。

（3）還元は必要か

筆者の考えているような仕方で異なる論理域に言及することは、二元論を何ら容認することではない。筆者は、精神と身体とが分離した物あるいは実体であるといっているのではない。むしろ、それらは人間的生を位置づける異なる仕方に属しているといっているのであり、どちらかが優位だといっているのではない。このように主張することで、私たちが精神と身体との間の因果関係について語る可能性は取り除かれる。同一理論主張者たちは、脳のなかの身体＝物理的諸過程がある特定の心的出来事を引き起こし、それゆえ、それら心的諸過程よりも身体＝物理的諸過程のほうが根源的であると主張することによって、自分たちの立場をおし進めようとしている。だが、この戦術はきわめて非論理的であるということに、私たちは気づく。たとえば、鬱という心的状態が、神経伝達物質セロトニンの生産過剰という脳の状態によって引き起こされるという主張はよく聞く。厳密にいうと、こうした主張は、同一理論の内部でも、また同一理論に対する筆者の批判の内部でも、認められえない。なぜなら、「鬱」ないしは「セロトニンの生産過剰」というい ずれのパースペクティヴからであれ、それらは同じ事柄について二つの異なる仕方で記述しているにすぎず、それらの間には因果関係であれ他の関係であれ、まったく何らの関係性もありえないからである。もちろん、ある特定の経験が、その二つの域のうちのひとつとの関連でよりよく説明されたり、それどころか両レベルへの言及が不可欠だったりするかもしれない。たとえば、ある個人の鬱／セロトニンの生産過剰が、ある特定の遺伝的偶然との関連によって、ある特定の生活上の出来事との関連によって、あるいはその二つの一定の組み合わせによって、よりよく説明されるかもしれない。しかしながら、因果関係であれ他の関係であれ、これらのケースにおいて身体と精神との間の相互作用に言及することは適切ではない。相互作用という幻想は、私たちがひとつの域からもうひとつの域へと移行するときにともなうゲシュタルト転換によって生み出される。たとえば、私たちは、鬱についての人間学的記述から生物学的記述へと移行するが、そのとき私たちは、一方（どちらかひとつ）を他方の原因として措定してしまうのである。

こうした議論はさらに同様に、人間の行為作用あるいは心的諸過程についてのどんな考察も脳のレベルへと引き下げようとする同一理論主張者たちの努力に対する批判も含んでいる。意思決定について考えてみよう。前述のように、多くの同一理論主張者たちは、意思決定がさまざまな行為の形式にとっての事実上の原因であることを容認している。私たちはたびたび特定の方法で行為するが、それは、私たちがそうしようと意思決定したからであり、その意思決定が事実上、その行為の原因であるからであると彼らは論じる。だが彼らは、意思決定が運動システムなどを動員する脳のなかの身体＝物理的出来事であるかぎりで、それが行為の原因であるはずだと論じることで、このことを正しいとしている。あるレベルでならば、この立場は受け入れられる。意思決定が何らかの身体＝物理的な相関関係にあるもののうちのひとつというかたちを帯びているに違いないこと、そしてこのことは行為についても真実であること、さらに意思決定と行為というこの二つの身体＝物理的出来事がおそらく関連があること、こうしたことは私たちも受け入れることができる。とはいえ、しかし私たちは、意思決定と行為に関して説明することで脳の諸状態を引き合いに出す必要はまったくない。意思決定と行為との間のつながりは、生物学的還元などしなくても十分に理解することができる。さらに、当該の脳の諸過程についての生物学的記述もまた、適切でもなければ深遠でもないし、説明的でもない。私たちはそこから、何ら新しいことを学ぶわけではない。それは同じ過程についての記述に、しかもあくまでも「より低次の」レベルからの記述にすぎないのである。

実際のところ、多くの点で、それはあまり望ましくないレベルの記述である。というのも、そうした記述は矛盾なく遂行されたとしても、意思決定の過程を壊すことによって、その過程のもつ合理的な理解可能性を破壊するからである。また、さらなる帰結として、そうした記述は、意思決定の過程がもつ重要な相の多くとかみ合うことがまったくできないことになるからである。意思決定の過程は、社会学的分析をおこなえば明らかになるかもしれないものだ。もし本当に意思決定について詳細に吟味し分析したいと思うならば、私たちはその内部で動員され効力をもつ推論や議論のようなものに決定的に関わっているということ、また意思決定者によって考えられた情報や、意思決定者によって用いられた準拠枠や類型化の枠組みに決定的に関わっているということ、これらのことを筆者は示したい。つまり、私たちは、意思決定者によって用いられた情報収集の方法、計算の方法、推論の方法に関わっているのである。聖なる祭司が意見を求められたのであろうか。それとも会計士が意見を求められたのであろうか。なぜあることが引き受けられて、別のことは引き受けられなかったのであろうか。これらは、意思決定の事実上の「部分」あるいは「原因」であり、もし私たちがそのような仕方で語りたいのであれば、それら「部分」や「原因」は社会学的に分析され洞察されるのである。同一理論主張者が見いだしたこのような諸過程あるいは意思決定を、脳のなかの身体＝物理的な諸過程に還元するということは、たとえそれが可能だとしても、まったく必要ないことであるし、まったく役に立つことでもないだろう。

結局のところ私たちは、意思決定と行為との関係性を、身体＝物理的な因果関係の諸過程へと還元することはできない。なぜなら、意思決定は一般的には、行為のための目的を特定し、そうした目的が実現される実際の過程すなわち「身体的手順」を、未決定のままにしているからである。たとえば、私が「紅茶をいれる」ことを決定する際、その目的を達成するために必要とされる特定の身体＝物理的な動きの実行までのすべてを意思決定するわけではない。つまり、「左腕を身体に対して斜め四五度に位置させ、上方や前方に振り上げながら、前に三歩進もう」などというように意思決定するわけではない。私の意思決定は、その目的を達成するための手段というよりも、むしろ目的それ自体を規定する。さらに、私自身のために目的を規定することは、そうした決定的な身体＝物理的記述の代用とは決してならない。というのも、紅茶をいれるということのまさにその身体＝物理的な動きの細部は状況によって変わるし、どの細部が先行するかを私は通常知らないからである。自分で「紅茶をいれる」という目的を規定してから、つづいて何が起こるかは必然的に即興的である。なぜなら、私はおそらくあらゆる種類の予期しなかった文脈上の状況や障害に直面せざるをえないからであり、その過程のなかで他の任務によって方向転換させられるのもよくあることだからである。結局、私は私の意思決定のなかで規定された目的を果たすであろう。だが、予期しなかったような回り道を経て、目的を果たすかもしれない。その回り道は、実際に身体＝物理的にたどってきた私の道筋が、意思決定という作用によって引き起こされたと主張するのが不合理なこととなるようなものであるかもしれない。たとえ私がある計画を綿密に立てたとしても、このことはなお真実を含んでいる。というのも、私の計画は類型的に、私の計画を実現することにともなう活動を文字どおり記述することからなるのではなく、小さな目的を積み重ね全体としてより大きな目的を果たすことからなるからである。諸々の意思決定と行為との間の関係を、生物学的な原因と結果によって説明しようと望む人たちからすると、このことは問題であろう。なぜなら、意思決定と行為との関係は、意思決定の身体＝物理的影響（すなわち、ある特定の仕方で特定の四肢を動かすというような、身体＝物理的な見地から行為者がおこなうこと）が、実際のところ意思決定のレベルで規定されるのではないということを示しているからである。意思決定のレベルで規定されるわけではないということは、意思決定の後に続く行為の様式が、身体＝物理的なものであれそうでないものであれ、厳密にいえば直接的な原因‐結果という関係に分解されえないということである。行為は目的を「追い求める」。だが、いかにして正確にかつ身体＝物理的に追い求めるのかという点は、予期できないようないかなる偶然が介入しようとも、それによって決定されるのである。

　こうしたいかなることも、脳のなかで何の出来事も進行せずに生じていると筆者はいっているわけではない。筆者がいっているのは、身体＝物理的な記述はこうしたこと全体を私たちが理解したり説明したりするための助けとはならない、ということである。なぜなら、行為が意思決定の後に続く様式は、まさにその際に目標あるいは目的の明示化をつねにともなうからであり、それは、最終的には目標を達成するために用いられるかもしれないいかなる身体＝物理的手段にも還元できないのである。だからといって、私たちが意思決定と行為との間の因果関係それ自体に言及できないということではない。ある個人が意思決定を言語的に定式化するとき、その人はある特定のさらなる行為をもたらすような仕方で、自分自身に作用をおよぼしていると述べることができる。たとえば、ジョージ・ハーバート・ミードの研究（Mead 1967）の多くには、この種のモデルが示されている。さらに、エルスター（Elster 1989）が論じたように、諸個人は自分自身が未来に行為する可能性を限定するいくつもの段階を進んでいくのだから、その際に意思決定がともなっていると確信するのかもしれない。しかし、これらは記述の「心的な」レベルに属している出来事であり、身体＝物理的なレベルには還元できない出来事なのである。

（4）社会学・ブラックホール・意味

私たちはいくつもの仕方で、以上の議論を展開することができる。筆者の主な関心は、まず以上の議論を、行為の内部で意味の果たす役割に焦点を合わせてきた社会学的批判に結び付けることである。この議論は、第二章で考察した考え方に対して向けられている。その考え方とは、私たちは脳について十分に知っており、「心的な」原因に由来する脳のなかの「ブラックホール」などまったく認められないという考え方であり、さらにカラザース（Carruthers 1986）が示しているように、細胞活動はすべて結局のところ「物理的刺激」との関係によって説明されるだろうという考え方であった。

筆者は、脳のなかにブラックホールがあるなどとは信じていないが、若干物騒な状況について考えてみようと思う。近しい親族がひどい事故に遭い死に瀕しているので、急いで家に帰って来るようにと知らせる手紙を、あなたが受けとったとしよう。何が起こるか。あなたはショックを受け、気が動転する。ことによると、あなたは泣いて動揺するか体が震えるであろう。心拍や血圧は上昇し、混乱して、あなたは心配や不安で一時的に何も手につかなくなるであろう。しばらくして、おそらくあなたは車に乗り込み、病院へと走らせるであろう。その際、心＝脳同一理論の主張者が意識的主体性のレベルと生理学的なレベルの両レベルで、こうした一連の過程全体が引き起こされると論じ、あなたの脳に関して説明しようとするだろう。あなたの心拍が増加するのは、あなたの脳が「心臓にそうするよう伝えた」からである。あるいは、あなたの脳が「心臓をそういった状態にした」からである。心＝脳同一理論の主張者たちはそういうであろう。彼らは、あなたの経験する混乱が、脳のなかで、あるいは脳によって、いかに引き起こされているかを示す脳のスキャン画像をあなたにみせることさえするかもしれない。

しかしながら、こうしたことすべては、それを引き起こしたことになっている物理的刺激というものに対してある疑問を抱かせる。つまり、混乱を引き起こしたのは本当に物理的刺激であったのか、という問題である。むしろ、それを引き起こしたのは一通の手紙だったのである。たしかに、それは次の二つの意味で物理的である。つまり、手紙は物質である紙からできているという意味で、またその手紙はペンがもたらした物理的な書き込みによって記されているという意味で、物理的である。しかし、あなたの全身に上記のような劇的な影響をもたらしたのは、そうした手紙の物理的な諸特性ではなかった。あなたに影響をもたらしたのは、その手紙の意味、つまりそこに何と「書いてあった」か、であったのだ。そして、その意味は必然的に身体的でなければならなかった。だが、その身体性は、ある点では付随的なものであった。そうした影響をもたらしたのは、紙面に書き込まれた特別な印ではない。なぜなら、その手紙の基本メッセージは、いくつもの異なる仕方のいずれによっても言葉に表わされうるし、異なる言い方で表わされていたとしても基本メッセージさえ同じであれば、それでもやはり同じ影響をおよぼすからである。もしそのとおりであって、基本メッセージさえ同じであればよいということが重要ならば、影響をおよぼしたものはあなたが理解する言語のなかにあったということになる。実際、それが手紙である必要もまったくなかった。あなたは、電話、電報、のろし、点字、太鼓によって知らされる可能性もあったし、その場合にもあなたはやはり同じ仕方で反応したであろう。

もちろん、あなたが同じ仕方で反応するのは、あなたが同じことを知らされているからであると批評者は論じるであろう（！）。何が違うのか。すべてが違うともいえるし、すべてが少しも違わないともいえる。メッセージの意味という観点からいえば、何も違わない。だが「物理的刺激」というレベルでは、すべてが違う。電話の呼び出し音は、物理的な意味では、羊皮紙に書かれた文字あるいは点字のようなものとはまったく違う。メッセージを伝達するためには、こうした媒体のそれぞれが異なる感覚器官と相互作用しており、しかもつねにそうした相互作用をおこなっていなければならない。このような結果をもたらすのは、その媒体が知らせる実際の出来事ではなく、むしろメッセージの伝達そのものであるということを、私たちは付け加えておくべきである。このことは、たとえば、もしそのメッセージが完全に虚偽であるということがあなたに知らされていなかったとしても、あなたは同じ仕方で反応するであろうという事実によって示される。

したがって、私たちはあなたの脳のなかに「ブラックホール」を見いだしてはこなかったものの、脳に影響をおよぼすけれども厳密にいえば物理的刺激には還元できないようなひとつの要素、または一定のレベルの諸要素を認めてきたのである。意味は身体的である。だが、意味によってもたらされる影響は、意味を身体化するものがもつ物理的諸特性によって引き起こされるわけではない。筆者が述べたように、電話のメッセージと電子メールのメッセージは同じことを意味することができ、結果としてあなたの行為あるいは身体=物理的システムに同じ影響をおよぼす。しかし、それらのメッセージは物理的にみれば非常に異なる。さらに、私たちは意味を意識に還元してはならないが、先に例に挙げた手紙は、あなたにとって意味をもっていたから、それが実際におよぼした仕方であなたに影響をおよぼすことができたにすぎないということは明らかである。すなわち、その手紙はあなたが意識するような意味をもっていたから、あなたに影響をおよぼすことができたにすぎないのである。

このことによって筆者は、あなたが（意識的に）その意味に気づいたということと、あなたがその意味を理解することができたということの両方を言おうとしている。かりに、その手紙が医療専門用語かジャワ語で書かれていたとしたら、それが同じことを「意味する」ときでさえも、誰かがあなたのためにそれを翻訳しないかぎり、その手紙はあなたに同じ影響をおよぼさないであろうし、そうすることはできないであろう。同様に、たとえあなたが読めばその意味をただちに理解できるとしても、その手紙が注目されないままであるかぎり、その手紙はあなたに影響をおよぼすことはできないであろう。

こうした事例は言語に関係しているが、それに尽きるものではない。先の例の手紙がそうだったように、人間の行動や経験に影響をおよぼすことのできる広範囲にわたるシンボル体系があるだけでなく、私たちのもつ非シンボル的な「知覚インプット」もまた、こうした同じ有意味な仕方で機能する。銀行支配人が私のほうに向かって通りを歩いて来るのをみて背筋に身震いが走るのは、その人物が何を意味しているかによるのであって、私に対して直接的な影響力をもっているその人物の何らかの物理的特性によるのではない。私がやっとのことで借金を払い終えた後なら、翌週その人物に会ったとしても、笑いかけ、手を振り、幸福な気分になるであろう。たとえその人物が客観的にはまったく同じに見えるとしてもである。ここで説明しているのは、刺激が何を意味するのかということであり、厳密にいえば、その刺激の意味は物理的諸特性には還元できないということである。したがって、物理的特性を刺激として言及しつづけることは、まったく無駄であるように思われると述べておくのが適切であろう。

このことは、物理的刺激が、私の覚識を完全に回避しながら、その物理的特性によって私に直接的な影響力をもちうるということを否定するわけではない。もし私が何かの間違いで、幻覚を引き起こすようなマッシュルームを食べてしまったら、たとえ自分が何を食べているかに気づいていないとしても、私の経験は劇的な変容を被るであろう。しかしこのことは、意味の働きによって「刺激」が私に影響をおよぼすという議論を不可能にするものではないし、ある点で意味についての私たちの議論と物理還元主義的議論との間の違いをいっそう示してくれる。先の例で示した手紙を間違って認識したとしたら（たとえば、もし私がそれを悪い冗談だと思ったり、真剣に受け止められなかったりしたら）、その結果もきわめて劇的に変化するであろう。ただし、私が正式の英国式朝食のなかにあるマジックマッシュルームを、スーパーマーケットで一般に売っている種類のマッシュルームと間違えて食べていたとしたら、このことは当てはまらないであろう。

筆者はこの事例を、同一理論への社会学的返答だと考えている。なぜなら、「心的生」や社会的行為のなかで、社会的な意味と表象が担う中心的で還元不可能な役割を、この例は示しているからである。それは、多くの社会学者が研究に際して用いる有意味な行為のモデルを強固なものにし、またそのモデルを形づくり、ヴェーバー(Weber 1978)に倣って社会学者たちが切り拓いてきた社会科学への理解アプローチの必要性を示しているのである。こうした意味のレベルで、同一理論主張者の物理学主義が、その代わりをすることはまったくありえない。というのも、このレベルで影響力をもっているのは身体的意味なのであって、物理的刺激あるいはそれらに還元可能な何かではないからである。

このことは本質的に、俗流唯物論に対する批判ではあるが、唯物論それ自体に対する批判ではない。筆者が論じてきたように、意味とは知覚のかたちで、感覚的実践によって必然的に身体化され、またそれによって必然的に理解されるものである。意味は、物質的世界の内部にその一部として現われるが、単なる「物理的刺激」ではない。それは、私たちが「刺激」以外の別の見地から考えることができるようになることを必要としている。したがって、より洗練された多次元的な唯物論の形態に向けて私たちは研究すべきである。だがその形態は、身体的な意味を説明するのに申し分ないほど複雑であるということも筆者は示している。このことはまさに、社会学内部においては、現象学、シンボリック相互作用論、(一定の)マルクス主義的伝統の内部から現われてきた多くの著者がおこなおうと意図してきたもの以外の何ものでもない。しかし、知的文化は次々と新しいものに取って替わられてしまうゆえに、ときにはそうした重要な論点を再び繰り返し再定式化することが要請されるのである。

(5) 脳か、それとも身体的な社会的行為者か

筆者が示してきた意味という考えや事例は、同一理論にとってさらなる問題を引き起こしてきた。私たちに影響をおよぼす意味とは、そもそも知覚的な意味である。こうした意味によって影響をおよぼされるということは、

筆者が述べてきたように、私たちはそれらを意識しているということが必要であり、現象学者やその他の研究者たち（Searle 1983）が述べてきたように、意識とは「志向的」であるということ、すなわち意識とは何ものか「についての意識」であるということが明らかになる。

このことには次の二つの含意がある。第一に、私たちは頭蓋骨の内側のどこかに「精神」や「心的生」を探すべきではなく、私たちが世界と交接しているということに注意を向けるべきであるということ。意識的であるということは世界に開かれているということであり、またそのなかで生を営むということである。第二に、客観的で物理的な要件は、脳と神経システムがこうした世界との交接をおこなうことに関係しているのはたしかだが、その要件はこのレベルにのみ留まらないということ。その要件は、「知覚諸器官」にも関係しており、その要件のおよぶ範囲は「身体」全体へと広がっている。たとえば、私たちの触覚は身体の表面全体に関係しており、運動感覚的で自己受容的な諸知覚は身体の表面に留まらない。触覚は、知覚経験の構築に先取りするかたちで寄与する全身的な知覚的諸行動を必然的にともなう。さらに、前述の手紙の例が示すように、私たちが意識しているところのものに対する私たちの反応もまた、全身的である。したがって、もし私たちが主体もしくは社会的行為者の身体を射程に入れようと考えるのならば、私たちが言及しているものは実践的に世界に関わっている身体全体である、というべきなのである。

特定の経験が、通常の経路を回避しているような脳の人工的興奮を通じてもたらされるという、まさにそのことを例証する実験を指し示す次のような主張に異論はない。たとえば、よく知られているように、「桶のなかの脳」がまさに人間の脳と同一の経験をもつ場合もあるだろう。私たちは、直接的な電気操作によって外的経験と類似した経験を引き起こすこともできよう。しかし、そういった実験が完全にシミュレートされた生を作り出せるとは到底いえないという異論はさておき、そのような実験は、脳がインプットなしでは何ものでもないという点を示すのに役立つにすぎない。そして通常の場合、そうしたインプットは、複雑な環境のなかに全体として行動的に関わることから生起するのである。

以上の批判は、同一理論の主張者が実際のところ隠れデカルト主義者であるという可能性のうちのひとつを指し示している。同一理論主張者は、人間の身体性というより広い諸相を無視し、身体の心的な中心、すなわち脳に訴えることにのみ焦点を合わせている。デカルトと同様に彼らは、精神が実体もしくは物であるに違いないと考えており、その結果彼らが見いだすことのできるもっとも格好の「物」、すなわち脳を選びとっている。同一理論主張者は、デカルトがするのとまったく同じように、額の裏側へと「精神」を巧みに隠し、私的空間のなかに精神の謎をしまいこむ。社会生物学者たちでさえも、この点で、少なくともミームについての議論においては同罪である。たとえば、ドーキンス（Dawkins 1976）は、模倣によって「脳から脳へと渡り歩く」脳の寄生物としてのミームに言及していたが、彼は脳から脳へというように性急に事を運ぼうとして、この過程に含まれている完全に身体的な社会的相互作用のもつ豊かな状況を見逃している。たとえば、とりわけ人間の脳は、言語習得のための必要前提条件ではあろうが、模倣することになる言語の知覚を可能にする感覚システム、言語を行為へと送り出す発声器官や運動のための力能、そして実際にこうした動きに満ちた相互作用の形式から喜びを引き出す身体、これらもまた言語習得のための必要前提条件なのである。こうした「全身的経験」を無視するミームについての説明は、セックスを無視する自然淘汰の理論と同類である。それはまして興味深くもないし、半分も納得できない説明なのである。

こうした同一理論のもつ過度にデカルト的な枠組みから生じる主要な帰結は、それがデカルト理論のもつ他の問題的な諸相、とりわけその主知主義的な指向を再生産する傾向にあるということである。いくつかの例では、このことは単なる怠慢の結果であるにすぎない。同一理論は、精神が実際のところ脳であるということに関心をもっているが、その主張者は、精神に関するデカルト的な考え方がそもそも首尾一貫したものなのかどうかを問おうともしていない。したがって、彼らのいう「脳」は、デカルト的な精神がかつて受け入れられていたときも、そしてそういうものとして受け入れられている現在でも、きわめて疑わしいのである。

だが、同一理論のなかには、認知科学と人工知能の「洞察」を取り入れ、この問題をいっそう複雑にしているものもある。心理学のこの支流は、コンピュータプロセスをモデルにしようと試みており、それが通常は規則の形式で、もしくはコンピュータプログラムの形式で、私たちのもっとも基本的な心理学的諸機能の多くに関わっていると考えている。これらは意識過程であるとは考えられていないが、物理的な過程であるとも考えられていない。実際のところ、認知科学のもつ問題は、この過程がどこに組み込まれているのかがはっきりしていないということである（Searle 1991）。こうした諸理論を詳細に吟味する紙幅は筆者にはない。筆者は本書の後半で簡潔にそれらの理論について議論するが、ここでは、認知科学の諸理論が、デカルト的主知主義のもつ諸問題を大規模に、かなりの説得力をもって再生産していることを示してきた、と述べておくだけで十分であるに違いない（Coulter 1983 : Evans 1993 : Button et al. 1995 : Searle 1991）。

ここには、いまも非常に強い力が働いている。もし私たちが精神は本当のところ実体である、あるいは物であると仮定するなら、精神と脳との同一視は実質的には避けられない結論であるように思われるし、私たちはまさにこう仮定する強い傾向がある。とりわけそれは、デカルト哲学が、学術的にもより一般的にも、私たちの文化におよぼしてきた影響のゆえである。だが、もし私たちが実体や物としての精神という考えから解放されうるのなら、心身同一理論主張者の還元主義的な俗流唯物論よりも多くの点で優れている、それ以上の可能性が立ち現われてくる。

（6）俗流唯物論

筆者が本章で論じてきたことの多くは、二つの異なる論理域の間の差異と、それらの還元不可能性に焦点を合わせてきた。二つの論理域とはつまり、社会的あるいは心的な論理域と、物理的な論理域のことである。本章の最後の節で筆者は、二つの論理域の還元不可能性を精緻化し、同一理論への最後の批判をおこないたい。筆者はこの点を探求するために、デカルトという人物に手短に戻りたい。筆者の観点からいえば、彼はこの二つの論理域の必要性を認めたが、それを適切に理論化することはできなかったのである。

デカルトの理解によると、身体は生命のない物質である。それは空間のなかへと延長し、分割可能で、物理的世界の諸法則に従っている。しかし、身体の定義はそれですべてである。「身体」に関して、彼はこう書いている。

> 私は次のすべてのことを理解している。何かしらの形態によって限界づけられうること。すべてはどこかの場所に含まれうるということ、他のいかなる身体もそれから排除されるような仕方で空間を占めることができるということ、また触覚、視覚、聴覚、味覚、嗅覚のいずれかによって知覚されうること。さらに、さまざまな仕方で動かされるが、それ自体で動くのではなく、それが触れられたり衝撃を受けたりすることによって、身体とは別種のものによって動かされうること。(Descartes 1968 : 104)

この定義は人間の身体と同様に、石や砂の粒子にも適用されるのだが、それは意図されてのことである(Leder 1998も参照)。もし科学者たちが物理的世界を支配する諸法則を説明しようとしているのであれば、「物理的なもの」についての彼らの定義は、そうした世界のなかのもっとも低次に位置づけられる共通の諸要素に、しかもその諸要素だけに、焦点を合わせなければならない。しかしながら、こうした論点の組み立て方は、もっとも極端なかたちで人間の身体を物体の位置へと還元するものであって、説明されるべき人間の主観の大部分をかなり置き去りにせざるをえない。少なくとも、こうした身体の存在を措定する哲学者や科学者の主観的な部分についても同じことがいえる。もし身体が本当にデカルトの記述するようなものであるのなら、デカルト主義者は、意識的で理知的な存在であるのだから、間違いなく身体ではないということになる。デカルト自身が示しているように、

私とは、人間の身体と呼ばれるこの四肢の集まりではない。また私は、これらすべての部分に広がる、希薄な空気でも突き刺すようなもの……でもない。(Descartes 1968 : 105)

デカルト的な見方は、「身体」に対する外側からのパースペクティヴを措定する。そのパースペクティヴは、その構成部分やもっとも低次の共通諸要素へと「身体」を分解するものである。デカルト主義者のいう「身体」は、外側から見られる身体ではあるが、決してその外側をみるものでも、あるいは外側を感知したり外側と関わったりするものでもない。したがって、デカルトは身体を、その知覚可能な諸性質によって、言い換えれば、いかに身体が見られたり触れられたりしうるかということを描いており、決して身体のもつ感覚性によって描いているのではないということが、上の引用からわかる。つまり、見たり触ったりするような身体のもつ力能や性向によって描いているのではないのである。

この定義は問題である。なぜなら、この定義は、その定義それ自体が説明できない諸要素を前提にしているからである。知覚可能な性質に関する記述は、それを知覚するために必要な感覚性を必ず前提にしている。そしてデカルトは、身体に対する彼自身のパースペクティヴを記述しながら身体を外側から定義することができた。ただし、これこそがそのパースペクティヴであるというような存在を前提にしてはじめて可能だったのである。誰が、あるいは何が、見たり触ったりするのであろうか。だが、もしデカルトが身体は単なる物質であるといったように定義するならば、彼は、身体以外の別のところを見ることではじめて、こうした視点や感覚性について説

明することができることになる。もし身体が単に、それに対するパースペクティヴはもつことができるが、自らについてのパースペクティヴはもつことができない、そうした存在なのだとしたら、人はそもそも身体への視点がいかにして、そしてなぜ、可能であるのかを説明するために、二元論へと向かわざるをえなくなるのである。

このことは幾重にも塗り重ねられた問題点であり、筆者が第二章のフッサール（Husserl 1970）への言及で記したように、それは私たちが「物質」を定義する仕方に関わっている。物質は、それについての私たちの経験を完全に説明するために、何らかの「追記」を必要とするような仕方で定義されている。二元論はそうした問題から生み出されたデカルトなりのやり方であったが、それだけしかやり方がないわけではない。メルロ＝ポンティ（Merleau-Ponty 1962；1965）とフッサール（Husserl 1989）は、もうひとつ別の仕方を呈示している。筆者は本書の後半でより詳細に、メルロ＝ポンティの研究について議論しようと思う。だがさしあたっては、次のことを記しておけば十分であろう。それは、メルロ＝ポンティもフッサールも、いくつかの諸器官のもつ複雑な生物学的組織と活動とが、還元不可能な「可逆性」と彼らが名づけるようなものであると論じている点である。つまり、それらは見られることができるものであるが同時に見るものでもあり、触れて感知されるものであるが同時に触れるものでもあり、空間に属するものであるが同時に空間的に方向づけられるものでもあるのだ。

身体には二つの側面がある。すなわち、感覚されるものであり、感覚するものでもあるという二側面である。つまり、客観＝身体と主観＝身体である。そして、どちらの側面も他方には還元されえないが、ある意味ではそのいずれもが、他方を実現するものである。つまり物質は、それ自体を知覚することが必要とされている感覚性がなければ、その感覚される特性によっては定義されえないが、同様に、知覚可能な世界がなければ感覚されることはありえないのである。

……身体は、本来的には二重の仕方によって構成されている。第一に、それは物理的物体、すなわち物質で、ある。それは延長し、そのなかにその実在の諸特性、すなわち色、手触り、堅さ、暖かさ、そしてその種の他の物質的特質がもつものすべてが含まれている。第二に、私は第一の方法で述べた物理的身体について何ごとかを見いだし、身体の「表面」と「内部」に何ごとかを感じている。たとえば、背中にあてた私の手の暖かさ、脚の冷たさ、指先のなかにある触れる感覚である。私は、広く身体領域を超えて拡張されつつ、私の衣服が引く力と押す力を感じている。指を動かすと、私は動きの感覚を感じるのである……。(Husserl 1989 : 153)

脳‐同一理論の問題は、こうした可逆性を深刻に受け止め損ねていることにある。脳‐同一理論は、デカルト的な第三者の身体についての理論である。それは、生きられる身体、あるいは主観的な身体に関わっていないし、そうあることはできないと筆者はいっておきたい。すなわち、脳‐同一理論の扱う身体は、身体的生のもつ有意味で「心的」な相ではないのである。カラザースによる、前述の修辞的な問いについて考えてみよう。「私たちは、結局のところ、細胞活動のすべての細目がそれに先立つ物理的刺激のいくつかによって因果的に説明されることはないであろう、と確信していないだろうか」(Carruthers 1986 : 64)。私たちは、出来事の意味が私たちに影響をおよぼす仕方に注目することでこの考えに疑義を差し挟んできた。だがこの点はさておき、たとえ私たちがこの考えに同意したとしても、同様の確信をもって次のようにいうことができる。つまり、物理的刺激とそれらの因果論的な諸帰結に関する分析は、細胞活動についてのさらに進んだ理解へとやがて導いていくだろう。だが、感覚的で意識的な人間の行為作用がもつ性質を解明するために、「物理的」な準拠枠の範囲から抜け出ることは決してできないのである。心的生を物理的諸原因という低次のレベルへと還元することは、そのレベルに留まることを意味する。準拠枠を説明可能なかたちで変更してはじめて意識的で感覚的な経験レベルへと徐々に進むことができるのである。ある意味で、このことはデカルトによる二元論との関連で考察された心身の相互作用の問題と同種である（第二章）。

同一理論の主張者は、デカルト主義者と同じようなやり方で、脳から精神へと論を進める傾向がある。すなわち、物理学主義者が論述するのと同じ理由で、「脳」は物理的システムという自己充足的領域に属するのであり、そうしたシステム以外の何ものも認めることができない。この議論は、先に筆者が述べたように精神を脳に還元することに同意しないことの重要性を示してくれる。なぜなら、きわめて重要な何かがそうした還元の過程で失われているということを、それは示しているからである。

この議論によって、私たちが広義に定義される唯物論を棄却しなければならないわけではない。だがそれは、私たちが俗流の唯物論を棄却するということではある。俗流の唯物論とは、存在するすべてを「物質」に還元し、感覚的に知覚可能な諸特性によって狭義に定義する唯物論のことであり、人間の経験すべてを脳の身体＝物理的な物質という客観的な特性と過程とに還元する唯物論のことである。私たちはいくつかの身体＝物理的諸構造、とりわけ人間の身体が、メルロ＝ポンティ（Merleau-Ponty 1968a）のいうように「裏面」をもつということを了解する必要がある。すなわち、身体＝物理的諸構造が、外側から知覚可能である空間のなかへと単に延長するのではなく、同時に「内側から外側へと」感じたり知覚したりする感覚的存在でもあるという側面のことである。さらに、意識的な経験としてのこの感覚性が、神経科学によってもたらされたものとは質的に異なるタイプの分析が求められるような質を必然的にともなっている、という点を私たちは理解しなければならない。どれだけ化学的な分析をおこなっても、見ることや感じることや欲望することなどがどのようなものなのか、私たちにはわからないであろうし、したがって、そうした分析からは、私たちがなぜ実際におこなっているように自分が行為するのかを決して知ることができないのである。

小括：精神的身体性と社会的世界

社会学において、そしてより一般的にいえば社会科学において、私たちはさまざまな種類の人間の活動や行為説明することに関心をもっている。この目的のために、私たちはしばしば暗黙のうちに、あるいは明示的に、心理学的用語、すなわち、動機、意味、理由、目的といった用語を採用している。人間的生についてのこうした考え方が、デカルトが著述していた頃に登場するようになった物質と物理的世界についての新しい定義と矛盾するということを彼が認めていたのは、鋭い点であった。その結果としてデカルトは、こうした物理的領域とは異なるものとして精神の存在を措定し、そのなかにはより人間的な性質のすべてが存在していると思っていたのかもしれない。この解決法は、私たちが第二章でみたように、哲学的にも社会学的にも問題であることがわかる。心＝脳同一理論の主張者の答えは、すべてを身体＝物理的なレベル、すなわち脳のなかの化学物質間の相互作用へと還元するというものである。彼らは、デカルトの説明が含んでいる多くの重要な問題を、実際のところ抱えたままである。だが、デカルトにとって中核的な洞察は保持し損なっているのだ。すなわち、デカルトの理論には、不活性な物理的物質や原子化されたさまざまな因果関係という考え方がつねに表現しようとしてきた以上に、人間的生や私たちの世界内存在についての洞察をはるかに多く含んでいるのである。同一理論主張者はデカルトによって把捉された次の点、つまり世界が人間存在にとって有意味であるという点、そして人間存在がこれらの意味を形づくり行為を起こすという点、さらにその意味が厳密にいえば原子化された物理的諸原因に還元できないという点、これらの点を見逃しているのである。

筆者はすでに、本章において次のヒントを得た。つまり、心的生は実際のところ創発的な構造であり、物理的世界から現われるのだが、厳密にいえばその物理的世界には還元できないという点を受け入れること、そしてそれが、より満足のいく解決策であろうということである。後続のいくつかの章では、筆者はこの議論をさらに展開しようと思う。筆者は、ギルバート・ライル（Ryle 1949）の研究に関する議論から始める。これによって、私たちはさまざまな心的諸過程の意味を認めながらも、筆者が本章で提起した議論を精緻化することができるからである。これに続く第五章では、メルロ＝ポンティ（Merleau-Ponty 1962 ; 1965）の研究において展開された、身体的行為作用のモデルについて考えたい。メルロ＝ポンティの研究からは、物理的諸部分を合計したよりも大きな人間行為者の全体について、力強く説得力のあるモデルを見いだすことができるであろう。彼の研究は、私たちが本章で提起してきた意味と目的に関する諸問題と、非常に強く共鳴するものなのである。

注

（1）この議論は、神経科学の言語が――「日常心理学的」な目的に役立つようにするためであるにもかかわらず――いまや日常語に浸透してきたという事実によって、少し入り組んでいる。

第四章　二元論を超えて――デカルトの亡霊をライルとともに追い払う道

……人間の行為に関する「内側」や「外側」という言葉は、単なるメタファーにすぎない。私たちが自分の内側にあるものについて語るとき、私たちは身体における開口部を通じて直接的に到達することができるというような現実の身体＝物理的な内側のことを述べているのではない。私たちはある人物の表現方法を経由してただ間接的に接近しているのでもない。（ヨアス『行為の創造性』）

デカルト的二元論と心＝脳同一理論という俗流唯物論のもつ諸問題について議論してきたが、筆者は本章で、非二元論的な社会学への道に私たちを導いてくれる研究、すなわちギルバート・ライルの『心の概念』（Ryle 1949）に目を向けたいと思う。この本のタイトルが、身体性に関する本書で登場するのは奇妙に思われるかもしれない。しかしながら、この研究ほど探求すべき真理にきわめて近いものはないと思われる。私たちが単数であれ複数であれ身体の観点からのみ考察をおこなうなら、私たちは決して二元論を超克することはできないであろう。なぜなら、身体は精神がそうであるのと同様に、二元論を構成するまさにその一部だからである。二元論を超克するために、私たちは精神と身体の両方を再概念化しなければならない。この点では、ライルを考察することには価値がないかもしれない。というのも、「心」についての彼の分析、あるいはむしろ心の概念についての彼の分析は、明らかに非二元論的である心的生のみについて再概念化を提供するものだからである。彼は説得力をもってかつ力強く、デカルトの亡霊を追い払っている。このことも、身体についての本格的な再考のための扉を開いてくれるが、筆者が本章の終わりに向けて論じていくように、ライルの諸議論は、私たちの分析の補足的段階を終らせるほど十分には成功していないのである。だが、このことによってライルの見解のもつ意義が減じられることはない。彼の研究は、本書の議論における重要で積極的な転換点を表わしている。

私たちはライルの分析によって、「精神」を身体や社会的文脈から切り離された別個の「もの」とみなす二元論者の傾向と決別することができる。彼は心的生を、身体的で文脈化された社会的行為のレベルに置き直している。だが、デカルトに対するライルの批判は、精神と物質という基本的な論点を超えて展開されているという点を記しておくことが重要である。ここでは、次の二点がとりわけ重要である。

第一にライルは、筆者が第二章で記したように、精神についての説明のなかでデカルト主義者が精神のもつ反省的で命題的な諸形式に与えている優位性に対して挑戦することに関心がある。私たちはなぜライルがこのことを問題だとみなしているのかをすでにみてきたが、本章では、いかにして彼がそれに対する代替案を構築しているのかをみることになろう。

第二にライルは、デカルト主義者が唱える心の透明性という考えに挑戦している。もし私たちの心的生が、私たちにとって経験の対象となりうるものであるとしたら、つまり心的生が、私たちが見たりそこから学んだりすることのできる「内部劇場」であるとしたら、私たちは内部への一瞥によって自己認識を得るとデカルト主義者は示す。だがそうではないことが、基本的な現象学的反省によって示される。私たちは、自分たちの心的生をそれ自体としては経験しない。私たちは自分たちのまわりにある世界を経験する。そして、私たちがどのような自己心理学的な洞察をおこなったとしても、こうした世界についての諸経験からの間接的な影響に、あるいは世界における私たちの身体的な諸活動についての反省に根ざしているのである。私たちは、いかにしてライルがこの議論を展開しているかを、本章の至る所で目にすることになるであろう。

哲学的に思索するライルのスタイルは、概念をめぐって焦点化されている。彼は、私たちが「理解」「意志」「意識」などといった諸概念によって何を意味しているのかを考えようとしている。したがって本章の多くは、こうした概念に関する彼の分析については、それぞれの考察に基づいて組み立てられることになるだろう。とりわけ筆者は、こうした手順のなかで、「情動」「意識」「理解」「意志」、そして「私」に関する彼の分析を精査しようと思う。だがこのことをおこなう前に、私たちは、ライルの観点からみてデカルトのどこが間違っているのかを理解することが重要である。

(1) カテゴリー・エラーとしての二元論

ライル (Ryle 1949) は、デカルト的二元論の歴史的起源には、次の三つの中心的要素があると論じている。それは、第一に物理的物質についてのガリレオの定義、第二にそれにともなう機械論的世界観、そして第三に宇宙全体がこうした「体系」の内部で説明されるであろうという楽観的な信念である。ライルが記しているように、デカルトはガリレオの研究に非常に感銘を受けたが、また神を畏れる者として、ガリレオの研究がもたらす諸帰結について何がしかの不安を感じていた。その研究には、魂のための余地、そして精神的な生の余地、あるいは実際のところ道徳的な生のための余地がなかったのである。したがってデカルトは、精神次元のための空間を用意する仕方として、「精神」を「世界の素材」というガリレオの発案した概念に付け加えた。しかしながら、デカルトがこうしておこなった仕方は、その多くが相変わらずガリレオの枠の内部でおこなわれていた。デカルトは「精神」を、物質と同種のもうひとつの「実体」として措定したのである。これがデカルトの致命的な誤りであった。

デカルトは、精神の存在を別個の「実体」として措定するなかで、ライルが「カテゴリー・エラー」と呼ぶ過ちを犯している。これは、私たちがあるひとつの論理階型の現象を、あたかもそれらが別の論理階型の現象であるかのように扱うときに生じる錯誤のことである。たとえば、爆撃機のパイロットが、戦車、兵器工場、軍隊の兵舎は確認することはできるが、まだ敵の戦争機構体制を目撃していないということを報告しに基地に戻ったとしたら、このパイロットはカテゴリー・エラーを犯していることになる。なぜなら、パイロットは「戦争機構体制」を、あたかもそれが戦車や兵舎と同じような論理階型にある物であるかのように扱っているからである。パイロットは、ひとつの戦争機構体制とは単純に、戦車＋兵舎＋工場＋小隊などからなるということを了解し損なっているのである。戦争機構体制は、戦車や兵舎と同じ類の付加的な機構ではなく、むしろ、それぞれつながっていてなおかつひとまとめにされているような、それらの機構すべてをまとめて集合的に呼ぶ名称なのである。同様に私たちは、自分には「ポールとジョンと私」という三人きょうだいがいるという人に当惑させられることがあろう。私にポールとジョンという二人の兄がいるか、あるいは私が三人きょうだいのうちの一人なのであって、三人のきょうだいがいるのではないと私たちは主張したくなるであろう。そして私たちは、「きょうだい」という言葉を使う彼女の能力を疑うかもしれない。ライルによると、それはデカルトが陥っているのとちょうど同じ混乱状態である。

「心的」言語は、物質に関する言語とは異なるものであるため、物質に非常に似てはいるがそれとは別のあるひとつの物、つまり異なるひとつの実体を指しているとデカルトは決め込んでいる。しかし、そうではない。ただ私たちは精神という別の言語をもっているのであり、そのことが別の対象である「精神」という物があるに違いないということを意味するのではない。以上のことに従えば、パイロットが数えあげることのできる戦車やミサイルに加えて、ひとつの戦争機構体制というものがあるに違いないということを意味するのでもないのである。

少なくとも私たちの目的にとって、カテゴリー・エラーというこの考えに不可欠なのは、それがもつ二重性である。たとえば、私たちが先の例でみた三人きょうだいの人物は、計算のなかで自分自身を二度カウントしている。彼女は三人きょうだいであると同時に、そのきょうだいのうちの一人でもある。そして、私たちが先の例でみたパイロットは、すでに見つけた戦車などに加えてひとつの戦争機構体制を探索していた。そのパイロットもまったく同じことをしているのである。パイロットは、戦車や小隊というかたちで敵の戦争機構体制をすでに見ているのだが、自分がそれを見たということを了解しておらず、したがってどこか別のところに戦争機構体制を、二度にわたって探しているのである。

ライルにとって、デカルト的二元論はちょうどこうした二重化の犠牲者である。デカルト主義者は人間の行動や感覚のなかに「心的現象」の「痕跡」を認めているが、身体についてのデカルト主義者たちの考え方からは、これらの行動や感覚が実際に心的生の実体であると考えることはできないであろう、とライルは論じている。爆撃機のパイロットとまったく同じように、彼らはどこか別の場所を探しはじめるのである。実際のところ、パイロットらは、たとえ私たちが見ることができないとしても、それがあるに「違いない」リアリティのまったく新しい領域をでっちあげるのである。したがって、彼らは理知的行動を立証するとき、二つの事柄、すなわち理知と行動とをみていると考えている。行動が属する身体的生についての考え方からして、彼らはこうした理知と行動という二つの細片がひとつの現象の諸相であるということを受け入れることができない。彼らは、「理知」というのが、より深い中核でも原因でもなく、ある特定の行動類型のもつ特性にすぎないということを受け入れることができない。彼らはまさにこのことを受け入れるべきであるというのが、ライルの議論の主意である。

二重化についてのこうした批判は、心＝脳同一理論の主張者たちならばある程度は受け入れることができるものであろう。だが、ライルは彼らの解決策をも受け入れない。この「解決策」というのは、おおざっぱに客観主義的で生物学的な流儀で、「精神」を「身体」へと分解するものであるが、その「解決策」は二重化の傾向を取り除いてくれるかもしれない。しかしその「解決策」は、心的生の現象学的意味とその諸過程における心的諸概念の意味を、大いにねじ曲げてしまう（第三章を参照）。それとは対照的に、ライルの方法は、私たちが実際に日常生活において用いている心的概念の意味を、その用語の考えられる意味に関する現象学的反省と連結させて考える、というものである。

こうしたことが示す二元論に対する解決策は、現代社会理論の言いまわしを用いれば、「行為論的」である。心的生はライルにとって身体的なものであり、ここには、身体がつねにすでにある状況に関与している感覚的で活動的な存在であるという考え方が含まれている。それゆえ、心的諸概念が指示物をもつかぎり、それは文脈において具現化されている身体的行為なのである。とはいえ、心的諸概念の使用法を一定の文脈のなかで分析すると、それらが厳密にいえば必ずしもつねに指示物をもつわけではないということがわかる（以下を参照）。オースティン（Austin 1971）が論じるように、言葉は「事を為す」（'doing things'）。これは、言葉が指示することに加えて、事を為すということだ。さらに、たとえば「考える」という用語が異なる文脈で異なる使用法をもつのであれば、その用語もまた異なる意味をもっているのであり、私たちはこれらを混同しないように注意しなければならない。そうでなければ、混乱させられてしまうであろう。

ライルは、二元論に取り組んで、人間行為者についての身体的な考え方を措定しているにもかかわらず、「心的現象」を身体のなか、あるいは行為のなかに直接に位置づけようとはしない。彼は、心的諸概念が行為のある特定の文脈で身体的行為者によって用いられるやり方のほうにより関心がある。すなわち、身体的行為者が概念を用いる場面や、彼らの社会的で現象学的な文脈のほうにより関心があるのである。にもかかわらず、この分析から立ち現われてくることは、私見では、身体的な行為者に関する萌芽的な考え方であり、筆者はこの考え方を説明のなかで前面に引き出そうと考えている。解明されるべき多くがここにある。筆者は、行為としての言語という考えについて考察することから始めたい。

(2) 文脈と言語

オースティン(Austin 1971)や後期ヴィトゲンシュタイン(Wittgenstein 1953)、そしてミード(Mead 1967)やミルズ(Mills 1974)を含む何人もの重要な社会学者たちと同様に、ライルは、諸々の言葉あるいは概念の意味が、それらが名指している物との表象関係から引き出されるのではなく、社会的相互作用の内部でのそれらの使用法あるいは機能から引き出されると主張する。私たちは日常生活において「心的」概念を広範囲にわたって使用しているが、こうした概念の使用法について綿密に考察してみると、それらは「心的状態」それ自体に言及しているのではまったくなく、きわめて異なる目的を果たしているということが明らかになる、とライルは述べている。たとえば、私が「痛い」と言うとき、私は何かを描写しているわけでも何かを名指しているわけでもない。むしろ、私は声をあげているのだ。私のこの言葉は「いたっ!」('ouch!')という言葉と言語的に同義であり、あきらかに何かを表現しているのではあるが、何かを描いているわけでも何かに言及しているわけでもない。さらに、「痛い」と言うことによって、私は何らかの仕方で私を不快にしている人がおこなっていることを、それが何であれ止めるよう指示しているか、あるいは要求している。この文脈における「痛い」は、実際のところ要求である。つまり「やめてくれ」ということを意味しているのである。同じことが、広範囲にわたる心性的術語の使用法にもあてはまる。

たとえば、私が「土曜日はマンチェスター・ユナイテッドが勝つと思う」と言うとき、私は頭のなかで起こっている思惟の過程について述べているのではまったくない。この文脈における「思う」というのは、思惟の過程について記述しているのでも言及しているのでもない。その言葉は、その試合の結果について、単に私が意見を述べるために発せられているだけである。私は私の意見を、事実としてではなく意見として述べているのであって、私はその意見を自分自身のものとして所有しているのである。つまり、私はマンチェスター・ユナイテッドが勝つと思うが、それは単に私の意見であって、別の見方もあるかもしれない。私はその試合の結果に対して、考えそれ自体を述べたわけではまったくないのかもしれないし、たとえ私が「思う」という言葉を用いたとしても、その過程についての言及や記述ではないのである。もし私がもっと敵対的な雰囲気のなかにいたら、その雰囲気によって自分の主張を強め、より大胆にし、単なる意見以上のものであることを示して、私はそのチームが勝つことを「知っている」などと言うかもしれない。だがそれは、何か別のことが私の頭のなかで起こっていたということを意味するのではないし、あるいは実際には何も起こっていなかったということを意味するのでもない。私は、自分が知っているのか、あるいは考えているのかを知るために、いわば「私の頭の内側をみる」必要はない。私にはそんなことができないだけでなく、ともかくそんなことは不必要なのである。繰り返し述べているように、私はいかなる種類の「心的内容」について述べているのでもない。

数多くの「心の語り」が社会的機能を果たしているという点が、この議論にとって不可欠である。たとえば、会議に遅れてしまったので「すいません」というとき、私は内的な過程や遺憾の感情について述べているのではなく、「謝罪している」のであり、このようにして私は、時間厳守という規範を侵犯したことによって引き起こされる道徳的なダメージや起こりうる不快さを修復しようとしているのである。私は、ある特定の時間に他の人と会合することについて取り交わした約束を破り、いまやその人たちに、このことはわざと約束を無視したのでも、権力を誇示しているのでもないことを、自分のために示す必要がある。私は、謝罪についての文化的に適切な儀礼を通じて、私たちの関係の対等性と、その対等性がともなう相互の承認を再確認する。もちろん、「すいません」と言うだけでは十分ではないかもしれない。時間厳守という社会規範を犯してしまったため、謝罪したり「申し訳なさそうに振る舞ったり」するといった他の方法が、その人から期待されているかもしれない。にもかかわらず、心的諸概念の意味が、「内的世界」というかたちであろうとなかろうと、実質上の指示物ではなく社会的相互作用の内部でのそれらの機能から引き出されるという事実は、このことによって変わるわけではない。ライルが論じるように、言語が内的な指示物をもつという考え方は心的言語についてのこうした基本的な事実をつかみ損ねているのであり、二元論が基礎づけられている前述の「二重性」へとデカルト主義者を導く。デカルト主義者は「われ思う」のようなフレーズが記述であると仮定するため、記述された指示物の存在を探し出さざるをえず、それゆえ内的な心的領域の存在を措定するのである。したがって、心的諸概念の意味についてのデカルト主義者の想定に取り組むことによって、実際のところ私たちは、二元論の基盤それ自体に取り組むことになるのである。

この点に関して、心的言語の社会的機能とは無関係に、諸個人は感情のようなものを経験しているのだと論じることによって批判的に応える者もいるかもしれない。その批判者は次のようにも論じるであろう。つまり、ある個人は逸脱行動を謝罪する仕方として「すいません」と言うかもしれないが、その個人はすまない気持をも感じているのではないか、あるいはことによると罪の意識あるいは恥を感じているのかもしれない、と。こうした起こりうる批判に対する答えとして、私たちは次のことを記しておかなければならない。第一に、私たちが罪の意識に結び付けるような身体的感情あるいは身体的痛みの存在を、ライルは否定しているわけではないということ、そして第二にライルは、二元論の批判者として、そうした感情や痛みの存在を否定すべき理由はどこにもないということである。彼は、人間の身体とは別個の「心」などないが、しかしそれは身体的な感情や感覚、すなわち感覚的な身体性がないということを意味するのではないと示そうとしているのである。こう述べることで私たちは、ライルに従って、こうした諸感覚と感覚の心的諸概念との関係について、どのように考えるのかという点に慎重でなくてはならない。より詳細にこの問題に関する彼の観点を理解するために、私たちは情動と意識についての彼の見解を考えることができる（Crossley 1998; 2000a も参照）。

（3）情動

私たちは、情動を感情として考える傾向があり、感情を内的な出来事だと考える。これは、私たちが情動に言及する際に用いる言語が、主に「感じること」に関する言語であることに由来する。すなわち、私たちは幸せ、悲しみ、嫉妬、怒りなどを「感じる」と主張するのである。だがライルによると、私たちが情動的感情を自分自身のものであるとするとき、私たちはそうした感情を記述しているのではなく、むしろ原因あるいは意味がそれらの感情にあるとしているのである。たとえば、私が強い緊張感を感じるとき、私は自分のみぞおちの痛みの感じ、激しい鼓動、吐き気、呼吸困難などを含めて、いくつもの身体的感覚のうちのいずれかを経験する可能性がある。しかしながら、「強い緊張感を感じる」ということは、私自身にとってであれ他の人びとにとってであれ、こうしたいかなる感情についても記述していない。「強い緊張感を感じる」ということは、原因あるいは理由がこれらの感情にあるとする。感情はそれ自体、物理的である必要も心的である必要もなく、ほとんどの場合、その感じを生じさせる社会的状況を同定するであろう（たとえば、テストが差し迫っていること）。「強い緊張感を感じる」ということ、あるいはそうでなければ自分自身を強い緊張感を感じるものとして了解することは、人が経験しているどんな奇妙な身体的痛みも、周囲の状況のある特定の組み合わせによるとすることである。この点で、情動概念についての「内部世界的」なものはまったくない。情動の帰属は内観の問題ではない。私はある特定の身体的な感情を経験するかもしれないが、こうした感情を情動（たとえば恐怖）と呼ぶことで、私はそれらを引き起こす、あるいはそれらを生じさせる「外部」世界のなかの諸々の出来事に目を向けているのである。さらに、こうするなかで、私は自分がおかれている現在の状況の意味を常識的に理解することに頼っている。私は、テストが差し迫っていることに関連させることによって、胃のなかの奇妙な感じを意味づける。私が生きる文化の内部で当然と思われているような考えを引き出してきて、テストが不安とストレスの源であると意味づけるのである。

私たちはこの議論を、いくつもの理由でおし進めることができる。第一に、情動的状態において引き起こされる身体的感覚について明確なことは何もない。同じ身体的な感情が非常に異なる、あるいはまったく異なる状態に関係することがある（たとえば、運動、病気、疲労、酩酊状態など）。明確なことは、このような感情を引き起こす状況や、私たちが結果的に与えるその帰属の問題である。奇妙なおなかの感じや下痢は、テストが差し迫っていることや何らかの同様の事情によって引き起こされるとき、そしてそうしたときにのみ、強い緊張感を構成する。もしそれらが嵐の夜に外出した後に起こるなら、腹の不調は、それとはまったく別のことを意味するであろう。第二に、感じるということも感情の布置も、情動的状態にとって決して必然ではない。私たちは一般的に、異なる人びとが異なる仕方で、ある特定の情動を経験したり表わしたりすることを知っている。そして、同一人物であっても、場合によっては異なるかたちで情動を表わすこともある。したがって、感じとしての情動という考え方は、誤ったものなのである。

ライルによる情動概念の性質についての主張は、単に二元論や「内部世界」についてのデカルト的イメージに取り組むという欲求に根ざしているわけではない。それは、言語の性質についてのたしかな観察に根ざしているのである。情動概念は自然言語に属しており、自然言語は学習されなければならないとライルは述べている。だが学習されるために、言語は、公的にかつ間主観的に立証可能な基準に従って、公的な仕方で機能していなければならない。もしその概念の意味が私的な状態を表わしているのだとしたら、いったいいかにして私たちはある人に対し、たとえば「嫉妬」という概念を使うことを、教えられるというのであろうか。また、いかにして私たちは、その概念を使うことをこれまで学習してきたというのであろうか。言語の教師としての私たちは、生徒に向けて私たちの嫉妬を指し示すことはできないし、「これが嫉妬です」と伝えることもできない。なぜなら、もし情動が私的なものだとしたら、生徒は私たちが何について話しているのかわからないからである。そして同様の理由で、もしその用語の意味が、他者の経験している私的な内部感情と密接に結び付いているとしたら、私たちは他者が「嫉妬」によって意味していることを決して学ぶことができないであろう。実際のところ、「嫉妬」という概念がなすことは、感覚的そして／あるいは理知的な行動のある特定の表明を、特定の階型の状況に対する特定の階型の反応として同定することによって示すことである。したがって、私たちがこの概念を学び教えることができるのは、反応、誘因となる状況、それらの関係の社会論理が、すべて間主観的で公的な現象だからである。嫉妬するということは、ある種の状況に対して、ある種の仕方で反応することであり、私たちがこのように行為している場合に、人が「そんなに嫉妬するな！」と言いがちな場面から、私たちは嫉妬とは何かを学ぶのである。同じ理由で、諸感覚は、ときにそれらの感覚にともない、それ自体で感覚を特徴づける明白な行動と何らかの関係をもっていなければならない。

ヴィトゲンシュタイン（Wittgenstein 1953）の「痛み」に関する有名な分析は、このことについての示唆的な例を与えてくれる。痛みの感覚は、しばしばそれにともなうさまざまな行動とはかなりはっきりと異なっている、とヴィトゲンシュタインは論じている。たとえば、人の足に金ヅチを落とすことによって引き起こされる感覚は、傷ついた足を手でしっかりとつかんで、部屋中を飛び回ったりはね回ったりすることとは本質的にきわめて異なる。他方、感覚は厳密にいうと私的なものなので、私たちはそれについての言葉を決してもちえないし、その言葉はまた、そういう行動をともなう場合を除き、決して私たちの公的言語へと入ってこられない。痛みの行動は、痛みに公的な形式を与え、社会的な交わりのなかへと入り、その結果として言語のなかへと入ることを可能にする。たとえば、私たちは子どもに「痛い」と言うことを教えることができる。というのも、それらが了解可能である誘因となる状況に対する反応のなかで現われる場合に、私たちは痛みの身振りを特定することができるからである。さらにこのことから、「痛み」という言葉があらゆる種類の痛みの感覚を記述するわけではないということも導き出される。

実際に、右で簡潔に述べたように、ヴィトゲンシュタイン（Wittgenstein 1953）は、痛みに関する言語の大部分が、私たちのより基本の、あるいはより自然な痛みの行動に取って代わる感嘆の言語ゲームであることを示している。私が「痛い」と言うとき、私は何かを記述しているのではないとヴィトゲンシュタインは論じた。むしろ、私は声をあげているか、そうでなければ自分の痛みを表わしているのである。私の発話の「文法」は、「ネコがじゅうたんの上にいる」といった類いの言い方よりも、「いたっ」という言葉とより似通っている。実際のところ、「痛み」という言葉の使用法を学ぶことの重要部分は、少なくとも何らかの状況においては、より自然な反応が、「痛い」という言葉に取って代わるということを学ぶことであったのである。「痛い」という言葉は、「あー！」という言葉への社会化されたひとつの対応物であり、それを「文明化」されていると言う論者もいる。

ライルによると、このように述べることで、「情動」は「感情」という考えによって示されるよりもずっと広大な一連の現象を網羅している。それらは、実際のところ身体的感覚とはまったく関係のない現象を含んでいる。諸々の情動は異なる性質からなるのであり、私たちはその多様性を十分に説明するために、はっきりさせておかなければならない。ライルは、身体的な痛みとの関係とはなかなか相容れにくい情動の語りについて、さらに三つの適用例を認めている。

第一に、ライルが「傾向性」と呼ぶものがあり、そこに彼は虚栄心、メランコリー、内向性といった性格的諸特徴を含めている。これらはまぎれもない傾向性であると彼は主張する（以下を参照）。それらは、ある種の行為をともない、ある種の状況に対して反応する傾向をともない、そうでなければ、ある特定の方法で行為を遂行する傾向をともなう。これらの傾向性は、ある特定の感情への傾向をともなうことがある。たとえば、内向的な人は、ある種の状況において、ある身体的感覚をともなう傾向があるだろう。しかしこのことは、その人物が自分の「傾向性」に気づいていないことがあるという事実によって証明されるように、必然的ではない。ライルは、このことの例として、うぬぼれの強い人物を選んでいる。虚栄心はある特定の身体的感覚を必ずしもともなわず、うぬぼれの強い人物とは非常に多くの場合、自分の虚栄心について認識していない人物であろうと彼は記している。虚栄心は、うぬぼれの強い人物がまったく気づいていないような行動のパターンである。

第二に、ライルは機嫌が悪いというような「気分」についても議論している。これらは散発的であるため、傾向性ではない。たとえある人が他の人よりも不機嫌な傾向を示すとしても、誰もがときに不機嫌になりうる。実際のところ、気分は定義上、行動の変化の兆しとなる。諸々の傾向性に関していえば、これらは身体的な痛みをともなうことがあるが、また、それらは同様に行動をもともなっているのであり、不機嫌な人物自身にとってよりも、「外側」からみたほうがより明らかであろう。たとえば、嫉妬する人物にとって、自分が嫉妬しているということが明らかではないことがある。嫉妬する人物たちは、もしそのことに少しでも気づいているとしたら、道徳的に正しい行為として、自分たちの「復讐心」を相手のせいにすることがある。嫉妬している人物は、嫉妬することに精一杯で、すなわち嫉妬という仕方で行動したり知覚したりするのに精一杯で、自分が嫉妬しているということに気づかないのである。

第三に、ライルは「動揺」にも言及している。動揺とは、人の行動の流れをかき乱すものである。たとえば、二つの同じ程度に望ましい選択肢の間で決定しかねている人物は、自分のそのときの状況に関する予期ができていない人物であるため、一時的に身動きできなくさせられている。不安は一般的に、こうした状況のなかで「経験され」、私たちがすでに議論した類いの身体的な痛み（たとえば、心拍の高まりや吐き気など）をともなうかもしれない。それはまた、意図しない行動の諸反応、たとえば、吃音、震え、「転換反応」などをともなう傾向もある。すなわち、まずこのことをおこなったり言ったりし、次に別のことをおこなったり言ったりするが、完全に何かをおこなったり言ったりすることとはいえないのである。だが、「感情」の場合、私たちを不安に駆りたてるようにさせるのは、ある特定の行動や感情ではない。なぜなら、それらは特定のものではないからである。そうではなく、私たちを不安に駆りたてるものとは、それらを引き起こす状況なのである。

こうしたすべての場合において理解しておくべき重要な点は、情動概念が内的な、あるいは亡霊のような心的状態のことを指すのではなく、また情動がともなうさまざまな身体的感覚のことを指すのですらないという点である。情動は、表面上はそれら情動を引き起こしたかにみえる状況と結び付けることによって、ある特定の形態の感覚、行動、傾向性を理解可能にするのである。ライルにとって、情動は身体的である。このように情動は、感覚、行動、傾向性との何らかの組み合わせを必然的にともなうのである。しかし情動はそれ自体、こうした身体的諸状態や身体的諸活動によって定義されるのではない。情動言語のもつ機能こそが、それらを引き起こし、それらが合目的的な反応を構成する諸状況の内部に位置づけることによって、そうした状態や活動を理解可能にするのである。したがって情動は、身体活動の分節化と、世俗的な社会的文脈の分節化をともなうのである。それは行為者の特性ではなく、世界-内-行為者の特性である。ライルは、意識についても非常によく似たケースを論じている。

(4) 意識と知覚

デカルト的図式の内部では、「意識」は物として、あるいは実体として理解されている。一方に物理的実体があり、他方に心的実体がある。身体は物として存在し、意識的精神はそれとは分離した物として存在している。ライルによると、この議論は「意識」という用語についての誤解、あるいはその誤用に基づいている。人間は意識的である、と彼は論じる。人間はさまざまな事物についての意識を享受している。しかしこのことは、背が高い人間がいるという事実が、「背の高さ」をひとつの実体にするのではないのと同様に、意識がひとつの実体であるということを意味するのではない。意識は、身体的な人間が享受する自分たちの世界との関係の一特性である。それは、知覚に基づいているが、さらに感覚にも基づいている。それは本来的に「事物」ではない。この考えを追求するために、私たちはライルによる諸感覚についての分析に立ち戻らなければならない。

この分析から、三つの明らかな点が浮かび上がってくる。第一に、ライルにとって、諸感覚とは身体＝物理的な根をもつ諸経験である。したがって、意識が知覚的諸感覚のなかにあるかぎり、それは身体から分離した精神や心的実体の特性ではなく、「身体」の一特性なのである。だが、ここで問題になっている「身体」は明らかに、生命のない肉塊やデカルト主義者のいう機械論的な機械ではない。それは、精確に感じたり知覚したりする感覚的な存在、すなわち「生きられる」身体である。

第二に、ライルは、諸感覚がつねに私たちを他の何ものかに差し向けるということを意味することによって、感覚が決して「混じり気のないもの」ではないと論じている。このことは、とりわけ知覚との関係で明らかであり、知覚において人の感覚は、人をその知覚対象へと差し向けるのである。たとえば私は、私の面前にある壁についての視覚的な感覚をもっているかもしれない。だがこのことは、非常に区別のつきにくい感覚においても真実である。たとえば「突き刺すような痛み」あるいは「焼けつくような痛み」のように、ある特定の類型の痛みとして一般的に、私たちの痛みは私たちを襲う。したがって痛みは間接的にそして比喩的にではあるが、その種の痛みを生み出す活動の類型に関係しているように思われる。たとえば、突き刺すような痛みというのは、もし万一、人が何かで突かれたり刺されたりした場合に経験する類いの経験である。

第三に、私たちは、自分たちの諸感覚を知覚したり観察したりしているわけではない、とライルは論じている。むしろ私たちは諸感覚をもっており、そのことによって、何か他のものを知覚したり観察したりしているのである。たとえば、私は車についての私の感覚を見るわけではない。つまり、私はそうした感覚をもっており、そして車を見ているのである。同様に、私は犬が吠えていることについての私の感覚を聞くのでもないし、花についての私の感覚を嗅ぐのでもない。両方の場合においてはそれぞれ、私は感覚をもっており、そして犬の声を聞き、花の香りを嗅ぐのである。

ライルははっきりと対照させているわけではないが、ここで彼が論じているのは、意識の志向性という現象学的な考え方と非常によく似ている。現象学者たちが論じるように、意識はつねにそれとは別の何ものか「についての意識」である。意識はつねに対象を「志向する」。知覚意識についてのこうした「志向的」定義の重要性は、それが「精神の内部劇場」というデカルト的な考えに異議を唱えているという点であり、また内観に対する批判へ向かう重要な第一歩となるという点である。デカルト主義者は、意識は、物事が生起する内的空間、すなわち個人だけが近づくことのできる備えつけの空間であると描く。それとは対照的に、ライルと現象学者たちが論じていることは、意識が外的世界との関係であるということであり、その外的世界の「内容」は、まさしくその世界の内容のなかにある。私は私自身の内側を見るわけではないし、意識や知覚などを見いだすわけでもない。実際のところ、私の意識内容について精査することは、世界の「装備品」について精査することである。世界の「装備品」とは、私がそれについて意識するすべてであり、私の意識はただ世界と私との感覚的関係なのである。ここでは、私が知覚するものについての説明は心理学的には明らかにされないといっているのではない。私が混雑した道でひとつの物に焦点をあて、誰か他の人が何か他の物に焦点を合わせるという事実は、私たち一人一人について非常に多くを語っているかもしれない。しかし、こうしたいかなる心理学的洞察も、必然的に間接的である。私は、私の諸知覚から、あるいは他の誰かの諸知覚からも、心理学的傾向性や関心事を推論することがあるが、私はそれらに直接的に接近することができない——なぜなら、直接的に接近できるものなど何もないからである。私の傾向性や関心事は「物」ではない。私の頭の内部にはそれ自体としてみるべき心理学的なものは何もないし、実のところ私の意識の流れのなかにもないのである。

本質的に同じことが、想像上の経験にもあてはまる。私たちの想像に属するものの多くは、実際のところ公的な行動のなかにある。子どもの遊び、演劇、文学、映画はすべてこの例である。それらは公的で身体的な想像の表われである。だが人びとは、私的な夢を経験するときでさえも、ときに空想的な仕方で変形されているにもかかわらず、「外的世界」から対象や事物を夢想する。人びとは、内的世界や自分自身の精神の働きをそれ自体としては経験しない。とはいえ、筆者が知覚に関して記したように、夢に関する分析を通じて心理学が大いに進歩する可能性を否定するわけではない。夢の分析は実際になされうるのである。しかしこうした分析は、随筆や物語がその著者の心理状態を分析するという視点でもって「読み解かれる」ときのように、必ず間接的な推論によっておこなわれている。意識的であれ無意識的であれ、夢は内的世界の透明な見取り図ではない。夢は、精神とは別の何かについてのイメージや物語である。私たちはそこから心理学的推論をおこなうこともあるのだ。

ここでのライルによる議論のスタイルは、現象学的である。ライルは、目覚めているときのものであれ眠っているときのものであれ、私たちの意識経験について反省すること、そして私たちを超越する世界の(現実の、あるいは想像上の)相ではない意識経験のなかに、何かを見いだすことを私たちに要求する。そしてライルは、私たちがそうすることはできないであろうと予想している。私たちの意識は、意識それ自体とは別の事物についての意識であり、したがって私たちのまなざしの「内部への転回」はいずれも、唯一の「外部」世界へと立ち戻って、自らを必然的に見いだされなければならない。現象学は、いかなる実体的な意味においても、内的世界などないということを明らかにする。だが、ここには言語学的な議論もあり、この議論は先に論じたいくつかの点と並行する。自分の意識「内容」を記述するために、私たちは必然的に言語を用いなければならない。しかし言語は、私たちが述べてきたように、公的なもので、間主観的な出会いにおいてその役割から意味を引き出す。したがって、意識についての記述はつねに、間主観的世界のなかで私たちが意識している諸相についての記述でなければならない。だが、意識は感覚に根づいている。そのため、いかなる感覚も同様に本質的に私的なものであり、そうしたものとしてたとえ意識が他の世界の諸要素と実際に関係しているとしても、それらを記述する言語はありえないことになろう。

二元論に含まれる「二重性」は、ここで非常に明白である。私たちが世界を知覚するという事実から、二元論者は、この知覚が生じる場所――内部劇場――があるに違いないということ、そして私たちの知覚は私たちが知覚する何ものかであると仮定する。それとは対照的にライルは、私たちが知覚するものが世界であり、知覚することそれ自体は知覚されることが可能な事物ではないと主張する。情動と同様に、意識は、私たちの世界との身体的な関係のなかにあるのである。

（5）理解

批判者は、以上のように情動も意識も説明されうると考えるかもしれない。しかし、デカルトをはじめとする二元論者は次のように応じるであろう。知ることや理解することのような、より明確な認知的現象についてはどうなのか、と。ライルは、これらの現象をデカルト的二元論の枠組みから奪回することは本当に望めないのだろうか。いや、ライルにはそれができるし、実際におこなっている。私たちは、「理解」という概念について考察することで、こうしたより認知的な領域についての探究を始めることができるのである。

「理解」は、一見したところ、「頭のなか」で生じる非身体的な心的過程の好例であると思われるかもしれない。多くの心理学者たちは、まさしくこのように考えている。だがライルによると、これは神話的な見解である。ライルは、私たちが何かを理解すると述べることは、私たちはそれをなすことができると述べること、あるいはそれについて有意味なかたちで語るように、それとの関連で何かをなすことができると述べることであると論じる。たとえば、チェスゲームを理解することは、それをおこなうことができること、そして／あるいは同様にチェスゲームを知っている他の個人に対して、それについて有意味なかたちで語ることができること、つまり批判や批評ができることである。このことは反直観的であるように思われると、ライルは認めている。なぜなら、私たちが学習しようとすることには、しばしばあらゆる種類の感覚がともない、それらのうちのいくつかは、「わかったという突然のひらめき」として私たちの心に浮び、そしてその感覚が今度は、私たちが「理解」という用語で名づける内的過程の存在を示していると考える傾向が、私たちにはあるからである。

だが、さらに徹底した反省をすれば、これがそうではないことがわかる。私がどれだけたくさんの突然のひらめきや感覚を感じるとしても、たとえば私には、数学の知識がある人びとの満足のいくように完全には理解できないのなら、私は計算がわかるとはいわないであろう。実際、学習の過程において、最初の段階でつまづいたり、私が明らかにまったく「わかって」いないことを認めざるをえなかったりするために、私がその後何かが「わかってきた」と感じたり、「あー、わかった」と言ったりすることはよくあることである。「わかってくる」ということは、計算の技能あるいは能力を獲得し、それをおこなうことができるようになることである。さらに私は、たとえ私が計算をおこなったり学習したりする間にひらめきやその他の感覚を一度も経験したことがないとしても、もし私が適切にそれをおこない、それに適応することができるなら、私は計算を理解していることを認めるであろう。さらにこれについては多くの例がある。というのも、たとえ計算が私にとってありふれたことになって、完全な理解の感じやひらめきに欠けているとしても、私はそのやり方を最初に学んでからずいぶん経ったいまも理解しつづけているというだろうからである。

二元論者はここで、ある種の能力を示すことが、実のところ私たちのいう理解という概念にとって本質的なことであると認めるかもしれない。しかし二元論者であれば、以上のことは単なる内的過程の外側への表示であると主張するであろう。二元論が認めているように、私たちは人びとが理解していることを証明できると思っているし、こうした目的のために、私たちは人びとがある特定の物事をおこなうと思っている。だが、証明することと実際に理解することとは、異なる二つの物事である。とはいえ、ライルの視点からみれば、この道程は明らかに誤った方向へ進んでしまう。二元論者はガリレオに従って、「物言わぬ物質」として身体とその行動を前提とするため、能力のある行動のもつ理知的で意味的な性質を説明するためには活動の第二の領域を創作せざるをえない。二元論者は認知的なものと行動的なものを分離してしまう。なぜなら、彼らのいう行動という概念は、意味や理知を住み込ませることができないからである。ライルによると、二元論者は間違っている。「理解」にともなう理知と意味は、ある種の世才のある行動の特性なのである。

このことは、自我に関しても他我に関しても、私たちの理解についての判断が、私たちの行動能力に正確に焦点を合わせているのであって、その他の何ものかに焦点を合わせているわけではないという事実によって、現象学的に証明される。もし人が計算をおこなうことができなかったり、計算について十分に語ることができなかったりするならば、計算を理解するということはどういうことになるのであろうか。より適切にいえば、計算を理解することが、それをおこなうことができるということや、それについて十分に語ることができるということとは別の、何か他のことと関わっているのであろうか。カテゴリー・エラーはどこにもなく、この点ほど二元論の二重性が明らかになる点はほかにない。

しかしながら、ライルに従えば、適切なあるいは正しい行動と「理解」とを単に同一視するだけならば、それはそれで問題であろう。その同一視によって、私たちが理解の例とみなさないけれども表面上は適切な行動の例が多くある、という批判を受けやすいものになる。たとえば、飼い主が「2＋2」と言ったすぐ後に、オウムが「4」と言うとき、私たちはこのことが偶然か訓練の帰結であると仮定し、そのオウムが本当に足し算を理解しているとは考えない。この例は、次のような場合と同じであるとライルは論じる。すなわち、私たちが理解というものは、亡霊のようなかたちで進行することであるに違いないと想像したくなる場合である。もし正しい行動が本来は理解として認めるのに十分でないとするならば、私たちは理解が行動のみならず他のいくつかの（内的）過程とも関わっているに違いないと考える。だがライルは、傾向性理論でもって、亡霊の理論に反対している。足し算を理解するために、人は何年にもわたる単一の問い、すなわち「オウム返し」に答えを出す以上のことをおこなわなければならないとライルは論じる。人は、いままで出くわしたことのないような数字の組み合わせを用いて、そしてその使用が適切な場合と適切でない場合との両方の正しい理解を示して、いかなる数字の組み合わせの足し算にも正しく取り組むことができなければならない。どんなオウムもこれをおこなうことができないため、私たちはオウムが足し算を理解していないと考える。したがって、理解とは、いくつもの状況において証明される正しい行動に向けた、一般的（身体的な）傾向性なのである。それは身体の領域に属すかもしれない。むしろそれは、もしかしたら身体的実践の領域に属すかもしれないのである。

だがこのことは、すべての場合にあてはまるのであろうか。たとえば、二人の人間がチェスゲームをみているとしよう。一人はそのゲームを理解しており、もう一人は理解していないとする。二人の間の違いは、それぞれの頭のなかで起こっている何かなのであろうか。この場合においても、傾向性はライルにとってやはり重要である。そのゲームを理解している人間は、一歩離れたところにいるにもかかわらず、盤に触ったり駒を動かしたりすることなく「チェスゲームをプレイして」いるとライルは論じる。そして、彼らはそうすることができるからこそ、そうしているのである。つまり、彼らは能力のあるプレイヤーだから、そうしているのである。彼らは、チェスゲームのプレイをこれまで学習してきたし、実際に盤に触ったり駒を動かしたりしないでプレイすることも学習してきた。そこでは、（たとえば、「そこに指すなんてお前はばかだよ！」のような）声に出して指示するわけではない行為要求が、実際の指し手の代わりになるのである。同じ理由で、他者の指し手を理解できないということは、このような仕方で参加しプレイすることができないということである。このことは内的な心的過程の問題ではなく、むしろ身体的な傾向性の問題なのである。

理解に関するこうした見解は、心に関する認知主義的でコンピュータ的なモデルが優位を占めている現在の思潮において、非常に時代遅れである（Evans 1993）。通常は二元論の問題に関して中立を保つことを主張しているコンピュータ・モデルは、それにもかかわらず理解とその理解に関係づけられた――現象学的な方法によっては発見できない――「心的現象」が現実の無意識的な諸過程であると主張している。「細かい計算をおこなう」というような現象が、どうして心的過程を含まないことがありうるのだろうか、と彼らは問うであろう。さらに彼らは、そうした諸過程をコンピュータ・シミュレーションによって描くことが可能であると論じる。もし私たちが、コンピュータに計算をやらせたりチェスをやらせたりすることができるならば、私たちは「規則」や「プログラム」が人間の場合にも関わっていることが解明できると彼らは主張している（Fodor 1968を参照）。

だが、これは間違っている。サール（Searle 1991）が論じているように、私たちが為しうる課題のいくつかを遂行する能力がコンピュータにあるからといって、私たちがこうした課題をコンピュータと同じ仕方で遂行しているはずだと考えるべき理由は何もない。実際のところ、私たちは有機的存在であって、金属であったりプラスチックであったりするのではなく、またデジタル式でもないとすれば、私たちがコンピュータと同じ方法で「作動する」ということは、ほとんどありそうもないことである。さらに最後に、コンピュータ・モデルは、それが行動のモデルを同定するときと同様の、分厚い壁に突き当たる。

……もしあなたが「計算機はどうやって3×7を計算するのか」と問うならば、答えは以下のとおりである。つまり、「計算機は自分で、3を7回足している」と。しかし、それからあなたはさらに次のようにたずねる。「では、計算機はどうやって自分でその3を足しているのか」。これに対してコンピュータが答えうるものは何もない。それは、ハードウェアのなかでなされている。だから答えは、「計算機がやっているから」である。そして私は、見たり言語を学習したりする私たちの能力のような、非常に多くの完全に基本的な諸能力にとって、そうした諸能力の土台となる理論的で心的なレベルなどないということを示したい。すなわち、脳がただやっているのである。（Searle 1991 : 53）

筆者の観点では、この議論のポイントは、心＝脳同一理論の主張者たちが結局のところは正しいとか、私たちは脳を通じて物事を考えているのであるとかいうことではない。ただ、生まれつきによってであれ学習によってであれ、すべての意図や目的にとって、私たちが「ただおこなう」ことができるいくつかの物事があるということ、そしてこのレベルよりも深く探りを入れてもまったく意味がない、ということをいっているだけである。私たちは、私たちが説明しようとしていることすべてに意味を与えるまさにその言葉を放棄しなければ、説明し解明しようと試みる際にさらに先に進むことができないポイントにまでたどり着いてしまう。これは、私たちが立ち止まるべきポイントである。脳と、脳に関する言語は、前章で説明したように、筆者の見解からみればかなり進んだ段階にある。というのも、脳と脳に関する言語は、心理学的言説から生物学的言説へと移行することを必要としているからである。しかし脳と行動との間に、仮説的なコンピュータの中継点を措定することにも、実際のところ何の価値もない。たとえコンピュータ・モデルの内部でさえ、もし私たちが「ただおこなう」だけのある特定の事柄があるということを認めざるをえないとしたら、そのモデルは適切な理解から逸れた扱いにくくかつ不必要な仮説的迂回路以外の何ものでもないことになる。私たちが生物学的構造そして／あるいは学習によって「ただおこなう」ことができ、そしてまさに「ただおこなう」だけのいくつかの事柄があるということをこのレベルで受け入れつつ、ライルが認める現象学的な行動レベルの心理的生に関する私たちの考え方に焦点をあわせることは、少し出し惜しみの感はあるが賢明である。「より深い」何かは、想像上のものでありかつ必要以上のものである。したがって筆者の見解では、ライルが実際に言及している身体的な諸能力は、理解することの基底に位置するのである。

ここでさらなる二つの批判点を、理解に関する考察から引き出すことができる。第一に、諸個人が自分自身の心的諸状態に特権的に接近でき、他者が知るのとは質的に異なる方法で自分自身の心を知るというデカルト的な考えとは反対に、諸個人が他者についての理解を学習するのと同じように、諸個人が自分自身の理解について多くを学習すること、すなわち自分たちが理解したいと望むことすべてに対する自分自身の試みの帰結を観察することによって学習すること、こうしたことを私たちの例は示している。メルロ＝ポンティは、この問題についてライルの見解を共有しているが、以下のような仕方でそのことを示している。

主体が自分自身の反応を自分自身で解釈する責任を負わされても、何事も変化しない。その解釈は内観に固有なものである。主体が板に書かれた文字を読むことができるかどうか、あるいは図形の細目を識別することができるかどうか尋ねられたら、その主体は、漠然とした「読みうるという印象」に依拠せずに、ただ自分に呈示されるものを読もうとしたり書こうとしたりするだけであろう。(Merleau-Ponty 1965 : 183)

私たちは、私たちが何ものかを理解しているかどうか確信をえたいと思うとき、いいかえれば何もみるべきものがないかどうか確信を得たいと思うとき、「内側を詳しくみる」ということはしない。私たちは、ともかくやってみて、そしてどうやっているのかをみるのである。そして他者もまた、まったく同じ仕方で私たちの理解を推測する。第二に、理解を正しいものあるいは正しくないものとして言及することが可能であるかぎり、間主観的な基準の存在を含意しており、それによって私たちの能力が判断される。そしてこうした場合に、理解とは社会現象であると私たちは論じることができるのである。それは、規範との一致をともなっている。この意味で、心的生は必ず規範的かつ間主観的なのである。

(6) 仕方を知ることと主知主義への批判

ライルによる「理解」についての説明は、「仕方を知ること」というより広い考え方の一部をなしており、それ自体はデカルト的アプローチの主知主義に対する批判の一部をなしてもいる。筆者は第二章でこの批判について考察し、主知主義者が命題的な知によって心的生を概念化していることと、このことが必然的に主知主義者たちを無限後退の罠にかけることを記しておいた。たとえば彼らは、思考することをより突き詰めるために、その思考について思考されなければならないと論じることを余儀なくされている。つまり、私たちは思考をする前に、思考について思考しなければならないと論じることを余儀なくされているのである。このことはあらゆる思考についての思考に同様にあてはまる。計画は計画されなければならず、選択は選択されなければならないといったように、不合理で決して終わらない無限後退のなかにあるのである。こうした問題を避ける唯一のやり方は、命題的思考を心的生のためのモデルとする先入観を棄却することであるとライルは論じる。このことは、命題的な知という考え方を完全に棄却するということではないし、選択、計画、反省的思考という考え方を完全に棄却するわけでもない。

ライルは、哲学はこれらの事柄すべてに関わっているので、哲学者としてこうした事柄を棄却することにひどく困惑しているように思われる。しかし、行為がそれに先行する思考という何らかの作用によって、はじめて「思慮深い」「理知的」あるいは有意味だとみなされるという考えを、私たちはやめる必要があると彼は論じている。この考えはまさしく無限後退への道筋なのである。ライルは、この考えの代わりに、私たちが命題的な知とは異なる種類の知を認める必要があると論じているのである。そして、その知を彼は、「仕方に関する知」、あるいは「仕方を知ること」と称している。仕方を知ることとは、身体的な能力あるいは技能の形式であり、ある種の方法で、ある種の物事をなす能力であり、反省的思惟が介入する必要のないものである。実のところ、こうした視点からすると、反省的思惟はそれ自体、ある程度の能力、あるいは仕方を知ることをまさに前提にしている行動の一形式である。それは、そうした能力が活動や知ることの反省的諸形式であるというよりも、人間による、より本源的で基本的なものであるとみなされなければならないのと同様である。哲学者の議論、あるいは誰かの議論を、理知的なものあるいは思慮深いものにするのは、その議論に先行する何らかの作用ではなく、その議論それ自体が「おこなわれる」仕方、それがともなう技能あるいは身体的な能力であるとライルは論じている。哲学者の才気は、ボクサーや体操選手の才気と同様に、ある種の標準に向けてある種の物事をおこなう獲得的で身体的な力能もしくは技能に拠っている。そして、学習されたこうした身体的能力が「基底」なのである。それは、意識的なものであるにせよそうでないにせよ、当該の諸過程についてのいかなる反省的考察によっても基礎づけられない。人は、ただそれをおこなうだけなのである。

知性的諸活動と知性的諸力能は、このように実践的技能と実践的能力に根があると論じられており、「主体」がまず何よりも反省的に思考する存在であるという、デカルト的思惟のさらに中心的な教義が異論を唱えられている。思惟することは、獲得された技能や能力に関係している身体的活動、あるいは仕方を知ることであり、したがって「主体」は、この用語を使うことが適切でありつづけるかぎり、まず何よりも技能を有する身体的な行為者であり、観照的な存在ではなくむしろ実践的な存在なのである、とライルは論じている。さらに、「主体」と「主体」の世界との原初的な関係は、実践的で技能を有した関わりのなかにある。たとえ「主体」がある特定の時点においておこなっていることが思考することだとしても、その関わりについて思考しているのではなく、その関わりのなかで実際におこなっていることなのである。

多くの異なるタイプの仕方を知ることがあり、それぞれが異なるタイプの活動と異なる社会集団に属している(Nyiri and Smith 1988)。哲学、社会学、科学のような数々の学術的探求は、何人もの科学哲学者たちが説得力をもって論じてきたように(Kuhn 1970 ; Polanyi 1966)、仕方を知ることを前提にしている。しかし、私たちの目的にとってより重要なことは、私たちの日常生活と諸活動は共有されているひとまとまりの伝統的な仕方を知ることに依拠しているということである。たとえば私たちは、自分たちが日常生活において出会うさまざまなかたちの器具を操作し、使用する「仕方を知っている」し、いかにしてそうするか、いつそうするかについて思考する必要はない。同様に、私たちは私たちの社会的生活の実質の多くを構成するさまざまな「ゲーム」をおこなう仕方を知っている。つまり、適切に行動する仕方と、他者の行為を理解する仕方を知っている。ハイデガー(Heidegger 1962)の言い回しを用いれば、その物理的な相においてもその社会的な相においても、世界は用在として「すでに手元にある」。私たちはその内部で、適切に行為することが「できている」のである。

仕方を知ることということうした考えは、次の三つの点で、二元論を超克するというよりも大きな欲望とつながっている。

第一に、仕方を知ることは「知性的」活動と「体を使った」活動との間にある絶対的な差異に取り組むものである。両者は、行為者がさまざまな程度で技能を有している有能な「おこない」の諸形式である。この点で、反対意見の弱点を指摘し攻撃する哲学者の技能は、敵の防御の弱点をみつけるボクサーの技能とさほど違わない。両者の場合において含意されているのは、「競い合う場での」実践と習熟から生じた技能あるいは能力である(Huizinga 1950：146–57も参照)。

第二に、このことと密接に関係しているが、仕方を知ることは、身体性と精神性とが双方にとって必要不可欠な要素であるということを示している。哲学は、思考の形式として、ひとつの「身体技法」である(Mauss 1979)。それは、行為したり自分の身体を用いたりするある特定の仕方であり、とりわけ発話や書字のための私たちの力能である。それらは、私たちの訓練されてきた伝統のなかに根づいている。同様に、ボクシングは「心理ゲーム」である。ボクサーは、反省的思考をおこなう余裕がないかもしれないが、ひとつひとつのボクサーの行為はゲームについての理解を身体化しているし、目的や戦略的な能力を表わしている。

第三に、以上のことを示すなかで、ライルの議論は、「思考」、「思考すること」、そしてそれらと同種のものが、「このように世才のある」諸活動であり、何らかの分離した実体あるいは領域ではなく、物質的な世界の内部に属しているということをまさに示しているのである。その世才のある諸活動は、私たちが身体的行為者として従事する身体的諸活動である。なぜなら、私たちはそのようにおこなう技能を獲得してきているからである。

(7) 傾向性とハビトゥス

理解することも仕方を知ることも、すでに記してきたように、ライルにとっては「傾向性」である。しかし、傾向性とは何であろうか。ライルは「習慣」という考えと鋭く対照することによって、傾向性についての考え方を定式化している(その他の説明は Crane 1996 を参照)。この対照によって、私たちは傾向性が習慣に似たものであるということを正しく理解できるはずであるが、実のところライルの議論の力点は傾向性と習慣というこの二つを区別することに向けられている。一方の習慣は、非常に単純で繰り返しの機械的な行動であると彼は論じている。それらは「反復練習」によって獲得され、即興や理知をまったく必要としないし、まったくその余地もない。他方の傾向性はきわめて異なっている。傾向性は、訓練やその他の諸経験によって獲得され、反復練習の要素をともなうこともあるが、非常に多くの即興の余地がある可塑的で理知的な諸傾向からなる。習慣と同様に、傾向性は「思考なしで」遂行され、その行使の途中で反省されたり思惟されたりすることはない。しかし傾向性はそれ自体で、状況に応じて求められることに対して理知的で戦略的な適応を要し、また目的的なものである。たとえば、ボクサーは戦うことに傾向づけられているが、このことは単なるテクニックや適性以上のものを要する。ボクサーの傾向性は、なすがままに適切なときに適切な動きをし、テクニックを適合させつつ現在進行中の状況のなかでこれらの要素をまとめ上げる力能にある。さらに傾向性は、それ自体としては思惟されないが、思索的であることもある。実際、この点を例示してみると、反省性それ自体はひとつの傾向性であることがわかる。

このように記述したことで、ライルの見地からすると、理解と仕方を知ることとが傾向性であるというまさにその点を、私たちは了解することができる。しかしこの傾向性概念は、理解と仕方を知ることということどちらの考えよりも、さらなる広がりをみせている。傾向性とは、特定の仕方で行為する私たちの力能のみならず、特定の仕方で行為するという私たちの傾向性をも意味する。傾向性は、特定の周囲の状況を与えられた場合に、私たちは単に特定の仕方でできるだけでなく、特定の仕方で行為しがちであるということを含意しているのである。だが、傾向性は「単線的」な現象ではない。傾向性は「複線的」であり、同じ傾向性であっても、複数の異なるタイプの行動を通じて表わされることがある。ライルは、高慢さという傾向性に言及して、このことを示している。

ジェーン・オースティンが『高慢と偏見』の主人公を特徴づけたある特定の種類の高慢さを示そうとしたとき、主人公はいくつもの異なる状況のなかで行為、言葉、思想、感情を表現しなければならなかった。ジェーン・オースティンが「私の主人公がもつような高慢さは、これこれのことが生じた状況のときにはいつでも、しかじかのようにおこなうという傾向性にほかならない」と述べうるような、高慢さを示すたったひとつの標準的なタイプの行為や反応などといったものはないのである。(Ryle 1949：44)

換言すれば、高慢さは、理解のように単一の問題や状況に対する単一の反応の仕方にあるのではなく、一連の状況に対する一連の反応のなかにあるのである。傾向性は、即興のためのかなりの余地を残しており、少なからぬ可塑性を表わしている有意味的で、目的的で、首尾一貫した行動傾向性なのである。
ライルがこうした傾向性概念を展開する仕方は、習慣と対照させる場合には問題がある。彼は「習慣」についてはすっきりしないかたちで説明しており、彼が傾向性によって意味するものは、実のところ他の多くの哲学者たちが習慣やハビトゥスによって意味するものと非常に似かよっているのである（Brett 1981：Camic 1986)。実際に、ブルデューやメルロ＝ポンティのような研究者たちは、習慣あるいはハビトゥスという用語と傾向性という用語とを互換性のあるものとして使う傾向があり、「習慣」が傾向性と同様な概念であることを強調している。

だが、こうした不十分な点はあるものの、ライルによる傾向性についての考察は重要である。なぜなら、それによって私たちは、行動主義と主知主義という機械論的な諸形式のそれぞれがもつ過剰さの間のどこかに、もしくは心と体との間のどこかに、人間の行為作用について考察するための知の空間を切り拓きはじめることが可能になるからである。傾向性は、条件づけられた反射あるいは習慣という行動主義的な考え方において含意されているよりも、よりいっそうの行為作用を含意している。それでいて、傾向性は習慣なのであり、したがって心的作用を前提する考えに根づいている、行為者を過剰に知性化する考え方に異議を唱えるものである。

傾向性は、安定性があり、可塑的で、理知的な行動傾向性である。さらに、とりわけこうした行動傾向性としての傾向性によって、私たちは人間の身体的生のもつ心的な性質を認めはじめることができ、したがって私たちが心と体との間の、固定的で役に立たない二元論的な差異を超える道を考えることができるようになる。さらに傾向性概念の利点は、その概念によって、行為の終着点との関連で私たちが「理性」に根づく行為に関する説明を基礎づけることができるという点にある。行為のための理性は形式上の前提であり、この理性のための理性は、その他の前提的諸作用と同様に、無限後退の可能性にさらされている。行為者をある特定の仕方で行為させるよう説得するいかなる理性のための理性も、なぜその理性が選択されたのか、あるいはなぜその理性が好ましいものとされたのかということについてのさらなる理性も、つねに無限に前提されていることになる。私たちが理性を他者の行為に帰属させようと、他者が実際に行為する前に行為のための自分自身の理性を明確にしていると考えようと、このことは真実を含んでいる。

傾向性に言及することは、こうした無限後退を打開する。すなわち、傾向性への言及は、選択と行為の過程において理性が実際に効果的な要素であったという可能性を必ずしも妨げることなく、無限後退を打開するのである。たとえば私たちは、ある行為者が「これこれの」仕方で「しかじかの」理性に基づいて行為することを選んだと述べることがあるが、「これこれの」理性は「しかじかの」傾向性によって行為者に対し強制力をもっていたと述べることもある。そうだとすれば、傾向性が、さらなる理性あるいはさらなる傾向性に言及することによって説明される必要はなくなるであろう。なぜなら、実際には傾向性は行為者の構成のひとつの相を示しているからである。傾向性は、無限後退へのその傾向性を回避し、「ただおこなうこと」の基盤なのである。

(8) 意志と意志作用

こうした傾向性についての説明に対して、次のような反論がなされるかもしれない。個人は、何らかの意志作用によって、その個人がおこなうように行為する、すなわち個人の行為は、傾向性という考えが含んでいるよりも強い意味で「自発的」なのである、と。多くの哲学者がこうした理路をたどってきたし、きわめて少ないものの社会学者たちもそうしてきた(たとえば、Kant 1948 ; 1993 ; Parsons 1968)。だが、ライルは「意志作用」という言葉に苦慮している。理論家たちはしばしば、意志、意志作用、志向を行為の原因として語るが、こうした語りは、よく知られた問題含みの二元論的なやり方で、私たちの行為に関する記述を「二重化している」とライルは論じている。たとえば、自発的な降伏には二つの部分があると考えられている。つまり、降伏するという行為と、それをおこなう意味についての意志作用的な行為である。ライルは、二元論に対する彼の全体的な批判に従って、「自発的降伏」が単一の行為であると示す考え方に賛成し、この二重化に異議を唱えようとする。しかし彼は、まず二元論者の立場を批判すると同時に、二元論がもつ利便性と魅力を説明しなければならないことになる。

ライルは現象学的問いでもって批判を始める。私たちは、自分の自発的な行為全般にわたって意志という作用の働きを自覚しているのであろうか、とライルは問う。たとえば、私がいろいろな言葉をタイプするためにキーボードの上で自分の指を動かす意志的な行為を自覚していたり、あなたが本を読むために左から右へとページ全体をみていくような目を動かす意志的行為を自覚していたりするのであろうか、とライルは問うのである。実際、私たちはいかなるときも物事に対する意志的行為を自覚しているのであろうか。そうだとすれば、いかにして私たちは意志的行為という作用を記述するのであろうか。意志的行為とはどこにあるのか。たとえば作用を計画するという作用、あるいはある特定の目的段階を想像したり望んだりするという作用にライルは言及しているわけではない。このことをここで記しておくことが重要である。

ライルは、計画することと行為との間で生じ、人間の身体を行為へと動機づけるひとつの作用の存在を探究している。そして彼は、「そうした作用は存在しない」と私たちが言うだろうと、つまり私たちがそうした事柄をまったく自覚してはいないと言うだろうと予想している。現象学的な観点からいえば、第七章でより詳細に議論するように、私たちの身体は、私たちからいかなる指示もなしに行為へと進んでいくように思われる。私が道の向かいにいる友人をみかけたら、私は自分自身に手を振るよう指示する必要はないし、それどころか仮に指示をしていると認めるにしても、いかにして手を振るのかを指示しているわけでは全然ない。私はただそれをおこなっているのであり、もっと正確にいえば、手を振るという出来事がただ生じているだけである。さらに私たちは、他者の行為について考えるとき、意志といういかなる独立した作用も自覚してはいない。私たちが他者に関してみているすべては、他者の諸行為である。こうして、意志という考えを支持する根拠はないことになる。現象学的にいうと、それは無根拠なのである。

しかしながら、私たちにとって、意志作用という独立した作用が存在しないということの根拠が明らかであるというだけではない。二元論者の図式の内部にある多くの諸概念と同様に、意志という考えも、少なくとも自発的行動を説明するために用いられる際には、無限後退に陥る。自発的なものであろうとなかろうと、どんな作用についても問うことが適切であるならば、意志作用という作用についての作用を問うことも適切なはずである、とライルは論じる。ある行為者がある特定の仕方で行為するよう意志を働かせたとするならば、その行為者はそのような仕方で意志を働かせるよう、もうひとつ別の意志を働かせたというのであろうか。そして、この特定の意志を働かせるもうひとつ別の意志を働かせるために、さらにまた別の意志を働かせることについてはどうであろうか。これでは八方ふさがりの状況になる。もし意志作用というひとつの作用が別の意志によって働かされるのでないならば、意志を働かせるものが意志によって働かされるなどと、私たちは本当にいうことができるのか。そして、もしそれが意志によって働かされるのならば、私たちはその意志も意志によって働かされたのかなどと問わなければならなくなり、こうした問いかけが無限に続くことになる。

> では、意志作用それ自体はどうなのであろうか。意志作用は心の自発的な作用なのだろうか、それとも非自発的な作用なのだろうか。明らかに、いずれかの答えが不合理へと通じている。もし私が意志を働かせて引き金を引かざるをえないのならば、私がそれを引くことを「自発的」だと記述することは不合理であろう。しかし、その理論によって想定されている意味で、もし引き金を引くという私の意志作用が自発的であるならば、私の意志作用はそれに先立つ意志作用から生ずるはずであり、その意志作用はさらにそれに先立つ意志作用から生ずるはずであるというように、無限に続くことになる。(Ryle 1949 : 66)

ライルに求められているのは、自分の主張を進めるために、私たちが日々、自発的な行為と非自発的な行為を区別することができるし実際にそうしているという反論に立ち向かうことである。もし彼のいっていることが真実であるならば、いかにしてこのことが可能であるのか。彼の答えは重要であり興味深い。通常、私たちはある行為が自発的であったかどうかを問うとき、次の三つの事柄のうちのひとつを意味している、と彼は示している。

- それは、そもそも本当に行為であったのか／行為であるのか。たとえば、もし私がバナナの皮で滑ったとしたら、私がおこなったこと——つまり行為——としてよりも、私に起こったこととして記述するほうがより適切であろう。

・その人物は、自分の行為あるいは自分の状態に気づいていたのか／気づいているのか。たとえば、自分たちが乱交パーティに招こうとしている人が、地元の司祭であるという点を人びとは自覚しているのか。もし自覚していないのならば、人びとは「意図して」あるいは「意志を働かせて」不道徳なことをしたわけではない、と結論づけざるをえないだろう。

・その人物は、咎められるべきであったのか／咎められるべきであるのか。

この最後の点が重要なポイントであり、二元論者をもっとも強く引きつけるものである。しかしライルが論じるように、罪の帰責は、意志的行為という一時的な行為が生じたかどうかを決定するという問題ではなく、その個人には別様に行為することができた必然的な仕方を知ることやそうした機会があったかどうかを問うという問題である。「自発的」という言葉の意味をとらえ損ねているがゆえに、すべての行為が自発的であるかどうかを問うのは哲学者たちだけである、とライルは論じている。日常生活において、道徳的に善い行為、あるいは受け入れられる行為は自発的であるかどうか問われず、道徳的に悪く、受け入れがたい行為だけが自発的かどうかが問われるのである。そして、私たちが自発的であるかどうかを全般的に問うのは、その個人がいくらかでも別様に行為することができたと現実的に予期されえたかどうかを問うことによってである。それは一時的な意志についての問いではなく、むしろ人びとの能力、知識、周囲の状況についての問いなのである。

（9）機械論というお化け

ライルが論じるように、多くの学者が意志という考え方、とりわけ意志の自由という考え方に目を向けるようになった理由は、決定論への恐れ、あるいはライルが「機械論のお化け」と呼ぶものへの恐れにある。彼は、意志や「自由意志」という考え方を棄却しているが、同時にはっきりと機械論のお化けを退散させてもいる。機械論のお化けに対する彼の正確な主張ははっきりとしておらず、このことは問題ではあるが、彼の説明が、次のような考えに近づいているということを、筆者は示したいと思う。すなわち、人間行為者を構成する原子化された身体＝物理的で機械的な「諸部分」が、それら機械的な諸部分の合計以上のものであり、またその合計に還元不可能なひとつの全体を形づくっているという考えである。

文法の諸規則が散文から文体や論理を排除することがないのと同様に、物理的諸科学の発見は世界の存在から生、感覚、目的、理知を排除することがない。たしかに、物理的諸科学の発見は生や感覚や目的について何も語らないが、文法の諸規則であっても文体や論理について何も語らないのである。(Ryle 1949：77)

ライルが論じるのは、私たちはライルのいう「機械論」によってひどく混乱させられてきたという点である。これまでさまざまな機械が発明されてきており、私たちはいまやそれらを至るところで目にしている。

しかし実際のところ、自然界には機械などほとんどない。私たちが見いだす機械は、時計や風車やタービンなどの人間が作った機械だけである。そうした機械に多少とも類似している自然のシステム、すなわち太陽系のようなものはごくわずかしかない。(Ryle 1949：79)

より適切にいえば、私たちはたしかに自分自身を機械として考えることを可能にしてきた。しかし、私たちは間違っている。

人間は機械ではない。機械にとり憑かれた亡霊でさえない。人間は人間であるということ――それは、ときに思い起こす価値のある同語反復である。(Ryle 1949 : 79)

『心の概念』やその他の著作（Ryle 1969）において、ライルがこの問題について紙幅を割いている数ページは、彼が唱えようとしている主張――筆者が全面的に同意している主張――を適切に立証しているとはいいがたい。私たちは本書の後の章で、彼がより着実に、そしてより多くの証拠と議論でもって唱えようとしているこの主張を立証するために、より多くのことをなさなければならないであろう。しかし、にもかかわらず、この数ページにわたる主張はライルの議論を適切に理解するためには非常に重要である。彼は単に、心理学的行動主義におけるような機械から亡霊を追い払おうと試みているだけではない。彼は機械のメタファーにも異論を唱えているのである。筆者が本章の冒頭で記したように、彼は心身問題に関する分析から、デカルトがガリレオの研究を用いた点が問題の根源であると突きとめている。もし身体が文字どおりの物質ならば、つまり空間へと延長し、機械論的因果関係の諸法則に従うひとつの実体ならば、そして身体とそれとは別物である心との関連によってでないならば、いかにして私たちは感覚的で目的的な人間の行為作用を説明できるのであろうか。したがって、心についての支配的な哲学的モデルに対するライルの異論は、身体についての支配的な哲学 - 科学的考え方に対する批判をもともなっていなければならない。機械論というお化けがお化けとして暴かれてはじめて、機械のなかの亡霊という神話は神話として暴かれうるのであり、したがってライルによる心の哲学は必然的に身体の哲学でもなければならないのである。筆者がすでにほのめかしつつあるように、残念なことにライルはこの議論をあまり展開していないが、私たちはライルを読む間、そのことに留意しておかなければならない。もし私たちが自分自身に関して高く評価しているものの多くを、ライルが心についての考え方から取り除いているようにみえるならば、それは私たちが評価するものを捨て去るためではなく、身体的な行為作用のレベルにそれらを再配置するためなのである。

(10) 沈黙・内観・捉えがたい「私」

ライルの批判は、実体的な「内的世界」の存在を事実上、否定している。このことは、とりわけ私たちの治療学的な文化のなかで「内的自己」が強調されてきたことを考慮すると、ある人たちにとってはきわめて反直観的であろう (Rose 1989)。だが、ライルはこうした反直観性を扱う道を進んでいる。私たちは、自分の思惟を人に話さないでおくことや、あるいはそうでなくても自分自身の行為への可能性を黙って理論化することに慣れているため、これらの問題に関して誤った方向へ導かれる傾向があるとライルは示している。このことによって、私たちの心的世界が本質的に私的で空想的なものであると考えるように、私たちは促されるのである。だが私たちがここで了解し損なっていることは、私たちの沈黙の理論化が、あたかもそれが「声に出して」なされるときとまったく同じ言語形式を採用しているということである。そして、このことにはひとつの理由がある。すなわち、沈黙の理論化が「外的な」発話に基づいているということである。思惟は、少なくとも反省的な種類の思惟は言語形式を想定しているし、必然的にそうでなければならない。思惟はそれ自体、学習の過程を前提にしているのである。私たちは反省的に思惟することを学習する。そして、私たちはまず「声に出して」思考することを学習する。このことは必然的である。なぜなら、教師と生徒の思考がともに相互に接近可能であってはじめて、思考することが教えられるからである。だが、声に出して話すことを学習した後に、私たちは黙って思惟することを学習する。すなわち、声に出さずに思惟するのである。しかしながら、声に出さない思惟は、単なる個人的な歴史の獲得ではない。黙読の例が示しているように、それは集合的な歴史の獲得である。

人びとが声に出さずに読むことを学習するようになったのは、中世以降になってからである。同様に、子どもは小声で話すことを学習する前に、声に出して読むことを学習しなければならない。そして、独り言を言うことを学習する前に、声に出して話すことを学習しなければならないのである。(Ryle 1949 : 28)

フェイントや偽りも同様である。私たちがさまざまなかたちで言ったり為したりすることで他者を騙す私たちの力能によって、私たちはときに、このことが、私たちが内側で思惟することと私たちが公的になすこととの間の何らかの断絶によるものであると考えるよう促される。それとは対照的にライルは、これらは私たちがより単純で素直な行動に基づいて獲得する、より複雑な行動の諸形式にすぎないと論じている。ある特定の仕方で行動することを学習し、私たちの行動が引き出すある種の反応を観察してから、私たちはむしろ異なる目的を達成するために同じ諸行動を利用することを学習するかもしれない。ヴィトゲンシュタイン (Wittgenstein 1953) が示しているように、嘘をつくことは、他のゲームと同様に学習されなければならない言語ゲームなのである。

この点は、内観に対するライルの批判によってさらに強化されている。人間行為者は騙したり自分たちに関する事実を隠したりすることがあるが、デカルトが示すような、自分自身の心的諸状態へ接近する特別な形式、あるいは特権化された形式などまったくもっていない、とライルは論じている。もし私たちが防御として自分自身の心的諸状態を封鎖する傾向がなかったとしたら、私たちはもしかしたら他者に接近できるのと同じ仕方で、自分自身について学習するかもしれない。私たちは「理解」に関連してすでにこのことに触れたが、この点を示すもうひとつの例は、私たちが心的諸状態を言葉で定式化することによって、自分自身の志向について学習するという例であろう。私たちは、少なくともある特定の事例においては、子どもがやるように、言語化を直接的な運動行為に置き換えることを学習し、それから発声をともなわない言語化を聞き取ることのできるような発話に置き換えることを学習する。もし私が小声でブツブツ言っていることを他者が耳にすることができたのならば、他者に対する私の怒りは他者にとって完全に明らかであろうし、もし私が身体＝物理的に赤くなる代わりに暴言を吐くということを学習したことがなかったとしたら、なおのこと私の怒りは他者にとってより明らかであろう。

しかし、私自身のこの怒りに実際に近づくことのできる私の唯一の方法は、そうでなければ明らかに公的な行動でありつづけてきたものに、このような発声をともなわない言語化を代用することである。こうして、私の心理的生は、実のところ比較的私的なものでありつづけるが、原則として心理的生が私的なものである必要はないし、実際には心理的生が単に私的なものであるわけではない。なぜなら、心理的生を私的なものにするよう、私は子どものときに間主観的状況のなかで教えられたからである。私の両親は、子どものときの私の心理的生にとって直接の証人である。というのも、私が子どもであったとき、私の心理的生のうちにあったすべてのものは、周囲の人からみてわかりやすいものであったからである。しかし両親は、心理的生のある特定の諸相を、人に話さないでおくことが礼儀正しく、そして／あるいは私のためであるということを、私に教えてくれたのである(Elias 1984：Crossley 1996a も参照)。

ライルは、「内観」が実際には「回顧」であると論じることによって、こうした批判をさらにおし進めている。私たちが時折考えることは、私たちの歴史や私たちがさまざまなかたちでおこなってきたことや私たちがさまざまなかたちで関わってきたことを、内側に向かって見ることであり、それは実のところ過去に向かって見ることである、とライルは論じている。このことは、私たちが自分たちの生を全体としてよく考えるときには長期的な問題であり、私たちが数秒前の出来事についてよく考えるときには短期的な問題であるかもしれない。だがつねに、それは内側に向かって見ることというよりは、むしろ過去に向かって見ることである。この点は、前に議論した意識と志向性に関する彼の主張と明らかに関連している。人間の頭蓋骨や身体の「内側」には見るべきものは何もない。だが、身体＝物理的な細片や人間の心理的生についての内省は、それゆえつねに世界への関与と世界への内属についての内省である。心理学的自己評価は、行動からの推論に基づいている。だが、私たち一人一人が他者に対してもつ知とは本質的に異なって、人間が自らの自我についての直接的な知や自覚をもつというデカルト的な考え方をも、ライルはさらなる段階において批判しようとしている。人間は、他者について学習するのと同じ仕方、すなわち行動の観察を通じて自己について学習する。その結果、人間はときに他者について誤解するのとちょうど同じように、自分自身についても誤解することがあるのである。

以上のことは、偏狭で限定的に聞こえるかもしれない。だが、筆者は以上のことが、新しい物事に取り組むことによって自分自身を知ることができるという考えや、さらに「自己探求」の手段として長い旅に出るという実践と、非常に調和していることを示そうと思う。もし私たちが、デカルトの示すように何らかのかたちで内的世界へと直接的に近づくことができるのだとしたら、そこにあるすべてのものがむき出しになっているのだから、自分自身について何か新しいことを学ぶことは不可能であることになる。それとは対照的に、こうした「自己探求」のようなよく知られた考えが示していることは、自分自身を馴染みのない状況に置くことによって、あるいは新たな活動に取り組むことによって、私たちが自分にとって明らかであることに対しても馴染みのない仕方で行為するようになるということである。このことは、まさにライルがいっていることである。

ライルによると、彼が「私に関する体系的な捉えがたさ」と呼ぶものによって、この論点に関して誤解を受ける可能性が高められている。多くの哲学者は自己精査という作用によって精査をおこなうが、それによって到達される自己の認識論的記述はつねに捉えがたい「私」を前提にすると記してきた、とライルは考えている。どれだけ強く私が自分自身を審問しても、その審問対象の「私」はつねに審問を逃れるように思われるし、原則としてその認識論的な領域を超えたところにあるように思われると哲学者ライルは論じている。カント（Kant 1933）とフッサール（Husserl 1991）を含めた何人かの哲学者は、これを――社会科学において研究されているのと同様に――通常の認識論的存在の世界から多少なりとも隔たっており、それゆえ経験的自我とは異なる「超越論的」自我の明証性として解釈している。だがライルは、私たちがこれまで期待してきたとおりに、より世俗的な説明をおこなっている。それは単に、私たちの自己考察や自己探索の試みが、つねに必然的に思考過程から、すなわち精査過程から、私たちの現在の活動を排除するという事実を反映しているのである。

たとえば、人がいまちょうどおこなったこと、あるいはいまおこなっていることを記述しようとすることは、偶然ではないひとつの段階に対してあれこれ言うことであり、コメントのひとつである。しかし、そのコメントである作動は、当のコメントのなされている段階ではないし、そうではあるはずはない。また、嘲るという行為も、それ自体の嘲りの標的ではない。より高次の秩序だった行為は、それが遂行されている行為であるはずはない。したがって、私の遂行についての私のコメントは、つねにひとつの遂行について沈黙していなければならない。すなわち、それ自体が、そしてこうした遂行が、ただ別の遂行の標的であるはずなのである。自己論評、自己嘲笑、自己忠告は、論理的には外部の最後から二番目のものと決まっている。だが、いかなるコメントや忠告から出てくるものも、そのためにいつもコメントや忠告を逃れる特権がある。反対に、それはまさに次のコメントや非難の標的となるであろう。(Ryle 1949 : 186)

換言すれば、私たちは自分たちの生を精査することができるが、私たちは自分たちの精査を同時に精査することはできない。自分の尻尾を追いかけるかの有名な犬のように、私たちは決して自分自身に追いつくことはない。そして、もし私たちが自分自身に追いついたとしても、そのとき私たちが見いだすことは、いずれにせよ私たちにとってすでに知られていることである。もちろん私たちは自分自身の精査を精査することはできるが、このことはさらなる精査という作用を必要とするであろう。その場合、後者の精査それ自体は捉えられないというように、延々と続くことになる。したがって、経験的自我と超越論的自我との間には何ら実体的な差異はないし、実際のところいかなる超越論的自我も存在しないのである。むしろ私たちは、自分自身を知ったり理解したりしようとするにもかかわらず、決して自分自身に追いつくことのない、単一の（経験的な）自我である。私たちは第八章で、いかにミード（Mead 1967）がこれと同様の基本的な洞察を、自己とアイデンティティについての非常に説得力のある理論へと展開しようとしているかをみることになるだろう。

(11) ライルから社会学へ

筆者は、ライルによる説明を「亡霊祓い」として記述するのが一番良いと考えている。彼は、デカルト主義者の機械から亡霊を追い出している。彼は、デカルト主義者のいう心、すなわち身体と異なる実体は神話である、と明らかにしている。私たちの心的生は、むしろある状況に置かれている行動と感覚のなかにある。これは、非常に貴重なひとつの準備段階ではあるが、社会学的観点からすればひとつの準備段階にすぎない。それは概念上、私たちの心的生の基盤を明らかにし、そうしないとすれば私たちの進む道に立ちはだかることになる神話や混乱を取り除いているのである。だがそれは、いまだ身体的な人間の行為作用や行為についての適切な理論を私たちに与えることができない。さらに、「機械論のお化け」に対するライルの反感ばかりが突出していて、私たちの考察に際して彼の考察がもっている特定の障害物を取り除かなければならないという点を、彼の議論から引き出すことができない。ライルによるデカルト主義の亡霊祓いは、たびたび現われるといわれる「機械」に対する直接的な取り組みでもある。だが彼は、この二つ目の取り組みにおいては、あまり成功しているとはいえない。この点をさらにおし進めるために、彼のもうひとつの有名な研究である『ジレンマ』から引用する次の文章について考えてみよう。

生あるところには目的性があり、感覚や運動とりわけ意識的生や知性的生があるところには、進行的なかたちで進むより高いレベルやタイプの目的性がある。生物学者、動物学者、心理学者は、たとえ機械論にお世辞を言うべき知性的な義理を感じているとしても、あたかも生気論者であるかのように、自分たちの研究をおこなわなくてはならない。(Ryle 1969 : 125-6)

私たちが『心の概念』から学んだことは、身体や世界の領域とは異なる領域という観点、すなわち非物質的な精神という観点から、人間的生のもつこうした目的的、意識的、知性的な諸相を理解するべきではないということである。このことを筆者は示したい。私たちは依然として、「機械論に対して口先だけのお世辞を言う義務」から私たちを解放してくれる論拠について考えなければならない。そして私たちは、ライルが示す目的的な観点から人間的生を研究したり分析したりすることのできる枠組みを作り上げていかなければならない。このことをおこなうために、私たちは人間の行動と経験との実際の性質に関するより社会科学的な疑問について考察するための、心的諸概念の意味に関する哲学的疑問からいったん手を引く必要がある。しかし、私たちはこうした移行を一気におこなうつもりはない。私たちの次のステップは、一人の哲学者の研究について考察することである。その人物は、ライルの研究をより完全に社会科学の領域に移行させることを可能にし、その結果、真正面から機械論の神話に取り組み、豊かな現象学的細部にわたって、人間の社会的行為作用という身体的基盤を明らかにすることのできた人である。

注

(1) だが筆者の見解では、サールは、たとえ彼がこの文章で意味していることではないとしても、心-脳の議論に共感しすぎているように思われる。

第五章　意味・行為・欲望——身体的行為についての予備的素描

人間は機械ではない。機械にとり憑かれた亡霊でさえない。人間は人間であるということ——それは、ときに思い起こす価値のある同語反復である。（ライル『心の概念』）

筆者は第四章で、ギルバート・ライル（Ryle 1949）による二元論への批判について考察した。そこで筆者は、彼の批判はある程度までは説得力があるが、十分に成功しているわけではないとも論じた。とりわけ、ライルは「機械論の神話」を十分に論じることができないでいる。本章では、その次の段階に進む哲学者、すなわちメルロ゠ポンティ（Merleau-Ponty 1962；1965；1968）の研究について考える。メルロ゠ポンティの研究は、ライルの研究とはまったく異なる哲学的伝統に端を発しているにもかかわらず、大筋では一致している（Merleau-Ponty 1992：59-72）。ライルと同様に、メルロ゠ポンティは「内部劇場」や亡霊的な実体としての精神という二元論者の見解に取り組み、心的生が身体的で文脈に埋め込まれた諸行為のなかにあることを示そうとしている。二元論者は、こうした身体的活動という領域の背後に、陽炎のように儚い心的諸過程を探り出そうとする過ちを犯しているとメルロ＝ポンティは主張している。さらにライルと同様に、メルロ＝ポンティは、デカルト的研究方法のもつ「主知主義者」的な方向を回避することに関心をもち、そしてライルとは対照的に、世界内存在という人間の存在様式がそもそも実践的で前反省的であるということを明らかにすることにも関心がある。知性的で反省的な「能力」は、派生的な獲得物でありかつ派生的な構造でもあり、またそうした「能力」は、いかなる場合においても実践的で前反省的な習慣や技能に基づいているとメルロ＝ポンティは論じている。

だが、本書の観点からみてメルロ＝ポンティの議論に関してより重要なことは、ライルが「機械論のお化け」と呼んでいるもの、すなわち「機械論の神話」に対する批判を、メルロ＝ポンティはおし進め、それを十分に立証しているということである。身体的な人間行動の領域とは異なる、陽炎のように儚い精神などはどこにもないが、かといって行動は機械論のいう「バネや滑車」の論理で理解されるべきでもない、とメルロ＝ポンティは論じている。より適切にいえば、彼は、社会科学の内部で機械論的研究方法を展開しようとしてもっとも支持されてきた試み、すなわち心理学的行動主義に対する詳細な批判を通じて、このことを実際に示そうとしている。本章において筆者がもっとも関心をもっているのは、機械論的モデルに対するこのような批判なのである。

筆者がここで述べているメルロ＝ポンティに関する説明は、少なくとも次の二点で不完全である。第一に、筆者はライルの研究と重なるメルロ＝ポンティの諸議論についての説明を繰り返そうとは思っていない。したがって、本章で述べられていることの意味が最大限に理解できるようになるには、本章は前章と関連させて読まれなくてはならない。本章で筆者は、前章で中断したところから始め、前章で立証されたすべての内容を前提とする。第二に、本書の後半でより徹底して扱うことになるいくつもの問題を括弧に入れてある。本章で筆者はそれらの問題について言及はするが、とりわけ「習慣」や「身体図式」といった諸概念についての詳細な考察は第七章まで持ち越している。こうした理由から、この章は不完全な素描である。このことを頭に入れて本章を読んでいただきたい。

筆者は「機械論の神話」について簡潔に要約し、行動主義的心理学の内部へのその神話の取り込みと、その神話がもつ現代における特性について記すことから説明を始めようと思う。これに続いて、機械論の神話に対するメルロ＝ポンティによる批判を提示する。それは、知覚、行為、それらの相互関係についての説明へと筆者を導いてくれる。さらにその次に、言語に関する議論が続く。知覚と言語に関する筆者の議論はメルロ＝ポンティによる説明の「認知的次元」におよぶが、彼は、私たちの認知的生が情動の構造から独立して存在するのではないと主張している。実際、彼にとって認知と情動とは、共通するひとつの構造のうちの相互に浸透し合う相なのである。したがって筆者の最終的な課題は、こうした情動的次元を解明することと、人間の欲望のなかにそのルーツを探ることである。

（1）機械論の神話

筆者は、本書のなかで何度も折に触れて、二元論者の図式の内部にある「機械のなかの亡霊」というより一般的な神話に属している「機械論の神話」について言及してきた。デカルト主義は心的生あるいは主観的生を非身体化し、それを亡霊のような領域へと追いやるという罪だけでなく、身体を概念上、肉塊あるいは機械のレベルへと還元するという罪をも犯していると筆者は論じてきた。二元論者のいう身体は、ニュートンの示した機械仕掛けの世界に属している。それは、物理的因果関係によって動かされており、そのために意味の世界、目的の世界、行為作用の世界から引き離されているのである。

筆者が述べてきたように、デカルトが二元論を選ぶのは、何よりもまず身体についての彼の機械論的な考え方に由来する。二元論は、滑車やレバーや動力といった機械仕掛けの世界から、人間のもつ意味や自由といういくつかの要素を救い出すひとつの仕方ではある。だがすべての人が、意味や自由を機械仕掛けの世界から救い出すというような、こうした回避的企てを必要とするように促されてきたわけではない。とりわけ、行動主義的心理学と行動主義的生理学の初期の見解は機械仕掛けのモデルを利用しようとしていたし、そこから心理学の一理論を引き出そうともしていた。行動主義者たちは概して、心的領域が行動のなかにある、あるいは少なくとも方法論的諸目的にとってはそう考えられうるという、ライル（Ryle 1949）によってある程度述べられている見解を共有していた。

しかし、行動主義者たちは「機械論のお化け」に関してはライルと同様の疑念をまったくもたなかった。それどころか、彼らは人間の行動が物理的な機械論によって、正確に分析され理解されうるであろうと考えていた。膝のちょうど下の辺りを（膝蓋腱を上から）叩くと、曲げた脚の下のほうが「跳ね上がる」という、よく知られた膝蓋腱反射作用のような反射的行為は、物理的な機械論における行動主義者の立場を優位なものにした。このような反射作用は、身体＝物理的刺激のある特定の形式を、ある非常に特殊な機械的反応（「反射弓」）と結び付ける、人間有機体の内部に基本的な身体＝物理的な原因―結果の回路があることを示しているように思われた。人間の行動は、宇宙の内部にある分子やその他の物理的諸物の行動が引き起こされるのとまったく同じ仕方で、外的な物理的刺激によって引き起こされる、と考えられていたのである。二〇世紀前半にほぼ社会科学の分野の内部で優勢を誇っていた行動主義者にとっての任務は、より複雑な行動形式を網羅するために、反射作用や刺激―反応の回路についてのこうした基本的なモデルを拡張すること、そして――いくつかの反射作用のなかには学習されたものも明らかにあったということを考慮に入れると――新たな反射作用が古い反射作用に基づいて形づくられうるというまさにそのことを示すことであった。悪名高い、パブロフ（Pavlov 1911）による犬の諸実験は、こうした試みのうちでもっとも主要な一例である。彼は、ベルが鳴らされたときにはいつも唾液を出す犬のグループに対して「古典的条件づけをおこなった」。この条件づけは、犬がいまにも餌を与えられそうになったときにはいつでもベルを鳴らすということによって成し遂げられ、それによって、ベルを鳴らすことと、餌に対する犬の通常の生理学的反応すなわち唾液を出すこととの間に、神経学的システムの内部での結び付きを作り上げたのである。言い換えれば、基本的な反射反応は、通常であればそうした反応を引き起こすような自然な刺激との結合によって、またはそうした刺激の代用物によって、新たに条件づけられた刺激に結び付けられたのである。

こうした考え方のなかで含意されていることについて、はっきりさせておかなければならない。刺激—反応の回路に関する行動主義者の考えは、人間の行動を他の動物の行動と同様に説明しようと意図されたものだったが、意味や目的や意識との関係はまったく含んでいない。それはもっぱら、機械的に引き起こされた諸反応の問題なのである。実際のところ真の行動主義者は、神経学的組織における身体=物理的な回路によって、刺激と反応とが文字どおりに関連づけられていると考えていた。したがって、パブロフの犬は前述のベルを「聴いた」とは言われていない。だが、少なくとも犬が実際にベルを聴いたかどうかということは無関係であると考えられていた。ベルは、犬の鼓膜に作用する身体=物理的な力、すなわち振動として考えられ、必要条件である身体=物理的反応を引き起こす信号を送るとされた。そして、サーモスタットが温度の変化に自動的に反応するのとまったく同様に、その犬の反応は自動的なものとみなされた。反射反応は、ある特定の諸状況に対する目的的な動きでもなければ応答でもない。反射反応は、機械仕掛けの装置におけるレバーの動きとちょうど同じ仕方で記述される一定の運動パターンである。刺激と反応との間の関係は、身体=物理的な因果関係のまぎれもない一事例である。

こうした極端な言葉で述べてみると、行動主義は不合理であるように思われる。今日の社会科学者たちが行動主義を、あるいは少なくともその極端なかたちの行動主義を、なぜ受け入れないのかを理解することは容易である。だが行動主義の伝統および人間身体に関するその機械的な考え方は、私たちの文化の内部に、そしてまた社会科学の内部にもいまだ潜んでいる。たとえば、生物学やそこから派生する内科学のような医学の学問領域の内部での多くの研究が、たとえその研究に従事する者がこのモデルを行動に関する理解へと拡張しようとは試みていないとしても、原子化された機械論的な仕方でいまだ身体を考えているということは明らかである（Leder 1998を参照）。だが、行動主義から身を引き離してきた社会科学内部の視点でさえも、身体についての新しい考え方を確立するには至っていないか、あるいは少なくともまったく洗練されておらず、行動主義を超える道筋が結局はデカルトのたどった道筋と同じではないかと自問しなければならないのである。社会分析に対する解釈学的で認知論的なアプローチは、行動主義者のモデルからかなりかけ離れた仕方で、人間の行為における意味、目的、判断を強調している。しかしそうしたアプローチは、身体についての行動主義者のモデルに取り組み損ない、実のところ身体性についての諸問題を全般的に避けてきた。このことは、より一般的にいえば、次のことを示している。すなわちそのアプローチは、デカルトのように意味、目的、判断といった諸問題を身体から切り離すことによって、そして二元論の暗黙の形式のなかで身体をひとつの機械として今後も扱いつづけるような生物学的な学問分野に託すことによって、人間の行為作用についての比較的信頼できる考え方を完成させてきたにすぎない。ポスト二元論的な社会学は、異なる解決策を必要としている。私たちは、行動主義の内部で措定されているような、身体と行動についての機械論的な考え方に、真正面から取り組まねばならないのである。

この目的を果たすため、私たちは次にメルロ＝ポンティの議論に取り掛かろう。哲学的な研究だけでなく一連の心理学的研究と生物学的研究をも引き出しながら、メルロ＝ポンティ（Merleau-Ponty 1962；1965）は行動主義に対する力強い批判に取り組み、行動主義よりもはるかに説得力のある代案を示している。人間有機体も、そして実際のところ動物有機体もまた、身体＝物理的な「諸細片」からもっぱら構成されており、その「諸細片」の相互関係は機械的な関係を表わしてはいるが、有機体の直接的な周囲環境との相互作用のなかで考えれば、その有機体の特定の諸部分の合計より大きなひとつの全体を構成しているとメルロ＝ポンティは論じている。より明確にいえば、有機体と環境との相互作用は意味と目的という両概念によって、もっともよく理解されると彼は示している。また、環境が有機体に対しておよぼす直接的な影響は、それがいかなるものであれ、その環境が有機体にとって主観的に存在している様式を考察することなくしてはほとんど理解されえないとも彼は主張している。このことは、哲学的な意味での「主観」や「自我」の問題でも、非物質的な精神の問題でもなく、むしろ脱中心化された行動の「システム」や行動の「構造」がもつ特性の問題なのである。この主張には、詳細に分析しなければならない問題も少なくない。筆者は、メルロ゠ポンティによる行動主義への基本的な批判に焦点を合わせることで、議論を始めようと思う。

(2) メルロ゠ポンティによる行動主義への批判

メルロ゠ポンティによる行動主義への主な批判は、行動主義が科学的な証拠に裏づけされていないというものである。行動主義の生理学的基盤は、結局のところ非常に神話的であることが明らかになった。神経システムには、少なくとも行動主義者たちが描くような「反射経路」などない(Goldstein 2000)。さらに、もっとも基本的な反射作用でさえも、実験室のなかで特定することは困難であり、実験室の外ではなおのことその探求が成功する望みはない(Merleau-Ponty 1965 ; Goldstein 2000 ; Buytendijk 1974)。同じ理由で、行動主義者のいう行動という概念よりも、「意味」や「目的」や「主観的知覚」といった概念が、観察される行動を説明する仕方としては一段と明快であるということがわかるのであり、したがってより科学的で望ましいものであると考えられるに違いない。筆者は、まず「刺激」に関する諸研究に、次いで「反応」に関する諸研究に焦点を合わせ、このことを示す研究成果について簡潔に考えてみたい。

1 刺激

比較的簡単な実験によって、動物は二つの容器のうち「明るい色のほう」あるいは「高いほう」から、食べ物を探すよう訓練されうるということが明らかになる。たとえば同じ容器であっても、二つのうちでより明るい色のほうの容器に動物は近づき、より暗い色のほうの容器には近づかないことがある（Merleau-Ponty 1965）。このことは、刺激のもつあらゆる客観的特性が有機体の行動に因果的結果をもたらすという考え方を論駁するというだけでなく、主観的で知覚的な識別の過程と意味への指向の過程を明らかにするということから重要である。「明るいほう」および「高いほう」というのは対象のもつ特性ではなく、むしろ主観的で知覚的な識別と比較の諸相なのである。実際、視覚的な幻影を用いることで、動物はより高くみえるだけで本当は高くはない容器のほうのなかを探そうとすることが示されてきた。さらにそのことは、動物が相対的な明るさや高さを、食べ物を探すための手がかりとして利用する際に、その動物の行動が（たとえば、「つねにもっとも高い容器のなかを探す」というような）諸原理や諸規則に指向しているということ、したがって知覚された対象やそうした対象の諸相が、動物にとって（たとえば、高いことが「食べ物がありそうな場所」を意味するというように）有意味であるということを示している。ただし、その意味は原初的であることもある。刺激が有機体に、すなわち対象が対象に直接的に作用するのではなく、刺激は有機体にとって感覚的で知覚的な意味をもっているのであり、その意味に対して有機体は反応するのである。自分たちの生きる世界が有意味な知覚対象として自分たち「にとって」存在していることを十分すぎるほど自覚している、感覚力のある存在としての私たちにとって、このことは多少とも明らかであるように思えるかもしれないが、しかし重要なことである。なぜなら、刺激が知覚的な意味をもつということは、行動主義者が自分たちの土俵外に連れ出されて打ちのめされることになるからである。動物が二つの容器のうち明るいほうのなかに食べ物を探すよう訓練されうるというまさにそのことは、行動主義者が想定する、もっぱら物理的で原子的な見地からは決して明らかにはならない。厳密にいえば、実際のところ動物が明るいほうのなかに食べ物を探すというような行動は、行動主義者にとってはありえないはずなのである。

メルロ＝ポンティは事例を挙げてさらに追求している。所与のあらゆる刺激がもたらす結果は、時間と空間におけるその刺激の状況に従って変化すると彼は述べている。実験的な諸研究によって、刺激「x」が「a」と「b」いう出来事によって条件づけられるとき、また「c」という環境のなかに位置しているときには、環境や先立つ出来事がそうでないときとは異なる反応を引き起こすことが示されている（Goldstein 2000）。さらに、「x」を「a」、「b」、「c」と並置したところで、その結果は、そうした諸状況から生じるかもしれないいかなる個々の結果の単純な合計へも決して還元されえない——実際のところ、まさに個々の刺激という考えや、ある特定の諸条件や刺激から独立した諸結果という考えは、かなり問題があるとされているのである。前述の例と同様に、このことは行動主義者を当惑させる。行動主義者の観点からみれば、同じ刺激は同じ反応を引き起こすはずなのである。ポパー（Popper 1969）を引き合いに出せば、こうした諸々の研究成果は行動主義者の立場を有効でないものとする十分な理由を与えてくれる、と私たちはいうことができる。なぜなら、そうした行動主義の立場は、刺激－反応諸関係について彼らが主張する原子化され物理主義的な立場から予測されることが、大きな誤りであることを立証してくれるからである。逆に、これらの研究はメルロ＝ポンティによる有意味な知覚に関する議論とかなり一致している。というのもメルロ＝ポンティは、何らかの主観的に知覚される対象の意味や、したがってその意味が引き起こす行動は、それが知覚される時間的－空間的な背景あるいは状況による影響を受けると論じているといえ、私たちは彼の研究が明らかにする多様性をまさに予期しているからである。ゲシュタルト心理学から構造主義までを通じてさまざまな研究者たちが示してきたように、サインや刺激の意味は、時間的－空間的なゲシュタルト全体における他の諸要素に対するそのサインや刺激の関係によって構成されるのである。

経験的なレベルでは、音楽についての私たちの知覚は、知覚的な意味の時間的構成をもっとも明らかに示す。私たちは音の連続体という状況の内部でどれかひとつの音を聴き、その音が私たちに印象を与える様式はその音の連続体に依存している。たとえばひとつの音は、それが現われてくるメロディーの連続体に合っていなければ、「おかしく」聴こえるだけである。そして私たちがその音をいかに聴くかは、それに先立つものに依存しており、

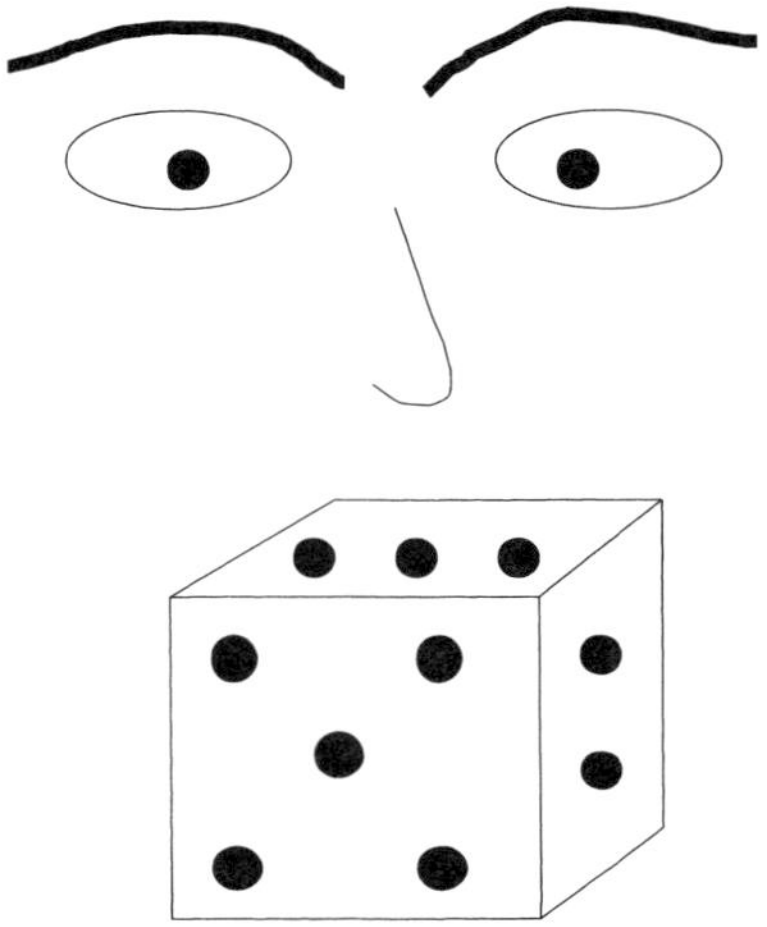

図5．1　子どもとサイコロ遊び

またそれに後続するものによって修正されることもある。空間的状況での同種の効果は、図5-1に示されている。人間の目のなかの瞳はサイコロの目とまったく同じ点であるが、私たちがみるものと、その結果として私たちが影響を受ける様式は、点の状況によって非常に異なる。人間の目のなかでは、点は私たちをみている瞳になる。だがサイコロのうえでは、点は五という目を示す点という、より大きな布置連関の見出しを形づくっている。意味は文脈によって形づくられるのである。

このことは、メルロ＝ポンティ（Merleau-Ponty 1971）が映画との関連で示している、感覚間の諸関係にも等しく当てはまる。私たちがスクリーンでみる（視覚的）意味は、バックグラウンド・ミュージックによって深く影響を受けると彼は論じている。たとえば、海で泳いで遊んでいる人の視覚的イメージは、優しいピアノ音楽がともなっているならば私たちを楽しませ寛がせるものであろう。だが、「ジョーズ」の映画から聴こえてくるほんのわずかな旋律は、その感覚をすっかり変えてしまうであろう。そして泳いでいる人の安らぎや無邪気さが、ほとんど直視に耐え難いものとなる。日常生活において、感覚と感覚との間のこうしたコミュニケーションは五感すべてが活発に働くにつれてさらに顕著になり、それぞれの感覚がその他の感覚にとって現われている物事の意味を修正するのである。

こうした例はすべて、身体＝物理的に同一の刺激が異なる物事を意味していれば、まったく異なる反応を引き起こすことがあるという事実を示している。だが逆に、身体＝物理的に非常に異なる刺激が同じ物事を意味している際に、その刺激が同じ反応を引き起こす様式を考慮することによって私たちは別の道筋をたどって、これと同じ点に接近することができる。たとえば、銃声、笛、手振り、あるいは「スタート！」という叫びは、身体＝物理的には同じではないにもかかわらず、それぞれが同じ仕方でレースのスタート地点にいるランナーの行動に影響をおよぼすであろう。なぜならそれらの刺激は、ある特定の状況のなかで表わされるときには同じ事柄を意味しているからである。もちろんこの例は、恣意的なサインによる意図的なコミュニケーションに関するものであるが、メルロ＝ポンティにとっては、すべての知覚はこうした仕方での意味のコミュニケーションであり、すべての知覚対象は私たちの生の慣れ親しんだ一部となり、私たちにとっての使用価値を獲得するというように、慣習化された意味を帯びるのである。

要するに、この文脈における「意味」が意味するのは、刺激が有機体にとって意義のあるものであり、有機体に対する刺激の「結果」が身体＝物理的諸特性には還元不可能であるということである。このことによって、その意義が形式上、生物学的なものであることもありうるという可能性は妨げられないし、たしかに意味についての反省的自覚あるいは意味を制御する意図は必ずしも必要ない。意義は実践的である。有意味なものは行為者にとって有益なものであるといってもよい。だが私たちが後でみるように、人間における意味、すなわち「シンボリックな」環境はかなりの自律性を有しており、生物学的な観点からみるときわめて恣意的なのである。

2　反応

行動主義にとって同じ問題が、行動主義者のいう刺激―反応関係のうちの反応の側において明らかである。私たちは日常的経験から、いくつもの実例にわたってみられるように、一定の刺激がしばしば「同じ」反応を引き起こすことを知っている。だが、私たちがこうした実例にみる「同じ」反応とはどういうことかを考えると、それは反応にともなう身体＝物理的な動きではなく、一般的にいえば反応の目的であるということになる。たとえば、ハエが私の腕に止まって引き起こすイライラやむずがゆさという刺激は、私をどんな場合でも決まってそれを的確に追い払うという反応へと導く。しかしこのことにともなう身体＝物理的な動きは、そのときの私の体勢——私が手でおこなっていることなど——によって著しく変化するであろう。それぞれの行為は（私はハエを叩いているというように）目的のレベルでは同一である一方で、身体＝物理的レベルでは完全に異なっていることもある（たとえば、空手で一撃したり新聞を手に持って素早くテニスのフォアショットで叩いたりといったさまざまな身体＝物理的レベルがある）。このことは行動主義者をかなり困惑させる。というのも、彼らのいう反射弓概念が、ある限定された身体＝物理的刺激を、他の限定された身体＝物理的動きと関連づけ、目的という考えを不要なものにしてしまうからである。行動主義者の観点からすれば、的確に追い払うというそれぞれの行為はすべて、もしそれぞれが異なる動きをともなうのならば完全に異なる行為であるということになる。そして私たちは、その行動を説明するために、それぞれの場合における異なる別々の反射弓の存在を仮定しなければならなくなる。実際に、刺激とそれに対する行動との諸々のありうる組み合わせを考慮に入れると、私たちはハエを的確に追い払うという単純な行為を説明するだけでも、それぞれの場合におけるいくつもの反射回路の存在を仮定しなければならなくなるであろう。さらに、それぞれの場合において、どの反応を選ぶべきかを伝える有機体の固有感覚系からは区別されるひとまとまりの反射回路が必要になるであろう。反応の変動性が、行動主義者の原子化された準拠枠の内部で、そもそもこうした仕方で説明されうるかどうかはかなり疑わしい。だがたとえ可能だとしても、還元不可能な全体として活動的な有機体を扱い、有機体の諸行動はその有機体のもつ諸目的によってもっともよく理解されるというメルロ＝ポンティが呈示するようなモデルと対比すると、このような理解しがたい説明が明快なものからは程遠いであろうと結論づけずにはいられない。

さらに加えて、たとえ非常に頻繁に予期できないような障害物によって進行が阻まれたときであっても、人間も他の動物もともに目標を実現しようという明確な試みに戻ろうとする仕方を説明するためには、目的的な準拠枠は必要である。手から手へ、そして背中のほうへとボールをパスする飼い主から「ボールを奪おうと」しつづけている犬は、このことを示すもっとも明らかな例である。犬の執拗さは犬の探求心と同様に、犬の行動の目的性を示している。犬はボールが欲しいのであり、犬の行為の目的はそれを奪うことである。

「意味」の場合と同様に、メルロ゠ポンティが「目的」という言葉によって意味するものは、生物学的に表わされることもあり、意図という意識的な定式化を一切ともなう必要がない。意味の場合と同様に、「目的」は実践的な事柄なのである。たとえば、多くの動物の狩猟活動は明らかに目的的であり、動物が自らを取り巻く環境においてさまざまな変化に出くわすときのように、きわめて探求的になることもある。しかし、私たちは、何が動物を駆り立てるのかについて動物が必ずしも気づいているとは思えないし、動物の目的は生物学的機能に適っていると主張するであろう。しかしながら、意味の場合と同様に、メルロ゠ポンティは人間のシンボル的な世界の内部に、目的の可塑性を認めている。諸個人が目指す目標は、構築された「ゲーム」に依存しており、その目標はそうしたゲームという条件の内部で価値をもつにすぎないこともあると彼は記している。このことは、アマチュア・スポーツやボード・ゲームのような文字どおりのゲームにおいてもっとも明らかであり、そこで行為者たちはゲームそれ自体の外側では何の価値も何の意味ももたない決着や目標をひたすら追い求めることがある。サイコロを投げたりカードをめくったりすることは、それらの意味がもっぱらそのゲームにだけ関連しているという事実にもかかわらず、大きな不安や歓びを引き起こすことがある。この点は、社会的世界を成り立たせているより広範なゲーム、もしくは「界」にも等しく当てはまる。私たちが基本的な生物学的欲求を満たすために行為する場合でさえも、こうした行為は複雑なシンボリックな秩序によって媒介されており、それは私たちの行為と私たちの生物学的欲求との関係がきわめて間接的であることからもわかる（Huizinga 1950も参照）。さらに、非常に多くの私たちの行為が生物学的欲求との結び付きを保っているということは決して明らかではないのである。

メルロ゠ポンティによる行動主義への批判の最後の脈絡は、有機体に影響をおよぼすであろう刺激を有機体が選択することができるように思われるという見解に関わっている。あるレベルでは、このことは生物学的に基礎づけられた感覚閾とその構造の問題である。現代の「弁証法的生物学者」が論じるように、厳密にいうと、すべての種はたとえ同じ地理的状況を占めているとしても異なる環境に生きている。なぜなら、すべての種はその生物学的構成によって異なる物事に対して感受的になり、したがって異なる物事に気づくようになるからである(Levins and Lewontin 1985 ; Lewontin 1993)。ウイルスやバクテリアからの明らかに身体＝物理的な刺激でさえも、すべての種にわたる一様の影響力をもつわけではない。ウイルスやバクテリアのような刺激はそのような種の「世界」のなかではきわめて異なったかたちで姿を現わすと結論づけなければならない。だがこのことに加えて、有機体が影響を受ける環境の諸相を、他を等閑視することでいかに能動的に選択しているかをメルロ＝ポンティは記している。それら諸相は、単に反応するものとして現われてくるだけではなく、知覚と行為の両方において先取的なものとして現われてくる。このことによって、原因に関する行動主義者の直線的思考を当惑させるような循環性が、有機体―環境間の相互作用にもたらされるのである。

> 目と耳が、動物が逃げていくのを追って、刺激と反応との相互作用において「どちらが先に始まったか」を述べることは不可能である。有機体のすべての動きは、つねに外的影響によって条件づけられているため、望むならば人は行動を生環境(milieu)の結果として難なく扱うことができる。しかし、同じ仕方で、有機体が受けとるすべての刺激が、今度は結果的に受容器官を外的影響にさらすことになったそれに先行する動きによってのみ可能だったのであるから、人は行動がすべての刺激の第一原因である、ということもできるであろう。(Merleau-Ponty 1965 : 13)

言い換えれば、有機体の行動は、その環境において有機体が知覚するものによって影響を受けるのだが、逆に、有機体が知覚するものは、その行動とくにその知覚行動によって影響を受けるのである。私たちは、メルロ＝ポンティによる知覚の理論化について緻密に考察することを通じて、この点をさらに進めることができる（Crossley 1994：8-14；1996a：24-31も参照）。

（3）知覚の現象学

筆者は第二章で、主知主義者による知覚の説明に対するメルロ＝ポンティの疑念を記しておいた。その際、知覚はデカルトが考えているような判断の問題ではありえないと筆者は記した。なぜなら、判断は、判断されることになるすでに有意味な知覚対象を前提にしているからである。目にした帽子とコートが人であったというデカルトの判断は、まさしく帽子とコートについての有意味な知覚を前提にしていた。図5－2と図5－3で示されているような反転する曖昧な像は、こうした批判をさらに強化してくれる。

図5．2　若い女性と老婆

図5－2には、見ることのできる二つの可能な像があり、どちらの相が前景に浮き出て見えるかによって像が異なる。ある人には歳をとった女性が見えるかもしれないし、またある人には若い女性が見えるかもしれない。同様に、図5－3は、横からの立方体として、あるいは上からの立方体として見ることができる。[1] だが人は、「そこに」特定の像があると知っているときでさえ、その像を見いだす際に難しさを経験することもあるということから明らかなように、思惟や判断という作用によって、これらの選択肢の間を自由に移動することはできな

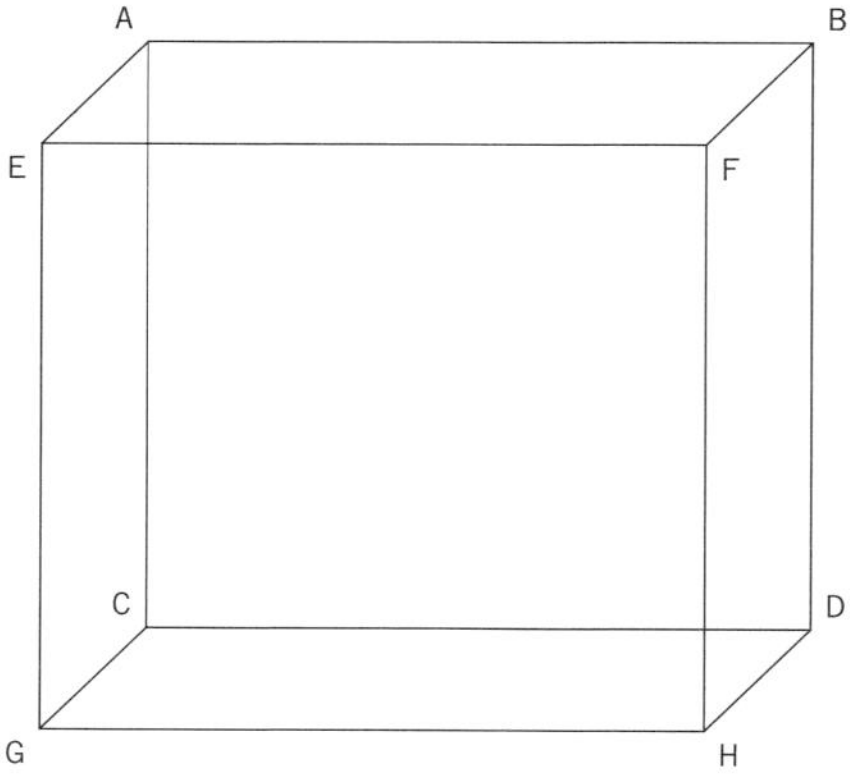

図5．3　直方体

い。あたかも人は見えない位置から像を審問しなければならないかのようであり、自分の目でその像を探し出したり、自分の焦点がその像に「留まる」瞬間を待ちうけたりするかのようである。したがって知覚は、身体的な活動として明らかになるのであり、知覚の主体、つまりその像を見る主体は、知覚過程の原因ではなくむしろその結果であるということが明らかになるのである。知覚は知覚主体に先行し、知覚主体を生み出す。しかしながら、曖昧な像は、知覚が決定力のある客体の結果であると主張する経験論者による知覚の考え方にも、また素朴な実在主義者による知覚の考え方にも同じように異議を唱える。その像を見いだすために払われた努力は、人が同じひとつの「刺激」から異なる二つの像を引き出すことができるという事実が証明するように、直線的な決定論へと至る主張を論駁する。知覚の「主体」と同様に知覚の「客体」も、知覚過程の結果であることが明らかにされる。そして知覚は、有機体が世俗の周囲の環境を審問する能動的な過程であることが明らかになり、その有機体は生物学的な諸感覚と行動—知覚図式に導かれ、それによって有機体自体のために主観的な「生環境」や「生世界」を創造する。メルロ＝ポンティが論じるように、「まなざし」は、「事物に問いかける仕方に従って事物から多かれ少なかれ得るものであり、事物の一部となるか、あるいは事物に住みつくのである」(Merleau-Ponty 1962：153)。さらに、まなざしは、私たちの他の行動を引き起こし形づくるこうした主観的に有意味な生世界の内部で経験されるような出来事である。私たちは、世界を知覚するがままに、世界へと応答するのである。

　ここで、メルロ＝ポンティの議論について明確にしておくことが重要である。彼は、知覚する主体と知覚される客体というどちらの存在をも疑っているわけではなく、知覚する主体と知覚される客体の両者ともに身体と環境との間の先立つ相互作用から派生しているということを示すことによって、両者を脱中心化しているのである。そして、そうすることで彼は、デカルトと対照的に、世界内存在という私たちの根源的なあり方が能動的である一方で、いうまでもなく主／客二分法に先行し、それを規定していることを明らかにしている。実際には、主体も（認識の）客体も、メルロ゠ポンティにとっては行動や実践の結果である。意識に先立って、私たちの身体は、そうした環境の基本的な知覚的意味を作り出そうと、見知らぬ環境のなかへとやみくもに没入し、安定した平衡状態を探し出す。私たちの身体がそのことをおこなえる程度に応じて、知覚主体は生まれてくる——だがこれは、デカルトのいうコギトとは大いに異なるものであることを記しておこう。

こうした説明は、ひとつの重要な問題を要請する。すなわち、いかにしてまなざしは対象に定着するのか。それが特定のゲシュタルトのうえに「住まわせる」ことができるようなその審問を、何が導き形づくるのか。メルロ゠ポンティは、ここに生得的な相があるかもしれないと考えているが、彼の研究の多くは知覚に関する獲得された習慣的図式の役割を示している。だが逆に、その図式においては実践的な意義も評価されている。私たちは、自分たちが直接の物理的環境と社会的環境のなかで、実践的に過ごし生きていくという営みにとって有用な仕方で、知覚したり識別したりすることを学習する。本を読むことの学習過程は、学習される知覚の性質をもっともよく示している。書かれたテキストのページは、私たちが理解している言語で書かれていれば、即座に有意味なものとして私たちには映る。だが、こうした視覚的な意味の現われは、私たちが子ども時代に獲得したものに支えられているということを私たちは知っている。私たちが獲得したものとは、ページ上にあるまとまった印を私たち自身の言語の口から発せられた言葉としてみて、それを理解することができる習慣的図式であり、そしてページの左から右へ、上から下へといったように目をとおす習慣である。したがって、視覚的な習慣は他の知覚的習慣をともなっている。私たちが知覚を通じて世界を「読む」ことができるようになるためには、図式的で審問的な習慣を獲得しなければならないのである。

筆者はここで言及されている習慣という考え方について、第七章で詳細に考察しようと思う。だが現在の目的のために差し当たっては、この習慣という言葉の使い方が、行動主義者のものとは対照的に、固定した再帰的行為ではなく、獲得された可塑的な能力あるいは技能であるということだけ述べておこう。さらに、モース（Mauss 1979）による「身体技法」に関する説明を繰り返しておけば、ここでの習慣という言葉の使い方は、習慣の身体的性質を強調している。メルロ＝ポンティも、色の識別について次のように述べている。

> 色を見るのを学習するということは、新たな見方や自分自身の身体の新たな使い方を獲得することである。それは、身体イメージを書き換えることである。運動力のシステムであれ知覚力のシステムであれ、私たちの身体は「われ思う」にとっての対象ではない。私たちの身体は、平衡状態に向かって動く生きられる意味のまとまりである。（Merleau-Ponty 1962：153，傍点は引用者）

習慣としての知覚は「身体技法」、すなわち身体の獲得された用い方なのである。

しかしながら、知覚は「行動的」であるため、身体的であるだけではない。知覚行動の引き起こす知覚意識もまた身体的であるということが、メルロ＝ポンティの説明にとっては不可欠である。実際のところ、意識は有意味に秩序立った感覚の布置連関から構成されている。知覚意識は、世界との感覚的関係であり、世界との身体的な相互作用と、相互作用が表わすような習慣化された図式とを通じてもたらされる。これは重要な点である。というのも、この考えは、身体にはもうひとつの側面があることを明らかにすることによって、身体をその知覚可能な資質へと還元するデカルト的な「身体」の定義に異議を唱えるものだからである。身体は単に知覚可能な資質からなるのではない。つまり、身体は知覚するのである。身体は単に見られるものではなく、見るものである。

身体は単に触れられうるものではなく、触れるものである。身体は単に聞かれうるものではなく、聞くことができるものである、などというように。デカルトのいう物理的肉塊に対して、メルロ゠ポンティ（Merleau-Ponty 1968a）は、生命のある感覚的で「可逆的な」「肉」を並置している。人間の身体の「肉」は、世界の肉に属しており、私たちは世界「の一部」であるとメルロ゠ポンティは論じている。だが、私たちの肉は可逆的な肉であり、感覚可能なだけでなく、感覚しうるもの、あるいは感覚するものでもあるのである。

さらに加えて、メルロ゠ポンティが行動主義に対する批判のなかで言及している意味や目的もまた身体的である。デカルト的思考によって、私たちは「意味」をとりわけ「理念上の」現実として考える傾向があるが、これはメルロ゠ポンティの見解とは異なる。彼にとって知覚的意味について語ることは、特定の感覚パターンが私たちの知覚領域の内部から現われる様式を同定することである。そして、その感覚パターンは今度は、厳密にいえば機械論的因果関係に還元不可能な私たちの振る舞いの組織化において使い方を獲得する、あるいは機能させるのである。この点で、「意味」は「目的」とともに、通常こうしたカテゴリーの内部に包括されているものよりも高次のレベルの構造であるにもかかわらず、自然的世界のひとつの構造なのである。

（4）知覚とシンボル行動

筆者が先に述べた点を繰り返せば、知覚行動は、他のすべての私たちの諸行動に密接に結び付いている。私たちがいかに行為するかは、私たちが何を知覚するかに依存しており、逆もまた真である。メルロ゠ポンティからみれば、このことはストラットンの心理学的実験（Stratton 1896；1897）によって、ある程度例証されている。これらの実験は逆さ眼鏡をかけた被験者に関するもので、数日間にわたって視覚入力情報を変えるというものであった。最初のうちは世界が逆さまに見え、運動活動がきわめて困難であることをストラットンは発見した。この状態は何日かにわたって続いた。だが五日後に運動調整が実践を通じて修復されると、視野は正常な状態に見えはじめ、そしてさらにそのことを証明するように、眼鏡を外したとき逆に方向性を失い異常な状態にすら見えるようになったのである。言い換えれば、視野の感覚が運動活動との調和に依存していること、そして逆もまたそのとおりであることが示されたのである。諸事物は、行為の調整をうまく助ける力能に相関して、「上下逆に」あるいは「左右逆に」見えるにすぎないのである。

こうした相互依存性という考えは、メルロ＝ポンティが『行動の構造』においてサッカーゲームでの知覚と行為とを考える際に例示され深められている。筆者はこの議論を詳細に考察するために、ここで少し立ち止まっておきたい。というのも、そのことによって私たちは、メルロ＝ポンティのアプローチに含まれるいくつもの重要な相を引き出すことができるからである。その相を明らかにするために、筆者は彼の意見を三つの文章に分けて順に示していきたい。

> 行為のただなかにあるプレイヤーにとって、サッカー場は「対象」ではない。すなわち、パースペクティヴの視界の無限の多様性を引き起こすことができ、その外面的な変容のもとで平衡状態を維持する理念的な術語ではない。それは、力線（「サイドライン」や「ゴールライン」）、あるいは「ペナルティエリア」を境界づける線）でもって展開されており、ある様式の行為を要請し、あたかもプレイヤーがそれに気づいていない場合でも、行為を開始したり導びいたりする諸区域（たとえば敵と味方との間の「空きスペース」）に分節化されているのである。（Merleau-Ponty 1965 : 168）

いくつかの点がこの文章から引き出せる。第一に、メルロ＝ポンティは私たちが知覚的「態度」と呼ぶようなものに関してそれとなく述べている。たとえば、サッカープレイヤーのまなざしは熟考されたものではなく、むしろ実践的で活動の最中にあるものである。それは、反省的自我という距離を置いたまなざしではなく、内部からの状況のなかにあるパースペクティヴであり、ゲームのなかのプレイヤーを巻き込んでいるのである。メルロ＝ポンティはギブソン——彼はメルロ＝ポンティの影響を受けているのだが(2)——の研究（Gibson 1979）を先取りするかのようにして、プレイヤーのまなざしが「アフォーダンス」つまり行為の可能性を同定しており、そのまなざしは対象ではなくむしろ行為に左右されると記している。さらに、グラウンド整備者とくらべてみると、整備者のまなざしも同様に非常に実践的ではあるが、プレイヤーのまなざしが競技場を審問する仕方と、それにともなってプレイヤーが目にするものとを形づくるのは、サッカープレイというある特定の活動である。プレイヤーは「空きスペース」を目にし、ラインの強制力を「感じる」。ここで、その空きスペースはプレイヤーにとっての空きスペースにすぎないということを付け加えておくことが重要である。すなわちそれは、ある程度はフィールド上のプレイヤーの位置によるが、とりわけライル（Ryle 1949）が示すようにプレイヤーがそうしたスペースを利用する能力、あるいはその仕方を知ることを備えていることによるのである。サッカーの能力を欠いた行為者であれば、「空きスペース」を目にすることはないであろう。なぜなら、その行為者にとっては、空きスペースは空きスペースではないからである。ここには強い感覚があり、そこにおいて知覚は——特定の知覚図式あるいは習慣によって形づくられているものの——行為の関数でもあり、また知覚がともなうより広範囲の社会的能力、および知覚がもたらす「関心」でもある。知覚は決して関心をともなわないものではなく、むしろつねに知覚が形を帯びる実践的活動の流れから生じる関心によって形づくられているのである（この点については、Husserl 1973 や Schutz 1970 も参照）。

第二に、メルロ＝ポンティは、プレイヤーの視野のなかでの実践的意義やアフォーダンスが行為を動機づけて導く道筋について記述している。プレイヤーは単に行為のための機会を目にしているのではない。プレイヤーは、反省的—言語的思惟という媒介なしに、目にする視界によって行為へと動かされるのである。絶好の機会という視点へと入っていくこと、つまり広がりゆく目標の視界は、プレイヤーが思惟する好機を得る前にプレイヤーを行為のなかへと誘発する。プレイヤーの行為はプレイヤーの生環境において、目的的で理知的で、主観的に有意味な状態にある事物へと向けられているが、それは反省的思惟が介入することなく形を帯びるのであり、したがって思惟する主観あるいは自我には決して還元できない。いかなる意識的思惟や反省的思惟のような作用が起こる以前に、知覚、能力、行為の巧みな統合が生じている。その行為は、距離をおいた観察者あるいは社会科学者の観点から「そこに」あるかもしれないものではなく、行為者が知覚するまさにそのことから生じるということ、そしてその行為は前反省的で何にも媒介されないやり方で知覚に続くということ、これらのことをここで強調しておくことが重要である。スポーツは、この後者の具体例としてとりわけ有益である。というのもスポーツというものは通常、反省的媒介をともなわない非常に素早い動きだからである。

最後に、こうした行為の状況全体と、それゆえその内部で生じる意味や目的のすべてが、文化的かつ歴史的な構築物であるということに留意しておこう。サッカープレイヤーはあたかもその人物の人生がボールに左右されるかのように、ボールがラインを越えないようにしようとするが、この「あたかも」という表現はすべてが虚構であることを示している。というのも、サッカープレイヤーの人生はボールに左右されはしないし、そのプレイヤーがアマチュアであるとすると——少なくともサッカー団体という恣意的に構築された世界の外側では——なおのことそうではないからである。サッカープレイヤーのあらゆる動きを生み出すプレイヤーの行為作用、あるいはプレイヤーを駆り立てる力は誰しも疑いようがない。もしその人物がうまければ、なかば本能的であるとさえいえる。プレイヤーはその事柄を思惟する必要なくして、「根っから」戦術的で戦略的なのである。だが、その人物が目にしておこなうすべての事柄についての感覚は、ゲームという偶有的で歴史的な構築物から引き出されるのであり、そのゲームは何百というゲームのうちのひとつであり、多くの人にとっては何の意味ももたない。サッカーをあまりよく知らない行為者であれば、プレイヤーの行為に困惑させられるであろうし、プレイヤーが目にしているものを目にし損なうだろう。

この最後の点は、人間世界の「シンボル的な」自然に関する筆者の前述の所見と関連している。動物界の内部には連続がみられるが、同じ種に属す動物であっても場合によっては高次レベルや低次レベルで変化することもある。このことは、ある動物の生環境や行動が物理的世界の所与に相関して達成できる自律性の程度に応じている、とメルロ＝ポンティは論じている。動物の行動のなかには「融合的」なものもあれば、固定した刺激が多少とも固定した一連の目的的行為のパターンを引き起こすことができるものもある。また、動物の行動のなかには「変化不可能な」段階にあるものもあるが、そこでも行動の手段―目的のパターンが作動しているようにみえる。動物たちは原理に従ってのみ、動物にとっての環境のなかで識別能力を身につけているようにみえる。たとえば、先に述べたように、動物たちは二つの容器のうちより明るい色のほうのなかに食べ物を探るよう訓練づけられていることがある。たとえそれが、動物が最後に餌を与えられた時点でいまは空である容器のなかを探そうとしている場合などでも、そうである。だが、人間の「シンボル的な」レベルではさらなる自律性がある。人間世界は「仮想現実」であり、いかなる対象の意味も、その意味が一部分をなすシンボル的なシステムから引き出される。このことは、私たちがサッカーの例でみてきたことである。プレイヤーは、ゲームが「自然的環境」であるとみなし、あたかも本能的にそれに調和しているかのように行為する。だが、そのゲームは人間の構築物という仮想現実であり、シンボル的な領域である。ゴールポスト、ライン、ペナルティエリア、チームなどには、自然的意味や物理的効力などない。それらは、プレイヤーに影響をおよぼすにすぎない歴史的構築物である。というのも、それらはプレイヤーにとって意味があり、ゲームという状況の内部で意味があるにすぎないからである。それらは、プレイヤーに影響をおよぼすだけである。なぜなら、プレイヤーはゲームをおこなうことによって、ゲームを読み、ゲームを進め、それにともなって現におこなわれている仕方で影響を受けることによって、プレイヤーを仕向ける諸々の図式、技能、仕方を知ることを内自化してきたからである。私たちは後で、この点に再び立ち戻るとしよう。だがさしあたっては、サッカーがさまざまなゲームのなかのひとつにすぎず、人間のシンボル的な領域を構成する構造のようなゲームであるということを述べておくだけで十分である。このほかにも、ゲームをおこなう人びとによってゲームとしては了解されてはいないが、「現実世界」の素材を構成している多くのゲームもある（Huizinga 1950 も参照）。

メルロ＝ポンティは、プレイヤーとゲームとの関係を記述することによって、サッカーの例を続けている。

グラウンドそれ自体はプレイヤーに与えられているのではなく、プレイヤーの実践的志向の内在的目標として現われている。そして、たとえば、そのプレイヤーは、ちょうど自分自身の身体の垂直的かつ水平的な面と同じくらい直接にグラウンドとひとつになり、「目標」の方向性を感じる。意識がこの生環境に住みついているというだけでは十分ではないだろう。このとき、意識は生環境と行為との弁証法以外の何ものでもないのである。（Merleau-Ponty 1965 : 168-9）

引用した一節のこの部分は、すでに述べられたことを強化してくれるものであり、プレイヤーのもっとも基本的な空間感覚が（サッカーの）グラウンドとともに現われてくる広がりを強調している。プレイヤーがバランスを崩しそうになったときにプレイヤーの足が安定した姿勢をとろうとするのとちょうど同じように、プレイヤーはゴールの方向を感じており、そのゴールのほうへ引き寄せられている。さらに、プレイヤーの意識それ自体は、知覚された生環境と行為とのこうした弁証法的な相剋にすぎない。意識は、ゲームと別物なのではなく、ゲームの関数として、ゲームの内部で形を帯びるのである。そして最後に、彼はこう付け加えている。

プレイヤーによって引き受けられたそれぞれの駆け引き行為は、グラウンドの特徴を変化させ、その内部に新しい力線を確立し、そして今度は、行為がグラウンドのなかで再び現象野を変化させながら、展開され達成されている。(Merleau-Ponty 1965：169)

ここで、弁証法は完全に循環している。あるいはより正確にいえば、完全に弁証法的になっている。行為者が自分の知覚した生環境に反応することにともなう行為は、少なくとも次の二点でその生環境を変容させる。第一に、グラウンドにボールを蹴り上げると、その人物が巻き込まれているプレイの布置連関を変容させながら、そのプレイヤーは他のプレイヤーすべての行為の引き金となる。第二に、そうするなかでプレイヤーは、グラウンド上の出来事との以前とは異なる空間的関係のなかへ自分自身を位置づけることによって、また自分のまなざしを新たな状況のなかへと投じることによって、自分自身の知覚的見地を変容させてもいる。行為が主観的に有意味な生環境によって引き起こされた後に、その行為は生環境を変容し、知覚と行為との前述の循環性が再び動き出すのである。

サッカーの例は、知覚と行為との間の関係についてのメルロ゠ポンティの見解を示す好例を与えてくれるだけではなく、人間行為者と社会的世界との関係についての彼の見解を示す重要な例を与えてもくれる。たとえば、『知覚の現象学』のなかで、彼は次のように論じている。

私たち自身を社会の諸対象のなかのひとつの対象として位置づけることは、社会を私たち自身のなかにひとつの思惟対象として位置づけることと同様、間違っている。どちらの場合も、社会的なものをひとつの対象として扱っていることに誤りがある。私たちは存在しているというまさにその事実によって、私たちが接触しており、あらゆる対象化以前に、私たちと不可分に遂行している社会的なるものへと立ち戻らねばならない。(Merleau-Ponty 1962：362)

このことはまさしく、サッカーの例で私たちがみてきたことである。ゲームは、プレイヤーたちがそこに位置づけられ外側からプレイヤーに作用するような、プレイヤーにとって外側にある容器ではない。だが、それは反省あるいは熟考の対象として、「プレイヤーの頭のなかに」あるのでもない。ゲームは、プレイヤーとプレイヤーの間にある空間、すなわちプレイヤーの相互作用という関係的な空間のなかで生じるのである。さらに、それはプレイヤーが知覚し行為する仕方にもっぱら依存していると同時に、プレイヤーたちの知覚や行為はゲームによって形づくられ、ゲームの構造を反映している。プレイヤーのひとつひとつの動きや身振りは、ゲームの論理を発生させる。このことは、メルロ＝ポンティが社会的世界との関連でおこなっているさらに重要な主張に関係している。

哲学者にとって、自然システムと社会システムにおいて私たちの外側に位置する構造の存在は、そしてシンボル的な機能として私たちの内部に位置する構造の存在は、デカルトからヘーゲルまでの哲学で優勢であった主―客の相関関係を超える方法を指し示している。人間が自分自身に対して脱中心的となり、社会的なるものが人間のなかでだけその中心を見いだすということを私たちに示すことによって、とりわけこの構造という概念は、いかに私たちが社会的―歴史的世界とある種の循環関係のなかにあるかということを、私たちが理解することを可能にしている。(Merleau-Ponty 1964 : 123)

ここでも再び、サッカーの例が以上のことを例証する。プレイヤーの行為と知覚の感覚および意味は、ゲームの構造から引き出される。私たちはゲームに言及することによって、すなわちその目的、規則、慣習などに言及することによってはじめて、プレイヤーたちがおこなっていることを理解できるにすぎない。これは、行為者が自分自身に対して「脱中心的」となる感覚である。つまり、プレイヤーがおこなうことの意味は、社会的諸構造がもつ間世界（the between world）の内部にあるのであって、孤立した諸個人としてのプレイヤーの内部にあるのではない。プレイヤーが他のプレイヤーの行為に気づいているかぎり、歴史的な意味であらゆるプレイヤーの行為は他のすべてのプレイヤーの行為に対する応答であるということを私たちは付け加えておこう。各個人の行為は、ゲームの展開という状況の内部で理解されうるにすぎないのである。このように、行為者を諸構造の内部で解明しようとした構造主義者たち、そしてそれ以上に、行為者と構造との関係を循環関係とみなしたデュルケム（Durkheim 1915）の影響を受けた人びととは反対に、メルロ＝ポンティはこうした構造が人間行為者のなかにその中心を見いだすと論じているのである。このことでメルロ＝ポンティがいわんとしているのは、行為者が構造に対して完全に働きかけるかぎりで、そしてさらに、構造の原理、構造が要求する技能、構造に向かって働きかける基本的な傾向性が世代を超えて伝えられるかぎりで構造は存在するにすぎない、ということである。メルロ＝ポンティが、こうした基本的な傾向性が習慣として、行為者の「身体図式」の内部に根づくと考えていることを私たちは第七章でみていこうと思う。だがさしあたっては、プレイヤーがゲームについて思惟するわけではないということ、つまりプレイヤーは自分たちの知覚や行為のひとつひとつがゲームの構造や論理を身体化するように、ゲームに対して「波調を合わせている」（tune in）ということを記しておきたい。

こうしたサッカーの例についてのメルロ＝ポンティの簡潔な考察、およびより一般的に彼の研究の簡潔な考察のなかで、ヴァカンはそれがブルデューの研究の大部分を先取りしていると記している（Bourdieu and Wacquant 1992）。「ゲームの感覚」としてのハビトゥスと、無意識的な「ゲームへの信念」としてのイリュージオ（illusio）についてのブルデューの定義はともに、このサッカーの例によってよく捉えられる。さらに、ゲームのメタファーが（非常に多くの他の社会学者たちの研究についてはいうまでもなく）ブルデューの社会学、とりわけ彼の「界」（field）概念（第六章を参照）において占めることとなった中心的役割を考慮に入れると、メルロ＝ポンティがこのゲームの例を用いていることは興味深い。メルロ＝ポンティはこの例を選び出す際、明らかに社会学的な方向へと大きな一歩を踏み出している。

だがヴァカンは、メルロ＝ポンティの分析が主観的なレベルに焦点を合わせたままであり、客観的な視点を引き出すことができていないため、メルロ＝ポンティはブルデューによって示されたような十分な社会学的理解を欠いていると主張している。すなわち、メルロ＝ポンティはゲームのプレイヤーの知覚にのみもっぱら焦点を合わせているが、その点ブルデューは、ゲームそれ自体をみるために、また同時にプレイヤーの気づかないうちにゲームがプレイヤーに影響を与えている仕方をみるために、距離を置いて考えているとヴァカンは論じている。だが筆者は、この主張に賛成しない。この例では、メルロ＝ポンティはプレイヤーの知覚的地平に焦点を限定させているが、至るところで彼は歴史と社会の理論を展開しようとしている。その理論は、プレイヤーの知覚ではなく、まさしく「ゲーム」に焦点を合わせたものであり、より正確にいえば、知覚、ゲーム、それらの間の相互影響を精査するものなのである（Crossley 1994：2001）。メルロ＝ポンティは、たとえば次のような問いに強く関心をもっている。社会的行為者の意図あるいは期待とは一致しない「方向」と「ダイナミクス」が、いかにして歴史の過程において現われるのか。こうしたダイナミクスがいかにして外部から、行為者を行為へと促すことによって行為に影響をおよぼすのか。そのダイナミクスが知覚と行為の習慣的図式のかたちで沈殿するように、いかにして内部から行為に影響をおよぼすのか。筆者はここで、ブルデューがその研究の内部で達成した以上にメルロ＝ポンティは社会学的な精緻化を達成していると示したいわけではない（Crossley 1994：41-102 参照）。しかし、ブルデューと同様にメルロ＝ポンティは、社会的世界に関する考察のなかで、社会的世界の主観的な極と客観的な極との両方を保ちつづける必要があるということを明らかにしている。

……人間そのものと同様に、社会的なものには二つの極ないし面がある。すなわち、社会的なものは意味表示的なもので、その内部から理解されうるが、同時に、社会的なものの内部では人間の意図が一般化され、弱められ、（有名な［マルクス主義的な］表現が示しているように）物質［すなわち生産諸力と生産諸関係］によって媒介される諸過程に方向づけられるものである。（Merleau-Ponty 1964：114）

さらに、他のあらゆる哲学者以上にメルロ＝ポンティによって、私たちは主観的なものと客観的なものとを統一された全体の両極としてみることができる。プレイヤーはゲームから独立して存在するわけではないし、ゲームもまたプレイヤーから独立して存在するわけではない。世界内存在とは、多様な相互依存と多様なゲーム形態の内部で生きることを意味する。そして大部分は、このような相互依存の諸関係とゲームとのシンボル的な構造に対応し、したがってその構造を再生産するという仕方で、知覚し、思惟し、行為することを意味する。だが、このことはそうしたゲームのダイナミクスが、行為者あるいは行為者の知覚に還元可能であるということを意味しない。その反対である。ゲームのダイナミクスは、歴史的諸構造や歴史的諸過程の複雑さと、それらへの還元不可能性とを指し示しているのである（Crossley 1994）。

（5）発話・反省・対話

メルロ＝ポンティによる知覚についての説明は、主体や意識の哲学に対する力強い実践学的な批判の一部をなしている。筆者がすでに述べたように、彼は知覚主体、すなわち知覚する主体なるものが、身体と環境との間で習慣的に構造化された相互作用の結果であると論じている。このような批判は、主観性の反省的形式がこうした前反省的領域からいかにして生じるかをメルロ＝ポンティが考察する際に、さらに展開されている。彼の見解によると、反省的主体は言語の関数であり、より正確にいえば発話の関数である。私たちは発話によって反省的に思惟するのであって、これは私たちが自分自身の思惟を自覚するようになる仕方でもあると彼は記している。発話は知覚的世界の「沈黙を破る」。そして発話は、さらなる意味の層を知覚的世界全体に広げ、同時に主体をその自己との関係のなかへともたらす。主体は自分自身の思惟を思惟し、かつそれを聞き、そうした思惟を内観することもある。主体の反省性は、発話によって可能になった自分自身の自己との関係であり、そうした自己との対話である。しかし結局のところ、発話それ自体は反省的作用の結果ではありえない。私は何を言おうか計画することもあるが、私は言葉のなかでそうすることができるにすぎず、こうした言葉自体は計画されえない。私は話すことなくしては発話というひとつの行為を思惟することも計画することもできず、したがって発話は知覚と同様に、発話の主体にして客体、すなわち話す主体を、存在へと至らしめる起源となっている前反省的な作用とみなされねばならない。さらに、発話はひとつの身体的活動であり、言語は知覚と同様にひとつの身体技法である。言語を獲得することは、自分の身体を用いる新たな仕方を獲得することである。

……喉の収縮、舌と歯の間でのシューシューという空気の放出、身体を動かすある種の仕方は、突然、身体それ自体が表象的な意味に覆われることで可能になる……。(Merleau-Ponty 1962 : 194)

発話は反省的思惟の身体、すなわち「肉」である。このことをさらに追求するために、私たちはメルロ゠ポンティによる言語哲学、あるいは――こう言ったほうがより適切かもしれないが――彼の発話や対話についての哲学を、簡潔に考察しておかねばならない。

メルロ゠ポンティは、ソシュールの研究へと立ち戻り、構造主義の多くのテーマを先取りする後期の著作においてさえも、言語についての考察のなかでつねに発話《パロール》(speech)を強調している。「言語《ラング》」(language)はひとつの抽象である、と彼は論じる。存在するのは具体的な歴史的諸言語であり、これらのひとつひとつは「動的均衡」であり、パロールによって再生産され変容される。ラングは、あるコミュニティの過去のコミュニケーション的行為の残滓あるいは沈殿であり、現在のメンバーの身体図式の内部に蓄積されている。ラングは身振りの習慣であり、それらのコミュニケーション過程で後続の世代の人びとによって引き継がれ、変化させられる。さらに、構造主義やポスト構造主義の主知主義的な傾向とは対照的に、メルロ゠ポンティは言語習慣が実践的であると論じている。ソシュールは意味の示差的構成、すなわちそれぞれの言葉が他のあらゆる言葉に差異を示しながら依存しており、したがってその意味は全体に依存しているという事実に驚嘆している、とメルロ゠ポンティは記している（Merleau-Ponty 1964）。しかし、これはスコラ学的な不合理である。もし意味が全体に依存しているのだとしたら、私たちがすでに述べたように、ラングの「全体性」は「動的均衡」なのであるから、意味の示差的構成は不可能であることになる。言語は決して完成したり全体化されたりはしないのである。さらに、もしソシュールが正しいのならば、言語の学習と日常的な意味の理解も不可能であることになる。なぜなら、いかなる話し手もラングの全体に到達することはできないし、新たに言語を学習する者はつねにわずかな言葉から始めなければならないからである。言葉を概念として考え、ある概念の意味はさらなる概念によって説明され、さらなる概念の意味はまたさらに上位の概念によって説明される、というように無限に続けるのではなく、私たちはむしろ、到達する結果のなかにその意味がある道具として、そして具体的な相互作用状況のなかで用いられる使用法として、言葉を考えるべきであるとメルロ゠ポンティは論じている。話す行為者が自分たちの言語についてもつ理解は、最終的に実践的で身体的である。私たちは言葉でもって事を為すことを学習することによって、言語を学習するのである。

> 言葉は決して精査されたり分析されたり認識されたり構成されたりしてきたのではなく、発話の力によって、そしてつまるところ私が私の身体とその知覚的、実践的領域をもっているという最初の経験に沿って、私に与えられている運動力によって、捉えられ引き継がれてきたのである。言葉の意味についていえば、道具を

使うことを学習するように、言葉がある特定の状況という文脈のなかで用いられるのをみることによって、私は言語を用いることを学習するのである。(Merleau-Ponty 1962 : 403)

ここにはヴィトゲンシュタイン(Wittgenstein 1953)、オースティン(Austin 1971)、サール(Searle 1969)の研究との多くの類似点がある。メルロ＝ポンティにとって、言葉は事を為す。さらに、ミード(Mead 1967)、そしてフッサール(Husserl 1970)やシュッツ(Schutz 1972)とも同様に、メルロ＝ポンティは、言語が概念の習慣化という私たちの力、すなわち類型化という私たちの力の表現であると認めている(第七章を参照)。言語が世界を要約したり鳥瞰したりすることによって、私たちは世界について理解できるようになるのであり、言語は一般化されたカテゴリーの内部でそれぞれの特定の瞬間における経験がもつ独自性を包摂している。だが、先に挙げた他の研究者たちとは対照的に、メルロ＝ポンティは言語の情動的な要素を強調し、「世界を讃える」様式として述べている。ある社会や社会集団の言語は、その成員たちが世界に向かって集合的に採用してきたさまざまな情動的態度の表現、すなわち成員たちが展開してきた、世界を生きる様式の表現であると彼は記している。したがって、言語を学習することは、集団の集合的でシンボル的な生環境のなかへと入ることである。だが、これは静的な出来事ではない。筆者がすでに述べたように、言語は「動的均衡」であり、そこでは新たな創造的意義が絶え間なく突如として現われている。そして言語は、過去と同じ表現行為のなかへと沈殿する前に、過去の表現行為の残滓を粉砕しているのである。

こうしたパロールに関する哲学のもつ主要な相は、パロールと思惟との関係に関わっている。パロールと思惟とを区別することや、その二つの関係について熟考することは広くおこなわれてきているとメルロ＝ポンティは記している。一方で、パロールがラングを決定づけると論じる者がおり、他方でラングがパロールを決定づけると論じる者もいる。これに対してメルロ＝ポンティは、ラングとパロールとが不可分なかたちで相互に絡み合った、同じコインの表と裏であると論じている。ラングは思惟の身体であり、したがってその実存のための身体的手段である。彼はこの主張を擁護するため、いくつもの議論を示している。私たちはそのなかから次の二つについて考えておくことができる。第一に、彼は失語症のようなある種の言語障害が、言葉それ自体を喪失することのない、言葉のある種の使い方の喪失、とりわけカテゴリー化形式の喪失といかに関わっているかを記している。たとえば、ある人物は言語リストのなかにあるいくつもの言葉のうちのひとつとして、ある単語を言うことができるかもしれないが、ある文脈のなかではその言葉を利用することができないということが判明する。この失語症の例は言葉が道具であり使用法を有するということについて先に述べた点を例証しているが、同時にまた、パロールが単なる運動性をともなった行為の問題ではないということを示してもいる――失語症者は、その言葉を言うこと自体には何の問題もないからである。失語症者は言葉を失ったのではなく、機能＝関数を失ったのである。失語症者が特定の事柄を言うことができるということは、ある種の事柄を思惟することができないということである。主知主義者はこれを、思惟がパロールを決定していることの証拠とみなすであろうが、メルロ＝ポンティはそうした主知主義者に対する返答ももち合わせている。もしパロールが思惟を前提にするのならば、という文中で彼は次のように続ける。

……なぜ思惟がその完成に向かうように表現のほうへと向かうのか。なぜもっとも親しみ深いものが、私たちがその名を思い出せないうちは不確定なものとして現われるのか。思惟する主体自身がその思惟を自分自身にとって定式化しないうちは、あるいはその思惟を話したり書いたりすることもしないうちは、なぜその思惟についてある種の無知の状態にあるのか。こうしたことを私たちは理解できないであろう。(Merleau-Ponty 1962 : 177)

いくつもの点が比較的簡潔なこの引用文のなかに詰め込まれている。一方でメルロ＝ポンティは、何らかの事柄を思惟する私たちの能力と、反省的思惟が私たちにもたらす世俗社会に関する理解を享受する私たちの能力とが、思惟を言葉に置き換えることと一致しているということを確かめるため、私たち自身の経験に注意を喚起している。たとえ私たちが偶然にも言葉に置き換えることのできないその場その場の思惟の感情をもつとしても、思惟が言語的分節化を達成できないならば、こうした思惟は十分には実現されないと私たちは結論づけざるをえない。だが、主観的な経験はさておき、もし言語が単に思惟の翻訳ならば、なぜ私たちがコミュニケーション的状況の外部で私たちの思惟を言葉へと置き換えるのか、とメルロ＝ポンティは問うているのである。もし私が一日の行動を計画したいならば、黙って独り言のようにではあるが、それについて自分自身に話しかけねばならない。しかし、このことは思惟について思惟する際には、必ず思惟について語らねばならないということを示している。もしこのことが単に、完全に発話から独立して形づくられている何かを翻訳することの問題だとしたら、自分自身に対して黙って話すことの核心は何であろうか。その場合、私はなぜわざわざそんなことにエネルギーを使うというのであろうか。これらの点はともに、思惟の遂行に関連している。だがメルロ＝ポンティは、第三の点として、言語的な定式化は私たちが自分自身の思惟を自覚するようになるために必然であると付け加えている。私は、自分が思惟していることが何であるかを知るために話さねばならない、とメルロ＝ポンティは論じているのである（Merleau-Ponty 1974）。私は実際に自分自身が思惟しているのを聞き、そしてこのことによって私は自分自身の思惟を自覚するようになる。

私の動きのなかには、どこにも赴かないものがある。……これらはすなわち、顔の動き、多くの身振り、そしてとりわけ叫びや声を形づくる喉や口の奇妙な動きである。これらの動きは音となり、私はそれを聞く。……マルローが言ったように、私は自分の喉で自分自身を聞くのだ。……この新たな可逆性と表現としての肉の発現は、話すことと思惟することとの沈黙の世界のなかへの着生点である……。(Merleau-Ponty 1968a : 144-5)

実際に、思惟の過程そのものは、話されたものであれ書かれたものであれ、自分自身とのある種の対話のなかに私を巻き込む。私が言葉で表わすということは、私が応答すべき問題や問いを引き起こし、このことがさらなる応答を呼び起こし、またさらにそのことがさらなる応答を呼び起こすというように、結論あるいは解決にたどり着くまで続く。したがって、反省的主体は対話的主体なのである。

こうした説明はミード(Mead 1967)の説明と共通しており、ミードがそれに二つの重要な要素を付け加えていることから、メルロ＝ポンティの説明と対比しておくのがいいだろう。まず、私たちは子どものときに、少なくともあるケースでは直接的な運動活動の代わりに言葉での定式化を用いるよう学習するとミードは論じている。たとえば、私たちは単純に引っ掴むことの代わりに、「ちょうだい」とか「お願い」と言うことを学習する。ミードは、こうした置換の過程によって計画や反省が可能になると論じている。私たちは自分たちの行為を文字どおりの行為にする前に、その良し悪しについて議論することを可能にする言語的観念として、自分たちの行為を定式化する。そしてこのことは、もし反対意見があまりに多数である場合、私たちが行為を起こすことに反対して決定する可能性、あるいはより確実に成功させるよう行為を戦略的に変容させることを決定する可能性をもたらす。だが、ここには言葉以上のものがある。自分自身と対話し、それにともなう反省性や自己意識を得るために、人は自分自身のパースペクティヴから自由になることができなければならず、また自分自身に対する他者の態度を身につけることができなければならない、とミードは論じている。人は真に自分の自己にとっての他者にならねばならないのだ。

だが、そのような再帰性は生得的なものではない。人は、子どものときに他者の役割を演じることによって、そしてそれによって他者のパースペクティヴを自分自身の身体図式の内部に内自化することによって、自己にとっての他者になることができるようになる。私が自分自身と対話するとき、自分がたいていの場合に意見を求める他者の役割を文字どおり滑り込ませて自分自身の役目と他者の役目との両方を演じるが、そこがまさしく対話的状況になるのである（第八章を参照）。後に、このことはゲームをおこなうことによって、そして単に他のプレイヤーたちのパースペクティヴだけでなくゲームそれ自体のパースペクティヴ、すなわちミードのいう「一般化された他者」を内自化することを学習することによって、変容させられる。集団の沈殿物は、行為者の身体図式のなかに文字どおり「身体化されて」、行為を導きかつ自己との対話における声となる。この点に関して、私たちの述べた二つの点を結び合わせると、行為者が自分たちの対話のなかで考える「反対」には、他者の観点からすると、ある行為が間違っている、あるいは望ましくないというような規範的な考察が含まれうることになろう。

　メルロ゠ポンティにとっての思惟と言語との間の相互依存性および絡み合いは、真に双方向の交通それ自体によってさらに例証されている。他者の言葉を聞くことや読むことは私たちがその人物の言葉について思惟することであると時おり思われているが、これは間違っていると彼は論じている。もちろん、私たちは他者の言葉について思惟することもあるが、知覚の場合と同様に、このことはそうした言葉の意義を理解するための、先立つ表現を前提にしている。最初、私たちは、そうした他者の言葉によって私たちの思惟が形づくられるように、いわば「他者の言葉とともに思惟し」なければならない。私たちが他者によってかつて思惟したことのないような物事について思惟することができるようになるのは、このような仕方による。たとえば、私たちが小説の不思議な世界に入るとき、あるいは私たちがはじめて触れる哲学や科学の流儀のなかで自分自身がはじめて思惟しているのに気づくときのような例からもわかる。もちろん私たちは、他者が私たちに思惟させる内容に同意しなければならないわけではない。メルロ゠ポンティによるパロールとラングについての対話的な考え方においても、話された言葉は話し手にとっても聞き手にとっても反応を引き起こすことが示されていたが、話された内容につねに同意しなければならないわけではない。しかし人びとは、まずその思惟に従い、その思惟が自分たちの自己に取りつくことを許容しなければ反対すらできないのである。

こうした思惟の共有が生じるとき、間世界あるいは共通の基盤が対話者の間に形づくられる。それらは「ただひとつの同じ織物に織り上げられて」おり、それぞれの行為は共通する全体によってはじめて理解されうる。「還元不可能なダイナミクスが動きはじめるなかで」という言葉に続けて、メルロ＝ポンティは次のように述べている。

……私の言葉も私の対話者の言葉も議論の状態によって引き起こされ、それらは私たちのどちらも創造者ではない共同作業のなかへと組み込まれていくのである。(Merleau-Ponty 1962 : 354)

私も対話者も相手を通じて思惟し、相手に思惟させている。すべての行為は反応あるいは応答であり、したがってそれに先行する（相手の）行為によって形づくられている。

……私の対話者が私の言うことに対して唱える異論は、私がもっていたことをまったく知らなかった思惟を私から引き出し、その結果、私が対話者に思惟を与えると同時に、対話者もまた私に思惟させることによって相互に影響を与えるのである。(ibid.)

メルロ＝ポンティにとって、このような調和は話し手同士が共通の言語的遺産を共有しているとき、したがって同じ社会的範囲のなかで活動しているときにのみ可能である。さらに、もしその内部で戦略的目的あるいは道具的目的が大いに顕在化することが許容されていれば、そうした調和は突け込まれたり破壊されたりするであろう。とはいえ、対話者たちがただひとつの同じ織物に織り上げられているという考えは、彼の理論における非常に重要な相を照らし出している。すなわち、人間行為者の間主観的性質、あるいは対話的性質である。私たちの思惟、感情、行為は、真空から現われるわけではなく、私たちの生の基盤を構成する現在進行中の対話、相互作用、相互依存から現われる、と彼は考えているのである。

(6) 情動・セクシュアリティ・欲望

メルロ＝ポンティにとって、発話は情動と密接に関連している。ミード (Mead 1967) と同様に、彼は発話が身振りをともなうコミュニケーションから引き出されるのであり、身振りは大部分が情動的表現の諸形式から引き出されると考えている。これは、発話が「世界を讃える」仕方として記述された前述の部分で意味されていたことである。だが、情動は彼の研究のなかでまさに独立した分析がなされており、このことは考察に値する。私たちはメルロ＝ポンティの次のような主張から始めよう。

> 私たちは、愛や憎しみや怒りを、ただ一人の証人、すなわちそれらを感じている本人にとってのみ接近可能な内的現実とする偏見を捨て去らねばならない。怒りや羞恥や憎しみや愛は、他者の意識の最下層に隠されている心的事実ではない。それらは外側からみえる行動のタイプ、あるいは振る舞いのスタイルなのである。それらは他者の背後に隠されているのではなく、他者のこの顔に、あるいは他者の身振りのなかに存在しているのである。(Merleau-Ponty 1971 : 52)

この引用は、私たちが前章で考察したライル (Ryle 1949) の見解と共鳴している。メルロ＝ポンティは行動によって情動を概念化しており、情動それ自体が間主観的であると論じている。私の情動はあなたにとって存在している。なぜなら、私の情動は、私にとっての環境のなかで作用する身体的様式と、それにともなう私にとっての環境と関係する身体的様式を構成しているからである。別のところで、彼はこう付け加えている。

怒りの身振りや脅しの身振りに直面したとき、私は自分自身の場合を考え、自分自身がこうした身振りを用いたときの感情を、それを理解するために思い起こす必要はまったくない。私は怒りの仕草を内側からほとんど知ることができないし、したがって類似による連合や類推による推論をおこなうための決定的な要素が欠けている。そのうえ私は、怒りや脅しの態度を身振りの背後に隠されている心的事実としてみるのではなく、私はその身振りそのもののなかに怒りを読むのである。身振りは私に怒りのことを思惟させるのではなく、怒りそのものなのである。(Merleau-Ponty 1962 : 184)

言い換えれば、私たちは他者の身振りの意味を理解するために、その身振りについて思惟したり、自分自身の身振りと他者の身振りとを対比したりする必要はない。他者の身振りは、直接的に私たちに話しかけ影響をおよぼしているのである。メルロ＝ポンティがこの文脈で用いている「読む」という言葉は、とくにここでは適切である。私たちがテクストのあるページを読むとき、そのページの物理的な意味での文字が著しくおかしなときを除いて、その文字自体にはめったに気づかない。私たちはただ、私たちが読む内容の意味やメッセージに関心があるにすぎず、そうした意味やメッセージによって影響を受けるにすぎない。そうした言葉に関する私たちの理解は、その言葉が引き起こす私たちからの反応のなかに現われている。したがって、理解は身振りをともなっているのである。他者の怒りによって、私は自分の怒りについて思惟するようになるわけでも、他者の怒りがもたらす特定の身振りに気づくようになるわけでもない。むしろ、他者の怒りは直接的に伝わり、私からの反応を引き起こすのである。おそらく私は自分自身に恐れたり笑ったり怒ったりするであろう。文字どおり「媒介がない」という意味で、コミュニケーションにおいては無媒介な何ものかがある。だが、このことは身振りの意味が文化を越えて広がっているということを含意しない。つまり「私は、原始人《ママ》における情動の表現や私が活動しているのとはあまりにも似ていない環境においては、情動の表現でさえも理解できないのである」(Merleau-Ponty 1962 : 184)。私たちは情動の集合的習慣を共有しているため、他者の身振りは、なすがままに私を動かす。私たちには共通する文化的伝統が備わっているのであり、異なる文化には異なるかたちの情動行動がある。より適切にいえば、私たちには情動を生きるさまざまな仕方や、情動的であるさまざまなあり方がある。

……怒りあるいは愛に結び付いた行動は日本人と西洋人とでは同じではない。むしろより正確にいえば、行動における差異は、情動それ自体における差異と一致している。……感情や情念的振る舞いも言葉と同様に作られるものである。(Merleau-Ponty 1962 : 189)

この引用が示しているように、「行動」(behaviour)という術語と「振る舞い」(conduct)という術語は、メルロ＝ポンティによる情動的な生についての理解を必ずしも十全な意味でとらえているわけではない。情動は世界内存在のあり方、すなわち世界のなかで意味を理解し行為する仕方である。ある特定の情動的状態にあることは、ある特定の仕方で世界を知覚すること、言い換えれば人が通常は気づかないような物事に気づくこと、そして人が普通は影響を受けないような仕方で見るものによって影響されること、これらのことを含意する。人の生環境あるいは生世界は、人がそのなかで出会うすべての意味がそうであるように、変容させられる。そして、人が世界のなかで行為する仕方もまた変容させられ、人は対象や他者に対して自分自身を適合させる。これらの変容が前反省的なレベルで働く身体的変容であることは、ここで強調するまでもない。ある特定の情動的状態は、眠気のように人に向かって「やって来る」何かである。人はその際、自分自身が異なる仕方で応答していると気づくこともあるが、それに気づいてさえいないこともある。たとえば、たしかに私たちは、ベッドで体を丸めることによって眠りにつこうとすることがあるのとちょうど同じように、そうした状態をあえて演じることで、ある情動的状態のなかに自分自身を置こうとすることがある。しかしそれにもかかわらず、人は眠気によって眠りの状態に導かれるのを待たなければならないように、情動によってその情動の状態に「導かれる」のを待たなければならないのである。

メルロ゠ポンティは、世界内存在という私たちの様式がつねに「気分づけられている」というハイデガー的な考え(Heidegger 1962)、すなわちもっとも「無情な」あるいは「中立的な」情動的状態でさえも情動的状態であり、したがって私たちが経験したりおこなったりすることすべてが情動的意味で満たされているという考えにほとんど同意しているように思われる。だがメルロ゠ポンティは、情動的状態に新たなレベルの意味をもたらす状況の「魔術的」変容としての情動的噴出に関するサルトル(Sartre 1993)の理解とも、いくつもの点で一致しているようにも思われる。サルトルにとって情動とは、私たちの世界内存在の魔術的変容であり、とりわけ世界についての私たちの見解が脅かされているとき、世界についての私たちの感覚を再構成し、そのなかに新たな形式の意味をもたらすものである。たとえば、笑いが緊張をコメディに変えながら状況を和らげる一方で、「嫉妬」は、私たちが欲望する対象から、私たちが憎み、亡きものにしたいと望む対象への魔術的変容をともなうことがある(Crossley 1998aも参照)。だが、メルロ゠ポンティもサルトルもともに記しているように、もし情動が私たちの生環境の恒常的な相ではないのだとしたら、このいずれもが不可能であることになろう。もし私たちがそもそも欲望していないのなら、嫉妬の対象を憎むようにはなりえないし、私たちにとって重要な事柄、すなわち私たちがつねにすでに情動的なつながりをもっているものに対して、祝福するかあるいは絶望するにすぎないであろう。

このことは、実際のところ私たちにとっていったい何が問題なのかという疑問を引き起こす。何が私たちを突き動かすのか。私たちの欲望の性質とは何であろうか。食物や安楽のような基本的欲望に加えて、メルロ＝ポンティは性的欲望の性質についても探究している。この点に関する彼の主な議論は、行動主義に対する彼の批判から直接的に引き出されるのだが、人間は固定した性的本能などまったくもっていないということである。このことによって彼は、固定した刺激をひとまとまりの決定的な諸行動と結び付ける一部の動物にみられるような「固有で変りにくい」反射などは人間の場合にはまったくないということを意味している。このことは、同じ文化の内部にある諸個人間の多様性や、時間軸を越えた同一の個人のうちでの多様性はいうまでもなく、私たちが人間の性的行動のなかに認めることができる、非常に異なる文化間および歴史間の多様性によっても明らかである(Gagnon and Simon 1973も参照)。さらに、性的興奮は決定的な身体＝物理的な刺激によって引き起こされるのではなく、むしろ状況が私たちにとってもつ意味によって、すなわちある程度は集合的で共有された歴史によって構造化されている意味によって、また個人的な歴史の刻印を帯びることのある意味によって、引き起こされるのである。こうした理由から、性的なものとして私たちに思い浮かぶものにほとんど際限はないが、同様に、性的なものとして私たちに思い浮ぶものに一切、必然性はないのである(ibid.)。セクシュアリティは私たちの世界内存在の一次元であり、私たちの社会的生という全体的な状況のなかで、セクシュアリティ以外のすべての次元によって形づくられている。しかしながら、このようにしてセクシュアリティや意味について語ることは、私たちの知覚的生と運動的生が性的に構造化されると認めることでもある。私たちの性的興奮のレベルは、時間と状況を越えて変化し、私たちの気分や周囲の環境という他の諸相と相互作用をしているが、セクシュアリティは私たちの生、行為、知覚といったあらゆる相に意味の感覚的構造として浸透するのである。

セクシュアリティに関してメルロ＝ポンティが述べていることの多くは、フロイト(Freud 1973)のいう私たちの基本的な性的状態である「多形倒錯」という考えと一致しており、彼はそれに負っていることを認めている。

さらにメルロ＝ポンティはフロイトと同様に、あらゆる社会的行為者がもつ現在の所与の性的傾向性が、行為者の性的歴史の関数であると考えている。だが同時にフロイト的説明についてのある種の解釈、すなわち、とくに衝動という考えに中心が置かれた解釈は、人間行為者に関するフロイトの全体論的で目的論的な見解とは矛盾する。ゴールドシュタイン（Goldstein 2000）——その研究はメルロ＝ポンティに大きな影響を与えた——は、その点を非常に明確にしている。衝動という考えは、孤立した反射という考えとほとんど同じ点で、生物学的に支持できないと彼は論じている。そして同じ理由から、彼は次のようにも論じている。つまり、徹底した全体論におけるこうした考え方では、自律的であったりそれどころか優先されたりしうるものは何もなく、したがって統合された全体のなかにそうした「自律システム」の余地がまったくないことになるのである。どんなに中核的なセクシュアリティや、さらにいえば攻撃性が、人間的事象のなかにあるとしても、これは有機体内部の自律的な衝動によるものではないし、そうではありえないであろう。セクシュアリティは有機体全体の関数である、とメルロ＝ポンティは記していた。私たちが性的に行為するとき、私たちの存在全体は性的な意味や活動に向けて方向づけられている。しかしこのようにいえるのはもっぱら、私たちの性的な諸性向が私たちの全体的な存在パターンの諸相であり、かつそのパターンに従属しているという理由からなのである。

（7）承認を求める欲望

メルロ＝ポンティは、こうした欲望のもつ明らかに性的な相に加えて、コジェーヴ（Kojève 1969）によるヘーゲル読解に従い、明らかに人間的な欲望、すなわち「欲望を求める欲望」あるいは「欲望されることへの欲望」を認めている。こうした「承認を求める欲望」の起源は、子ども時代における他者の意識に関する私たちの発見にあると彼は論じている。私たちが自己意識を発達させるのは、他者が世界についての意識と私たちについての意識をもっていることを承認することによってであるが、このことはまた、他者との相互依存という関係のなかで私たちと他者とを結び付ける（Crossley 1996a を参照）。私たちについての他者の気づきに私たちが気づくことは、偏執狂的な緊張や孤立、すなわち不安感を引き起こすが、それらは私たちが他者の承認を獲得してはじめて解消されうる。私たちは自分自身の世界観を不完全なパースペクティヴとして経験し、それが完成することを必要とする。私たちは自分自身に対して自分自身を示すために、他者に対して自分自身を示さなければならないのである。

こうした「承認を求める欲望」は、ミード（Mead 1967）やホネット（Honneth 1995）を含む多くの他のポストヘーゲル主義者と同様に、メルロ＝ポンティにとっても社会的世界の構成にとって中心的である。だが、その結論は決して単純なものではない。一方でそれは、諸個人をまとめ上げて一致を促す。是認や認定を求める欲望は、とりわけホマンズ（Homans 1961）が論じてきたように、社会化と社会統制の過程にとって主要なものである。その欲望は幼児をそうした過程のなかへと引き寄せ、幼児が目標を達成し発育する動機を与える。だが他方で、このことがもたらす安定性は、欲望が構成する競争的要素によって脅かされている。ミードが示すように、私たちの自己感覚は、他者によって承認されなければならず、また「私たちがもちたいと思う価値そのものを自己感覚に帰属させるために」他者が私たちについてもつ像と一致しなければならない。しかし、「……私たちのまわりにいる他者へのある種の優越感のなかで自己を実現するという、ある要求、ある不断の要求がある」（Mead 1967 : 205）。私たちは自分自身の名を上げ、上位に立とうとしているか、あるいは少なくとも他者に他者の自己を私たちの自己より上位に立たせないようにしようとする。こうしたことは露骨な「競争」のなかで現われることもあるが、必ずしもつねにそういうかたちで現われるということではない。

私たちは、発話、服装の身だしなみ、記憶力など、あれこれのことへと立ち返る。しかしつねに私たちは、私たちが他の人びとより突出しているものへと立ち返るのである。もちろん、私たちは自分自身をあからさまに自慢しないよう気をつけている。私たちが何かを他者よりうまくできると示すことで満足を得ていることをほのめかすのは、子どもじみてみえるだろう。私たちはそうした状況を隠そうと多大な努力を費やす。実際のところは非常に満足しているにもかかわらず、である。(Mead 1967 : 205)

さらに、こうした競争的な状況の内部で、表面上は無用な対象が、他者の欲望を表わすようになり、高度でシンボル的な価値を獲得する。コジェーヴは次のように記している。

……(勲章や敵の旗のような)生物学的な観点からはまったく無用な対象は、それが他者の欲望の対象であるという理由で欲望されうる。そうした大文字の欲望は人間にとっての大文字の欲望でありうるにすぎない。また人間の現実は、動物の現実とは異なり、そうした大文字の欲望を満たす行為によってのみ創造される。つまり、人間の歴史は欲望される大文字の欲望の歴史なのである。(Kojève 1969 : 6)

しかしながら、行為者が承認を求めて闘争するまさにそのとき、行為者はシンボル的な秩序の境界内部にとどまっている。コジェーヴの所見が示しているように、行為者は財やシンボル上の差異を求めて闘争するが、その価値は文化的に定義づけられており、そのためもっぱら偶有的で恣意的なものである。さらに、同じくコジェーヴの所見が示しているように、これらの闘争は実際のところ社会的形式と文化的形式を生成する。承認を求める闘争は社会的相互作用を動機づけ、その結果、変化の可能性を呼び起こすのである。

ホイジンガ(Huizinga 1950)による文化における遊び、および遊戯的要素や遊びの諸要素に関する魅力的な研究は、これらの点に重要な確証を与えてくれるし、私たちが前述したいくつかの点とも関連している。遊戯には二つの基本的要素があると彼は記している。一方で遊戯は、ある程度の恣意性を含んでいる。そして、環境内部の諸要素はそのゲームに特有のある特定のシンボル的な価値を帯びており、諸行為は目的を追い求め、その外側では何の基盤も意味ももたない慣習や規範に従っている。人はここで、メルロ゠ポンティがシンボル行動であると考える「仮想現実」について、また行為や知覚がゲームという地平の内部で形づくられるサッカープレイヤーの例について思い起こすことであろう。実際、筆者はこのようなシンボル的な現実を具体的にゲームとして論じてきたのである。

他方で、遊戯はたいてい競争的あるいは論争的な要素を含んでおり、それは承認を求める闘争に相当する。遊戯のなかで、私たちは闘争し格闘し競い合う。こうした定義を用いることによって、ホイジンガは遊戯、とりわけ遊び的な競技や競争が、いかに多くの文化の中心にあるかということ、そしてその競技や競争が哲学、科学、詩、政治を含む多くの主要な文化活動の発展においていかに重要な役割を担ってきたかということを示している。たとえば古代ギリシャ哲学が、雄弁家や思想家が公共広場で互いに相手を出し抜こうとする「難問をめぐる論争」から、いかに発展していったかを彼は示している。

こうした特定の点に関して、真正面から言及をしているもう一人の人物はブルデューである。彼の社会的な界という考えは、筆者が本書で後に議論するように、ゲームのメタファーを頻繁に扱っており、社会的世界についての彼の構想は、シンボル的な賭け金をめぐって恣意的に境界づけられる競争というこの考えと非常に似ている。ブルデューのいう「行為者」は、学界、スポーツ界、宗教界、政界などの内部で栄光を求めて競い合う。しかしながらブルデューは、メルロ゠ポンティが強調しているもののホイジンガは無視している、重要なヘーゲル的主題を再び採り入れている。その主題は、支配および（シンボル的だが物理的でもある）権力と暴力とのさまざまな形式に関するものであり、そうした支配および権力と暴力の諸形式が、社会的ゲームの内部で遊戯の状態を構築するものである。いくつかのゲームでは、「カードは仕組まれており」、これによりある者にとって保証される利点が強制力を通じて維持されることがある、とブルデューは示している。

私たちの当初の主題に戻れば、事物が私たちにとって重要であるという事実から、情動性は私たちの生環境の恒常的な相である。そして事物はその使用価値から私たちにとって重要であるが、その事物は他者の欲望のシンボルであるということからもまた重要である。

小括：メルロ゠ポンティによる身体的行為者モデル

筆者は本章のはじめで、メルロ゠ポンティによる行為者モデルに関する概観が、予備的なものであると同時に素描であると述べた。いま再びそのことを繰り返しておこう。これらの骨組に肉づけするためには、やらなければならないことがもっとたくさんある。だが、こうした留保つきの章を終わる前に、本章の一般的主題について簡潔に考察しておくことが重要である。

ライル（Ryle 1949）において、私たちは心身二元論に対する断固とした批判に出会った。しかし、ライルの批判には限界があった。彼は機械から亡霊を追い払ってはいるが、機械論の神話への徹底した批判にたどり着かなかったのである。メルロ゠ポンティ（Merleau-Ponty 1962；1965）はこれより先の段階に進んでいる。ライルと同様に、メルロ゠ポンティは心身二元論の解消のために「行動」という概念が示唆的であると見いだしている。それに加えて彼は、行動とは固定した刺激に対して引き起こされる反射的反応であると考える機械論的説明に対して、力強く説得力をもった批判に到り着いている。行動は目的的で意味を指向しているとも彼は示している。したがって行動を説明するために私たちは、行動が置かれている意味のマトリクスと、行動がもたらす目的とをまず理解しなければならない。このことは、人間の行動の場合には次のことを含意するであろう。つまり、行為者が共同参加するシンボル的に構築された「仮想現実」、すなわち行為者がプレイするゲームと行為者が追い求める目標とを、分析することである。

このことを遂行する過程で、メルロ＝ポンティは社会的行為者のより「身体的な」相の多くを明るみに出している。彼は知覚の性質をとりわけ世界についての感覚的保持と感覚的理解として探求し、情動と欲望の性質について考察している。メルロ＝ポンティにとって、欲望と情動は私たちが点けたり消したりするスイッチでもなければ、それ自体独立した論理をともなう自律的な「衝動」でもない。私たちと世界との関係は、つねにすでに気分が漂っていて欲望的なのである。こうした理由から、私たちはいくつかの社会学的モデルが示すような狭義の認知的存在では決してないし、同じ論理で、他の特定の社会学者たち、あるいは最近のホッブズ主義者たちが示すような「欲望する機械」でもない。厳密にいうならば、欲望、情動、認知、知覚は、私たちの行動的生の分離した諸部分ではなく、単一で一貫した構造のもつ統一されて相互に影響をおよぼし合う諸相なのである。

しかしながら、メルロ＝ポンティを単に機械論の神話に対する批判者として読むことは、彼の研究の重要性を半分しか理解していないことになる。彼の「行動」への焦点は、心身二元論に異議を唱えるものであるが、意識の哲学、とりわけそのなかの主知主義に異議を唱える取り組みでもある。知覚、思惟、そしてそれらに関係する意味は、ひとつの主観の作業ではない。主観は知覚行動と言語行動の結果であり、そのほとんどが習慣や獲得された図式に根づいている。反省的主観は、そうした主観を支え、また可能にする、習慣化された諸行動の産物である。この点で、メルロ＝ポンティは主観をはっきりと脱中心化している。より重要なのは、彼が身体に関する真に根本的な考え方を示していることである。メルロ＝ポンティにとって、身体はひとつの客体以上のものである。身体は目的的に行為し、それを取り巻く環境の内部で意味を探求したりそれに応答したりする。だが、身体は決してひとつの主観でもない。というのも、身体は哲学的伝統の内部で考えられているような「主観」という装飾品を身に着けていないからである。こうした身体を、客体と主体との間の「第三項」、すなわち「主観身体」と呼ぶ論者もいる。

メルロ＝ポンティに関する説明の次の段階は、本章で示唆されてきた習慣と身体図式という概念についての探究と、選択と人間の自由についての彼の考え方に関するより直接的な考察とに関わっている。だが、この検討に移る前に、私たちは次章でブルデューの研究を経ることで回り道をしなければならない。筆者が次章の冒頭で説明するように、この回り道は必要なものである。なぜなら、ブルデューの研究は習慣の概念をその重要性を掲げながら社会学的に位置づけているからであり、また私たちがブルデューの考え方のなかにあるいくつかの短所について考えてはじめて、メルロ＝ポンティの習慣という考え方の強みとその重要性とを正しく理解することができるからである。

注

(1) 頂上から立方体をみるためには、頂点a、b、c、dを自分の知覚野の前景にしなければならない。また、横からみるためには、頂点e、f、g、hを前景にしなければならない。

(2) 筆者は、メルロ＝ポンティとギブソンとの直接的な影響関係を教えてくれたアラン・コスタル（Alan Costall）に感謝している。

(3) たとえば、Elias 1978；Huizinga 1950；Mead 1967；Winch 1958；Garfinkel 1967など。

第六章　ハビトゥス・資本・界——ブルデューのプラクシス理論における身体性

第七章で筆者は、人間の習慣のもつ性質や「身体図式」という概念を探究し解明することに取り組むなかで、メルロ＝ポンティに立ち戻ることになるだろう。だが、その前に、筆者はピエール・ブルデューの研究について考えることによって、習慣の問題に取り組みたい。筆者の見解では、ブルデューによるプラクシスの理論は、現代の社会学においてもっとも説得力がある興味深いアプローチである。その理論は哲学的な知を、徹底した経験主義的な関心と応用に結び付けている。その科学的精密さと簡潔さ、そして節約性は、ポストモダニズムの崇拝者たちによる、恐るべき、そしてしばしば滑稽な理論構築によって支配されている時代において大いに必要とされており、また非常に新鮮なものである。より具体的にいえば、ブルデューの理論は身体性を中心的な位置に据え、それについての深い社会学的理解を促すものである。それは、メルロ＝ポンティの洞察を社会学的な場へと拡張するもっとも明白な道である。

実際のところ知的系譜は定かではないが、一般には、ブルデューがメルロ＝ポンティの研究に基づいており、彼が論じていることの多くにおいてメルロ＝ポンティの研究を前提にしていると理解されている（Bourdieu and Wacquant 1992；Wacquant 1993；Dreyfus and Rabinow 1993）。だが、もしブルデューがメルロ＝ポンティの研究を社会学的領域へと十分に拡張する道筋を私たちにもたらしてくれるならば、同様にメルロ＝ポンティや他の現象学者たちもまた――とりわけ習慣やハビトゥスという考えに関して、現象学を参照することで、そうしなければブルデューの研究が招くことになるいくつもの困難からブルデューを救い出すことで――ブルデューに報いる立場にあるということも、またいうまでもなく事実である。後に明らかになるように、筆者はブルデューに対して向けられてきた多くの批判に賛同してはいないものの、たしかに彼のアプローチにはいくつかの問題がある。それは、ハビトゥスという概念の現象学的なルーツへと立ち戻ることを通じて解決されうる問題である。これが、筆者が本章でブルデューの研究を吟味してから、次章でメルロ＝ポンティや習慣に関する現象学へと立ち戻る理由である。現象学との対話を通じて、私たちはブルデューによるプラクシスの中心的主張から決して注意を逸らすことなく、その理論を深め、強化することができるのである。

本章は、ブルデューによるハビトゥスという考え方について説明するところから始める。これに続いて筆者は、資本や界を含めた、いくつものさらに中心的な諸概念を導入し、ブルデューのより最近の研究のなかで、欲望、あるいはリビドーという概念が果たすようになった役割について議論する。ハビトゥスと欲望という概念を通じて、私たちは弁証法的な過程を強く意識することができる。その過程によって社会的プラクシスは、身体的活動によって再生産されるために、身体の内部に内自化されるようなものである。このことは、本章の次節でさらに展開されるが、そこでは、筆者は「身体資本」という概念について、そしてさまざまな形態の身体加工を私たちが理解するために有効な身体資本という概念がもつ含意について考えようと思う。ロイック・ヴァカン（Wacquant 1995）によるボクシングについての研究は、この点を例証するために用いられる。そして最終的に、本章の最後の二節で、筆者はブルデューの研究に向けられてきたいくつかの批判について考え、筆者自身の批判的評価を述べたい。

(1) ブルデューの「ハビトゥス」

ブルデュー(Bourdieu 1992a)は、一方で構造主義と社会物理学に批判的に取り組む文脈のなかで、「ハビトゥス」に関する理論を定式化しているが、他方で社会現象学(social phenomenology)についても定式化している。彼は社会物理学と構造主義に対抗して、有能で能動的な行為作用という考えに賛同する議論をしている。コントのような初期の社会学者による社会物理学は、社会的行為における能動的な解釈の役割や意思決定の役割を認識し損なっているという、よく知られた理由で異議申し立てされている。レヴィ＝ストロースの構造主義はより洗練されたものとして理解されているが、プラクシスに関するその規則―拘束的な考え方は、次の三つの理由で問題であると考えられている。

第一に、ブルデューは諸々の規則の説明的な位置づけに異議を唱えている。彼は、構造主義者のいう「規則」が、社会的プラクシスにおけるさまざまな規則性についての研究から引き出された、観察者の記号コードであると記している。彼らのいう「規則」は、観察者の言説のなかで、こうしたさまざまな規則性を「表わしている」。そのようなものとして、プラクシスにおけるさまざまな規則性が循環的であることを説明するためだけに、「規則」の概念を利用しようとするのであれば、その概念は有益であるかもしれない。つまりその場合、プラクシスの規則性はその規則性を説明するために引き合いに出されるのである。だがもし一方で、規則は行為者によって定式化されて方向づけられるのならば、そして他方で、規則に独立した実存性と厳密にいって「原因となる」力とがあるのならば、規則は行動を説明するためだけに用いられうる。だが、この前提条件のいずれもが、構造主義者のいう「無意識に働く」規則によって見いだされるものではなく、したがって規則が行為を説明するという考えは破綻する。規則というのはかなりの発見的価値をともなう知的構成概念ではあるが、さまざまなプラクシスにおけるさまざまな規則性を描くにすぎない。規則は、プラクシスを説明することができないのである。

こうした最初の批判は、「構成的規則」に関係している。すなわち、特定の社会的プラクシスの意味、知性やアイデンティティからなる規則あるいは規則性に関係している。それとは対照的に、ブルデューによる第二の批判は、規範的規則に向けられている。規範的規則とはすなわち、行為者にとって、特定の状況のプラクシスで何が生じるのが適切であるかを規定する規則、および行為者が多少なりとも努力をともなってインタビューのなかで調査者に概説することができるような規則のことである。『社会システム』においてパーソンズ（Parsons 1951）が規範についておこなった説明は、こうした種類の規則を頼りにしている理論の好例であるが、インセスト・タブーや婚姻による交換の諸規則を強調したレヴィ＝ストロースの構造主義もまたこの好例であり、むしろより重要な例である。ブルデューは、この種の規則に基づいた説明に対する批判のなかで、親族関係の構造に関する自分自身のフィールドワークの例を用いながら、社会生活の多少とも不規則で戦略的な性質を示している。構造主義者の分析は、社会的諸関係についての公式の見取り図に焦点を合わせているが、これは多くの場合、人びとが基底的なレベルで見いだし巧みなやり方でおこなう実際の状況とはほど遠いものだ、とブルデューは記している。行為者たちは単に規則に従っているわけではない。行為者たちは、自分たち自身の利益を最大化するために、規則をねじ曲げたり避けたりするのである。

最後の第三の批判としてブルデューは、規則についての後述のヴィトゲンシュタイン的な説明から現われてきた批判の系列（たとえば Taylor 1993）も批判対象に加えて、規則による行為の非決定性と、次に述べるような規則についての説明が引き起こす無限後退の可能性を示している。彼は、規則は適用されなければならないと記している。より正確にいえば、規則は適切なかたちで、つまり正しいときに正しい場所で正しい仕方で、適用されなければならない。だがこのことは、私たちがいかにして次のような規則を説明すべきかという問題を引き起こす。

すなわち、規則の適用を支配する規則はあるのだろうか。もしあるならば、私たちは無限後退に巻き込まれる。なぜなら、こうした第二段階の規則はさらなる規則を前提にし、その規則はまたさらなる規則を前提にする、ということになってしまうからである。だが、もしそうした第二段階の、あるいはそれ以上の規則がないならば、規則は社会的プラクシスに関する別のかたちの説明を前提にすることになる。

こうした批判から生じるのは、人間の行為あるいはプラクシスという考え方の必要性である。その考え方は、人間の行為やプラクシスのもつ戦略的性質を見落とすことなく、規則性、首尾一貫性、秩序を説明することができる。これは、ハビトゥスという概念が到達するよう目論まれていることである。行為者のハビトゥスとは、行為者の現在の内部で機能する、行為者の過去の諸経験の能動的な残滓あるいは沈殿である。それは、行為者の知覚、思惟、行為を形づくり、それによって規則的な仕方で社会的プラクシスを形づくる。行為者のハビトゥスは、さまざまな傾向性、図式、仕方を知ることの形式、能力のなかにあり、これらすべては識域下で機能し、特定の仕方でそれを形づくる。

> ハビトゥスの諸図式は分類の基底的な諸形式であり、それらに特有の効力は、それらが意志による内観的な精査や統御の範囲を超えて、意識と言語のレベルの下で機能するという事実に負っている。(Bourdieu 1984 : 466)

これらの傾向性と能力の形式は、構造化された社会的状況のなかで獲得される。そのパターン、目的、基本的な諸原理を、行為者は傾向としてもやり方としても内自化する。それらの獲得は、諸々の社会構造とプラクシスの内自化に相当する。たとえば、芸術を愛好する家族で育てられた子どもは、自分自身の「芸術の愛好」を発達させる傾向が統計的にはるかに高いし、「真の」鑑賞と批評にふさわしいさまざまな傾向性と仕方を知ることを獲得するであろう（Bourdieuet al. 1990）。この点で、ハビトゥスは「構造化された構造」である。しかしながら、これらの内自化された習慣によって、行為者が特定の仕方で特定のかたちのプラクシスを保持しつづける傾向があるかぎり、その習慣もまたプラクシスの生成原因である。たとえば、子ども時代の学習に基づいてもっと後の人生のなかで芸術を鑑賞したり批評したりするようになる子どもは、芸術界を能動的に再生産する。この点で、ハビトゥスは「構造化する構造」でもある。もっと正確にいえば、ハビトゥスは、構造化された、構造化する構造である。

……持続性があり置換可能な傾向性のシステムは、構造化する構造として、すなわちプラクシスと表象を生成し組織化する諸原理として機能する傾向のある、構造化された構造である。プラクシスと表象は、その結果に客観的に適応されうるが、目的への意識的な志向、あるいは目的を獲得するために必要な操作に明示的に精通していることを前提しない。それらは、客観的に「規制され」、「規則的」でありうるが、決して規則の支配下にある産物ではない。また、集合的にオーケストラのように編成されうるが、指揮者による組織化行為の産物ではない。（Bourdieu 1992a : 53）

……ハビトゥスは、歴史の産物であるが、個人的および集合的なプラクシスを生み出す。したがって歴史は、歴史によってもたらされた諸図式に従う。（Bourdieu 1977 : 82）

この説明は、デュルケム（Durkheim 1915）が社会と個人との関係性について議論するなかで言及している「循環性」（第一章を参照）と、私たちが「社会—歴史的世界のある種の循環」のなかにあるというメルロ＝ポンティの考え（第五章を参照）を思い起こさせる。社会は個人を形づくるが、同時に、社会はそれ自体の存続のために諸個人の諸行為や傾向性にもっぱら依存している。ブルデューは、ときどきデュルケムに（間違ったかたちで）結び付けられている機械論的見通しからはっきりと距離をとっている。メルロ＝ポンティと同様に、ブルデューはハビトゥスに関する説明のなかで、能力と即興性の役割を強調している。ハビトゥスの図式は基本文法のように機能し、表現に関するいくつもの革新的な形式を可能にする、と彼は論じている。ハビトゥスの図式は、行為を形づくるのと同じだけ行為を促すのである。社会的行為者はゲームのなかのプレイヤーのようなものである。社会的行為者は技能と能力でもって目的を能動的に追い求めるが、つねにゲームの境界線の内部でそうするのである。こうしたゲームとのアナロジーによって、筆者が右で記したように、習慣的行為のなかに入り込み、ブルデューが彼自身のフィールドワークで観察してきた戦略的要素が理解できるようになる。ハビトゥスは行為者を特定の仕方で行為させる傾向があるが、行為者を文化的判断力喪失者として貶めたり、行為者の戦略的諸能力を妨げたりすることはない。ゲームをおこなう技能のように、ハビトゥスの構造は、その能力ある者が特定の目的を追い求めるよう促す。筆者は後でこの点に立ち戻りたい。

　二つの生活史がまったく同じであることなどないのと同様に、個々の行為者のハビトゥスはそれぞれある程度異なっているであろう。にもかかわらず、ブルデューにとって個人の生活史は、集合的歴史のなかの撚糸にすぎない。個人はひとつの集団あるいはさまざまな集団に属しており、それゆえ個人のハビトゥスは集団特有の多くの特徴を表わす傾向がある。実際のところ、個人および個々のハビトゥスは、それらの集合的根源の変数にすぎない。

> 個人の歴史は、その個人の階級あるいは集団の集合的歴史がもつ特定の明細以外の何ものでもない。したがって、個人的システムの傾向性のそれぞれは、すべての他集団のハビトゥスの、あるいはすべての他階級のハビトゥスの構造的変数とみられることもあり、階級内外の軌道と立場との間の差異を表現している。「個

人的な」スタイルや、同じハビトゥスによるすべての産物を印づける特定の刻印は、プラクシスであれ労働であれ、ある時代もしくはある階級のスタイルとの関係における偏差以外の何ものでもない……。(Bourdieu 1977：86)

私たちがこのハビトゥスの概念のなかに見いだすことのできる、能力、仕方を知ること、技能、傾向性の強調は、ブルデューが「社会現象学」と集合的に称する社会学の学派において同様に強調されてきたことと共鳴している。その学派とはすなわち、相互作用論、エスノメソドロジー、シュッツの現象学のことである。ブルデューはこれらのアプローチに対しても批判的である。そのアプローチは行為者の解釈的な地平に焦点を合わせたままであり、そうした地平が生じる構造的背景にその地平を位置づけるためにその地平から一歩退いていない、と彼は論じている。重要なことだが、このことは次のことへと導く。つまり、「社会現象学」が特定の集団の解釈枠組み間の差異を認めていないこと、特定の枠組みとそれらの差異を引き起こす諸条件を考察していないこと、他者よりも大きな正当性と承認を獲得するためのひとつの枠組みを可能にする権力の諸関係を認めていないこと、これらのことである。エスノメソドロジー研究者たちと同様に、ブルデューは「成員の方法」(member's methods)に関心がある。だが、彼らとは異なり、ブルデューはこれらの方法は分岐すると論じている。これらの方法は分岐すると論じている。というのも、成員たちにとっては成員となる別の集団があり、その集団はそれぞれ、他の集団との関係と特定の物的諸条件によって、形式化されて形づくられているからである。さらにブルデューは、集団間の関係は、少なくともある程度は権力の関係であり、権力ある者の方法はそうでない者たちの方法よりも、正統性を達成するたくさんの機会をもっている、と論じている。

『ディスタンクオン』は、いかにしてブルデュー(Bourdieu 1984)がこの考えを追求しているかについて、非常に明白な一例を与えてくれる。この研究のなかで彼は、異なる社会階級の審美的傾向性の差異を明らかにしている。異なる階級には異なる好みがあり、カントによって認められた形式的な審美的傾向性は、教育を受けた中間階級に非常に特徴的であることが示されている。ブルデューは、物質的な「必要性」の領域からの、あるいは少なくとも特定の必要性からの、これらの諸階級それぞれの距離によって、審美的傾向性における差異を説明している。そして彼は、これらの異なる審美的外観をヒエラルキー構造のなかに効果的に位置づける、象徴権力の諸関係を明らかにしている。象徴権力の諸関係は不平等を正当化するようにみえるが、実際はこの不平等を基にそうした諸関係が築かれている。実際には、階級の結果である差異は不平等の自然な原因として誤認され、こうしてその差異を生産する階級構造そのものを正当化するよう機能するのである。

(2) 構造化する構造と構造化された構造――そして、プラクシス

ブルデューによるハビトゥスの理論は、プラクシスに関する部分的理論であり、身体と社会との間の中心的な相互作用をすでに明らかにしている。ハビトゥスは構造化された構造である、と彼は論じている。つまりハビトゥスは、行為者がプラクシスの構造化された領域に関与することによってかたちを得る。しかし、ハビトゥスは構造化する構造でもある。ハビトゥスは、形づくられてから、それ自体の生成諸条件と調和するプラクシスを生成する。ハビトゥスは「内自化された」構造からなる以上、身体はこうした見取り図のなかへと入っていく。すなわち、過去と現在との間、行為者と構造との間の蝶番《ちょうつがい》として機能するハビトゥスの構造は、身体的構造なのである。たとえば、言語を学ぶことは、私たちが第五章で議論したように、身体の新しい使用法を獲得するということである。さらに、これは「私たち」が「私たちの身体」を使うという使用法ではなく、むしろ私たちの意識的主観性を支え、語る主体としての「私たち」を生み出す使用法である。私たちは身体的努力によって、私たちの思惟を学ぶにすぎない。その身体的努力は言語のかたちで思惟を産出し、同時に、それによって表現のかた

ちで私たちは思惟を利用することができるようになるのである。

しかしながら、ハビトゥスはプラクシス理論における唯一の次元である。プラクシスは、ブルデューが論じるように、単にハビトゥスからの帰結ではなく、同時に、彼が「資本」や「界」として言及するものの帰結でもある。この視点は、いくぶん体系的に『ディスタンクシオン』のなかで等式のかたちで表わされている。つまり、[(ハビトゥス)(資本)]+界=プラクシスという等式である(Bourdieu 1984 : 101)。この定式化は、筆者の視点からすれば問題がある。それは、別のところでブルデュー(Bourdieu 1992a)が批判し自らをそこから引き離すよう望んでいる社会物理学のように読めてしまうのである。ハビトゥスやプラクシスに属す意味や即興性はまったく削除されており、私たちはあたかもそれが形式において数学的なものであるかのように、これらの関係を考えるよう求められる——だが、それは数学的なものではない。とはいえ、その定式は比較的はっきりとした仕方でプラクシスに関するブルデュー理論の基本的な要旨を私たちに与えてくれる。プラクシスは、さまざまな習慣的図式や傾向性(ハビトゥス)の帰結であって、諸資源(資本)と結び付き、ある特定の構造化された社会的諸条件(界)によって活性化させられていること、そしてその界にはハビトゥスと資本とが属し、その界をさまざまなかたちで再生産し変更していることを示している。こうした説明をさらにおし進めるために、私たちは「資本」や「界」、そしていくつかのそれに関連する諸概念についても考察しなければならない。

(3) 資本・階級・支配

「資本」という語によって、ブルデューは、さまざまな「市場」あるいは「界」のうちのひとつ、あるいはそれ以上において交換価値をもつ、社会的身体の至るところに配分された諸資源を意味しており、後で私たちがみるように、彼はそれが社会的世界を構成していると考えている。もっとも明らかな、あるいは少なくとも一般的な例は、経済資本であり、それは金銭的価値をもつすべての収入、貯蓄、資産を含んでおり、金銭的価値によって定義される。経済資本は、高度に合理化された資本の形式である。それは、正確な数字的価値をもっており、貨幣というかたちで物象化され独立した存在の仕方を備えている。また、蓄えられたり、盗まれたり、与えられたり、投資されたりすることが可能なものである。そのようなものとして、経済資本は、他の資本の諸形式が比較されたり考えられたりする際に、ひとつのモデルとなる傾向がある。

しかしながら、ブルデューはおそらく「文化資本」という考え方を導入したこと、あるいは少なくともその考え方を発展させたことで、よりよく知られているだろう。すなわち文化資本とは、蓄積された文化の諸形式が社会的世界の内部でもつ交換価値のことである。文化資本は潜在的に経済資本とくらべればあまり合理化されてはいないが、教育システムに関する研究においてブルデューは、この文化資本が想定しうるより制度化された諸形式のひとつとして、資格を示している。資格は、貨幣のように流動的な、あるいは転位可能な通貨ではないが、それにもかかわらず金銭的報酬を与える雇用のために「換金する」ことができる。資格を得ることそれ自体は、少なくともある程度、家族の内部から生じた文化資本の兌換性である。教育システムは、ある特定の支配的諸集団のもつ傾向性や「文化的恣意性」に価値を授ける、とブルデューは論じる。たとえば、支配的集団の子孫は教育システムの内部でかなりの優位性が与えられる。したがって、資格をめぐる公平な競争であるようにみえるものは、実のところ公正な競争とは程遠い。学校は効果的に、公平な競争というイデオロギーでもって文化的エリートの優位性に「正当性をもたせている」。学校は、学業成績という名の下で、そして資格というかたちで受け継がれた文化的傾向性に報い、同時にそれによって、これらの傾向性を才能や意欲とみなすのである。

ブルデューにとって、経済資本と文化資本は、明らかに主要な資本の二形式である。しかし、にもかかわらず彼の研究には、優位性を与えられた少なくともさらに二つの資本の形式がある。一方で、彼は「象徴資本」に言及しており、それは広く地位あるいは承認に相当する。これは、客観化されたあるいは制度化された形式をもつことがある。たとえば、さまざまな賛美や賞賛が象徴資本の尺度である。だが、多くの事例において、象徴資本は個人が知覚される様式のなかで生じ、それ自体、客観化された形式をほとんどもたない。人種差別、性差別、そしてさまざまなスティグマ化の形式は、この点で極端なかたちで資本が不足している例である。最後に、ブルデューは「社会資本」に言及しており、それによって彼は、行為者が特定された目的を達成しようとするなかで用いることのできる、つながりやネットワークを意味している。公立の学校の「男子同窓生」のネットワークやエリート大学のシステムは「裏工作する」力のあることで有名であり、これについての非常に明白な一例である。

文化資本、象徴資本、社会資本は、かなり「界特有」のかたちをとりうるのであり、そのようなものとして、これら資本の価値は、特有の社会的「世界」に結び付けられている。たとえば、学界において価値あるものとして勘定に入れられるものは、演劇の世界、スポーツの世界、芸術の世界における価値と比較すると、より価値が低いかもしれないし、人生の活躍の場において人びとに力をもたらす「コネ」や地位は、別の場においてはそうではないかもしれない。だが、経済資本のような資本は、その資本が属する界（経済界）の全面的浸透性によって、比較的一般的な価値をもつ。経済は多くの他の社会的な界と衝突し、経済資本がそうした界の内部で力を取り除かれることもある。さらにブルデューは、行為者が他の界との関係のなかで、自分たちのさまざまなかたちの資本を他のかたちの資本へと変容することができる道筋と、行為者がより広い「権力界」（Bourdieu 1996）の内部、あるいはより一般的には社会の内部で、他の界の支配と資本の形式を確立しようとする道筋を考察しようとしている。とりわけ彼は権力界における闘争を認めている。それは、その支配が経済資本のなかに根づいている者と、その支配が文化的あるいは教育的である者との間の闘争である。両者は、社会における自分たちの特権性を保証してくれるそれぞれのかたちの資本の支配を確立しようとしている、と彼は続ける。したがって、資本に関するいかなる分析も、より広い社会の形式化の内部における、その特殊性とその立場とを考察しなければならない。

資本は、ブルデューのもうひとつの中心的諸概念である。社会階級においておぼろげながらも大きく立ち現われている。彼の考えるところによると、階級は個人が所有する比較的多くの、さまざまなかたちの資本に関係している（Bourdieu 1986b）。ブルデューはヴェーバー（Weber 1978）と同様に、あらゆる個人が、資本のレベルにおけるわずかな差異によって、いくぶん異なる「階級状況」をもちうるであろうということを認めているが、ブルデューは再びヴェーバーと同様に、その状況をまさに集団として構成する特定の集団の周囲での、そしてその集団の間での、ある程度の隠蔽と分裂を認めている。彼の研究の多くは、この隠蔽が影響を受ける道筋と、行為者が採用するさまざまな戦略が、世代を超えて行為者の資本を最大化し、かつ再生産する道筋とを分析することへと向けられている。

資本と階級に関するこうした説明は、いくつかの点でハビトゥスという考えと絡み合っている。第一に、資本はその交換価値によって階級の要素であり、ハビトゥスにともなってあらゆる所与の状況のなかで行為者の行為可能性を形づくる。行為者はできることをするにすぎないのである。第二に、より直接的な関連性としては、人間の階級的立場は人間の資本の全財産によって定義されるが、人間のハビトゥスは文脈を形成し、その内部で形づくられる。たとえば、労働者階級の子どもと中間階級の子どもの経験は、その子どもの家族によって所有されている資本と、この資本がもたらす機会と構成要素によって異なっており、ハビトゥスのなかにそれらの経験が沈殿すると、このことは身体的にも記録される。第三に、さまざまなかたちの資本は、その資本のもつ価値に対する承認あるいは「誤認」に依存している。さまざまな資本は、それらが価値あると私たちが同意する程度に応じて価値がある。ハビトゥスはこうした同意に影響をおよぼし、かつ同時に隠蔽する点で、重要である。私たちが紙やプラスチックでできた貨幣の価値、あるいはさらに資格というものに「同意する」ということは、これらの代用品の価値がもつ恣意的な性質を認めることである。そして、それはまさに代用品なのである。だが、私たちはそれらの価値に対して積極的に同意するわけではない。私たちは、あたかも私たちから独立して本当に価値をもつかのように、その価値を想定し、その代用品を扱う。すなわち、私たちはこれらの代用品を価値あるものとして誤認しているのである。ブルデューによれば、そうした「同意」が無意識的な習慣のレベルで根づいていることから、私たちはこうした誤認ができるのである。最後に、以上のことから生じることとして、資本を再生産するよう要請されている多くの戦略的操作とそれにともなうさまざまなかたちの不平等が、ハビトゥスのレベルで沈殿させられる、とブルデューは示している。そうした戦略的操作や不平等は、利益を受ける者によっても、その利益に飢えている者によっても、しばしば気づかれないままやり過ごされる。人びとが自然なかたちでおこなうことになることを実践するなかで、諸階級はそれ自体を再生産する傾向がある。そして、こうしたことがハビトゥスという前反省的レベルで生じることから、階級は生来の才能や人生の事実として誤認されうるのである。

このこととまさに同様の議論が、ブルデューによる政治的正当性と政治的支配に関する理論においても明らかである。あるレベルでは、この説明は広範囲にわたる議論や公的領域に強く焦点を合わせている。政府は、自分たちの行為を説明するよう求められており、境界線の内部で、潜在的に批判的な公衆に対して彼らの意図を説明し、弁護し、公表するよう期待されているとブルデューは論じている。ブルデューが公的領域に付与する重要性は、彼が近年その公的領域の衰退に関しておこなってきたいくつかの鋭い批判によって強調されている。芸術の世界とテレビとをともに公的な議論と批判の土台であると可能なかぎり認めたうえで、ブルデューは前者における後援者の役割と、後者における商業的関心と「衆愚化」に対して、強く批判的でありつづけてきた（Bourdieu 1998b；Bourdieu and Haacke 1995）。どちらの場合においても、批判の可能性は掘り崩されてきた、と彼は論じている。だがより深いレベルで、ブルデューはまた、広範囲にわたる正当化の諸過程にのみ焦点を合わせる政治形態に関する理論に対しても批判的である。

第一に、国家の正当性が基づいている一連の語られない想定にくらべれば、公的領域において議論される一連の問題は氷山の一角にすぎないとブルデューは論じている。さらに彼は、この点で身体の役割を強調している。

国家を支える「認識の構造」が「意識の形式」であると考えるのは間違っている、と彼は論じる。その認識の構造はむしろ「身体の傾向性」(Bourdieu 1998a：54）である。こうした身体的傾向性の深く根づいた構造を示すために、彼は「ドクサ」という用語を用いている。ドクサ的信念は、行為と感情のなかに身体化され疑問に付されない信念であるが、言葉で定式化されることはめったにない。ドクサ的信念は、感情、ルーティン、主張、反感、「秩序への要請」として現われる。

> 社会的世界は、秩序への要請に満ちている。それは、秩序への要請に注意を払う傾向のある人びとにとってのみそのようなものとして機能し、彼らは、意識や計算といった経路の外側で、深く埋め込まれた身体的傾向性を呼び起こす。(Bourdieu 1998a：54-5)

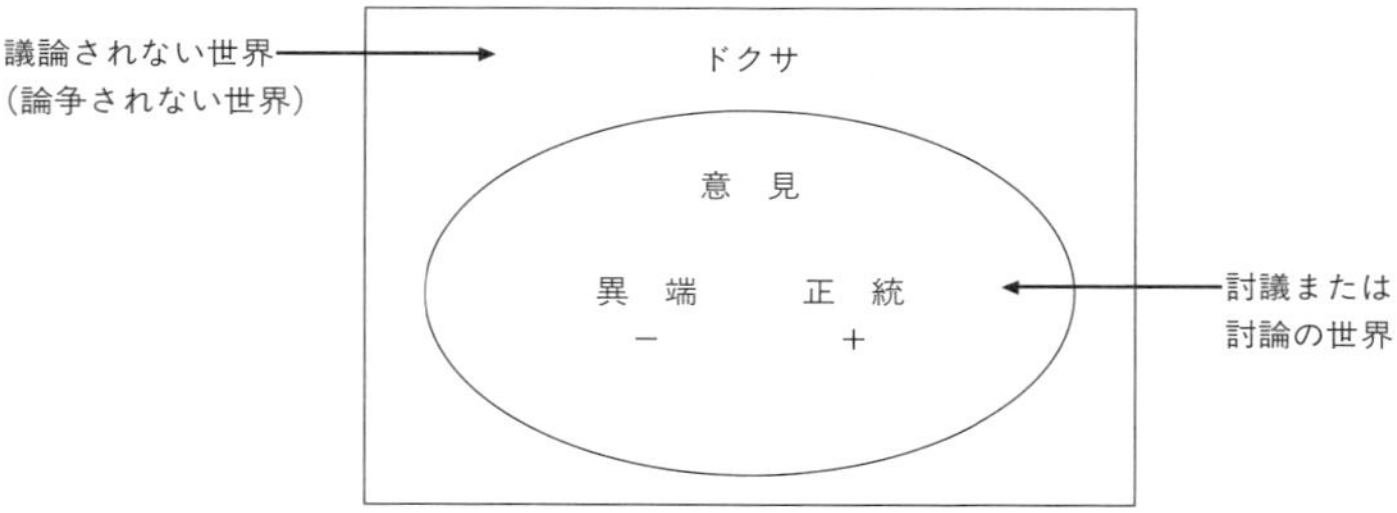

図6．1　ドクサ，正統と異端
出典：Bourdleu［1977：168］より

図6-1に図式的に示されているように、このことがもたらす公的領域の見取り図は、言説の小さな空間のうちのひとつであり、一連のずっと広大な語られない想定と態度の内部で構造化されている。ブルデューは、多くの市民が公的領域において政治的議論に関わるよう傾向づけられているということと、「世論」の大部分が、しばしば彼らの生活世界と何の関係もない態度に参加するよう行為者を説得するような世論調査という人工物であるということを論じることによって、この議論をさらにおし進めてきた。世論は、社会運動という文脈のなかで適切に存在するといいうるにすぎず、その社会運動の定式化が論争の対象になる見解の

生産に関わる、と彼は論じている（Bourdieu 1993）。大部分において、市民のハビトゥスは、政治的関与から市民を引き離すのである。

これらの問題について、ブルデューは非常に多くの社会学者、とりわけハーバーマス（Habermas 1988）と意見を同じくしている。だがブルデューは『ディスタンクシオン』のなかで、政治と公的領域への関与に向かう（身体的）傾向性が、彼がその本で考察している他のかたちの生活様式の活動と同じ類の階級配分につながっていることを示す際に、明瞭で重要な次元を付け加えている。ハーバーマス（Habermas 1988）が一般に人びとに帰している――ようにみえる――「市民中心主義」へと向かう習慣化された傾向性は、ハーバーマスの分析が示しているものよりも差異化の進んだ現象である。さまざまな度合とかたちをもつ政治的関与は、明瞭な階級のハビトゥスと一部の階級に現われている。とくに、教育された中間階級は、労働者階級よりも政治的で公的な議論に関与するようになり、政治的問題についての見解を発言できる傾向がずっと高いのである。

（4）界

資本、階級、支配は、社会の「垂直的」な差異化を構成しているが、社会はブルデューにとって「水平的」な基軸に沿って、具体的だが重なり合う社会的諸空間へと差異化されてもいる。機能主義的社会学（たとえば Parsons 1951）は、家族、法、政治、メディア、教育などといった具体的な諸制度へと社会が分断されることについて説明している点で、こうした考えに近づく。だが、社会空間を制度と同一視する必要はまったくない。社会空間のなかには、「前制度的」なもの、あるいは下位制度的あるいは超制度的なものがある。さらに機能主義は、水平的差異が垂直的差異を通じて、また垂直的差異が水平的差異を通じて分析される様式を無視する傾向があった。家族やメディアといった社会空間は、ジェンダーと階級（あるいは人種や障害）の差異化という垂直的な軸から独立して構築されるわけでは決してない。そして、垂直的差異化はつねに、複数の「水平的」な文脈のなかで、そしてそれを通じて表現されているのである。

界の概念は、これらの水平的に差異化された諸々の社会空間を、それらが垂直的な差異化によって区切られるものとして、ブルデューが概念化する手段である。界というのは、相互に関連し垂直に差異化された立場からなる明瞭な社会空間、すなわち「ネットワーク、あるいはさまざまな位置間の客観的な関係の形態」である(Bourdieu and Wacquant 1992 : 97)。これらの位置は、行為者あるいは制度によって占拠されることもあるが、それらを「位置づける」ものそれ自体は、特定の「種」の資本と権力の集中あるいは所有である。それらは、資本と権力の特定の配分における位置である。

ブルデューはときに、界を「市場」になぞらえており、それは市場内部での資本の交換の中心性をとらえるメタファーであり、私たちが市場内部で現われ効果をもつ「見えざる手」あるいは「力」を理解することを可能にするメタファーである。だがもうひとつの、彼が用いるおそらくより有用なメタファーは、ゲームのメタファーである。界は行為者がプレイするゲームのようなものである。しかしゲームとは反対に、界は一般的に、「プレイしている」人びとによって、そのようなものとして認められていない。

……自律化の長くゆっくりとした過程の産物であり、したがって、いわば「対自的」ゲームではない「即自的」ゲームである社会界のなかで、人は意識的行為によってゲームに着手するのではなく、ゲームのなかに、ゲームとともに生まれる。そして、信念の関係、イリュージオ、投資は、それが何であるか気づかれないという事実によって、より全体的で無条件的である。(Bourdieu 1992a : 66)

高等教育界、あるいは科学界、ホッケー界、テレビ界のような、他と区別できる社会空間は、プレイヤーが特定のゴールと目的を追い求めるゲームにすぎない。筆者の見解では、このメタファーは、市場のメタファーよりも役立つし、ブルデューが与えてくれる界についてのより正確な定義でもある。そのメタファーによって私たちは、界の文化的に恣意的なかたちと「賭け金」についての意義を引き出すことができるのである。ここで、メルロ＝ポンティ（Merleau-Ponty 1965）によるシンボル的な「仮想現実」を、それ自体の意義および意味の構造とともに、思い起こす人もいるであろう。科学者、聖職者、芸術家、サッカープレイヤーも同様に、使用料をともなって「活動場」をめぐるが、しかし多くは部外者にはほとんど理解できない関心や因習への無意識の敬意をともなっている。それぞれの界には、別々のゲームのように、それ自体の規範と論理がある。すなわち、各界には特定の「得点」と賭け金があるのであり、プレイヤーはプレイすることになるならば、その身体図式の内部にそれらを内自化しなければならない。界をゲームになぞらえることによって、社会学者は、それぞれの界を構成する独特の形態の規範、賭け金、パターン、論理を探究し発見することができるようになる。社会学者はあたかもはじめて、ある新しいゲームに取り組むようにして、それぞれの社会界に取り組まねばならず、プラクシスの喧騒の内部で動く得点と意義とをみつけようとするのである。

また、ゲームのメタファーにはさらなる利点もあり、それが資本と界の相互依存性を明るみにする。界は、資本そして／あるいは権力の特定の配分からなることもあるが、そうしたかたちの資本と権力は、チェックメイトやチェスとの関係に明らかなように、それ自体ゲームに関係し依存している。たとえば経済は、その大部分が変化する経済資本の配分からなる。しかし経済資本は単なる資本であり、経済によって、すなわち経済資本が経済の内部で「通貨」としてみなされているという事実によって、あらゆる価値をもつにすぎない。私たちが外国から戻ってくると「外貨」の価値がすぐに下がるというようなごくわずかな例を挙げるだけでこのことは一目瞭然である。外貨が認められていない（国家の）界では、外貨はまったく価値がない。他のすべてのかたちの資本についても同じことがいえる。資本は、あるひとつの界、あるいは多くの界において価値があるかもしれないが、決して界から独立してはいないのである。

界についてのこうした説明は、いくつもの点でハビトゥスの概念に関連している。一方で、私たちがプレイヤーの行為を完全に理解し説明することになっているならば、私たちは、プレイヤーの傾向性と能力（プレイヤーのハビトゥス）、およびプレイヤーの資源（資本）についての考察を、ゲームのプレイ状況とそこ（界）でのプレイヤーの位置についての理解に結び付けなければならない。行為者の諸行為は、彼らのハビトゥス、資本、行為者が展開する「ゲーム」の要件と論理によって形づくられる。だがより深いレベルで、プレイヤーがそもそも界を認めてプレイする気になるのは、プレイヤーのハビトゥス、およびこのハビトゥスがプレイヤーの知覚、動機、行為を形づくる仕方によるのである。あるいはむしろ、右で述べたように、界とハビトゥスは循環的な関係性のなかにある。界への関与はハビトゥスを形づくり、ひるがえってハビトゥスは界を再生産する知覚と行為を形づくるのである。

（5）欲望・情動・イリュージオ

個々の行為者は、ゲームのメタファーが示しているように、強い情動的理解によって社会的な界に結び付いている。特定の界の規則と賭け金は、部外者にとっては価値があるようには思えず、恣意的にさえみえるかもしれない。しかし、プレイヤーは多大な情動的衝動をともなってそれらの「重み」を感じている。ブルデューは「リビドー」とその社会的形成物によって、こうした結び付きを理論化している。

社会学の任務のひとつは、社会的世界がいかにして、生物学的リビドー、すなわち未分化の衝動を、特定の社会的リビドーとして構成するのかを解明することである。事実上、さまざまな社会界があるのと同じくらい多くの種類のリビドーがある。つまり、リビドーの社会化についての研究は、まさに衝動を、特定の関心、社会的に構成された関心へと変容させることである。そうした関心は、特定の事物が重要でその他は重大でないような社会空間との関係で存在するにすぎない。また、そうした関心は、その空間における客観的な差異に対応して差異化をするような仕方で構成される社会化された行為者にとって存在するにすぎない。

(Bourdieu 1998a：78-9)

筆者はこの点には同意できない。筆者の見解では、こうした思考の流れを発展させるもっとも実りある道筋は、未分化の生物学的衝動という考えを棄却し、コジェーヴ(Kojéve 1969)の研究が示しているように(第五章を参照)、いかなる恣意的な文化的対象もそれをシンボル化するようになるものへと結び付ける「承認を求める欲望」という考えを措定することである。私たちは特定の界で賭けられている賞賛や財を欲望する。なぜなら、それらの財は私たちにとって承認(他者の欲望)を意味するようになるからである。欲望に関するヘーゲル的な考え方は、『精神現象学』においてわずかながら展開されているように、形而上学的で理念的な考えであり、ブルデュー自身の唯物論的立場――したがって、筆者が推測するに、ブルデューの生物学的衝動への言及――としっくりいかないという理由から、ブルデューはこのことに異論を唱えるかもしれない。筆者はこの点に同意する。

しかしながら、メルロ＝ポンティ(Merleau-Ponty 1962)のような論者たちは、より洗練された彼らの唯物論的枠組みの内部に、承認を求める欲望の入る余地を見いだしてきており、そうした欲望をより逆説的なやり方で置き直している(第五章を参照)。さらに、アクセル・ホネット(Honneth 1995)はヘーゲルの初期の研究(すなわち、ヘーゲルのイェーナ大学時代の著作)のなかに、承認を求める欲望に関する「あまり形而上学的でない」考え方を認めてきており、それは意識哲学に起源をもつのではない。またホネットは、これらの考えが、G・H・ミード(Mead 1967)の研究のなかで、より唯物論的で実際に進化論的に基礎を据えたかたちで展開されていることを示してきた（Joas 1985も参照）。ホネットによれば、ミードはヘーゲル的な欲望についての唯物論的解釈を措定している。こうして私たちは唯物論的枠組みの内部で、ヘーゲル的体系の観念論あるいは形而上学を受け入れずに、「承認を求める欲望」を扱うことができる。

承認を求める欲望という考えは動機的源泉についての説明を私たちにもたらしてくれるが、その動機的源泉は、地位、特権、そして最終的には承認を表象するその他のものをめぐる幾多の競争を引き起こすことがある。界とはまさにこういうことだと筆者は主張したい。すなわち界とは、承認を求める欲望と欲求を表現するために諸社会の内部で現われてきた、構造化された競争の構造なのである。さらに、それぞれの界における賭け金が、ある意味で、単なる恣意的な承認の印であることから、賭け金が時を越えていかにして現われ置き換えられるかということ、あるいはむしろブルデューがいうように、賭け金が闘争それ自体の過程でいかにして構築され再交渉されるのかということは、比較的理解しやすい。いかなる界の賭け金も、その賭け金の本来的な値打ちによって値踏みされているのではない。賭け金は、他者の欲望を表象することから、値踏みされ欲望されるのである。そのようなものとして、賭け金は闘争の過程で変容する傾向があり、その闘争を通じて賭け金は追求される。このことは、本来的に値打ちある結果あるいは「ゲームの規則」でさえ、状況のなかで生産されることがある（Sayer 1999参照）ということを否定するものではなく、そのような値打ちある展開の背後にあるもっと深い社会心理的な力学を示しているのである。

以上の論点をこのような仕方で定式化することには、多くの利点がある。だがさしあたっては、「承認を求める欲望」のほうが「特定されていない生物学的衝動」よりも、はるかにより理知的で取り組みやすいということを記しておくことがもっとも重要である。後者のほうが、より理解しやすく科学的で、より不可解ではないように聞こえるかもしれないが、事実はまさにその逆である。「承認を求める欲望」というのは、特定の仕方で行為することへと向かう、詳述できる傾向性である。傾向性としてのその存在の仕方は、経験的な精査を通じて潜在的に確立されるか、あるいは棄却されて探究されることがある（Honneth 1995；Benjamin 1991；Crossley 1996a）。実際に、行動主義（Watson 1930）から社会的交換理論（Homans 1961）を経て現代精神分析のより奇抜な見解まで（Lacan 1989；Benjamin 1991）、社会科学における多くのパースペクティヴはすべて、人間有機体に関する例証的事実として、賞賛あるいは承認を求める欲望のあるかたちをとっている。また、社会科学のパースペクティヴはすべて、異なる仕方で（しばしばコジェーヴほど雄弁ではないが）、この欲望がいかにして恣意的で文化的な対象とその追求に当てはめられるようになるかを示そうとしてきた。それに対して、特定されていない生物学的衝動とはいったい何だろうか。それは特定されていなければ実のところ何ものでもありえない。こうした理由から、承認を求める欲望とは対照的に、特定されていない生物学的衝動は、社会化の過程を構成する有意味な相互作用の内部にいかにして定着し、導かれうるのかが明らかでない。したがって筆者は、本説明のなかで唯物論的なかたちでの承認を求める欲望に固執したい。

このように社会的に形づくられた欲望は、ブルデューがイリュージオと称するものの基盤を形成している。イリュージオとはすなわち、深く根を下ろした「ゲームへの信用」あるいは「ゲームへの信用」との「魔術的関係」のことである。あらゆる社会界は、「賭け金への承認を許可し」、それに「無関心でない」プレイヤーを前提にしている、とブルデューは論じている。かなり競争的で、そこで闘争が繰り広げられている界においてさえ、次のようなものがある。

> ……敵同士の間にある深い共謀関係……彼らは互いに争うが、彼らは争いという対象について少なくとも同意しているのである。（Bourdieu 1998a：78）

彼らは同意しており、「ゲームが割に合わない」ということを疑問に付すことすらしない（Bourdieu 1998a：

77)。もちろん、このことは単なる欲望の問題ではない。行為者はゲームの文化的に恣意的な賭け金を欲望するのであり、そうした賭け金のために「命を賭ける」(ibid.)。それは、ゲームが行為者自身と他者によって生かされており、ゲームが世界に関する独立した事実として誤認されているからにほかならない。プレイヤーは、ゲームがすでにプレイヤーから独立してもつ価値を求めて、ゲームのなかで投資する価値を取り違えなければならない。このことは、身体図式の内部にハビトゥスとしてゲームを内自化するプレイヤー、ゲームの規則と差異化にドクサとして固執するプレイヤー、結果的にすべての身振りのなかでゲームを生じさせ、ゲームを「おこなう」プレイヤーを前提している。にもかかわらず、もし私たちがこの過程を「関心あるもの」として考えることになっているならば、そしてまたこの過程が含む深く情動的な賦与と、この過程が引き起こす高められた情動的反応の意味を把握し理解することになっているならば、欲望は必須である。身体性はこの意味で界との二重の関係をもっており、仕方を知ることとプレイするよう要請されている力との両方を構築する。

承認を求める闘争に関するこうした説明が、社会的世界の情動的な構成要素についてのはるかに明確な理解への道筋を切り拓くことが明らかである、と筆者は願いたい。筆者は第五章で、情動は社会的状況の諸相が人びとにとって問題であることから、社会的状況のなかで生成されるということ、また社会的状況が問題であるのは少なくともある程度は行為の背後にある欲望によるということを論じた。たとえこれらの欲望が引き起こす情動のうちのいくつかが常識的な定義でいえば「反社会的」であるとしても、いまやそうした欲望が社会的世界と非常に結び付いているということが明らかなはずである。ブルデューの言葉でいえば、社会的な賭け金のために「命賭け」の行為者は、多くの事柄をおこなう準備ができている。私たちは、ホッブズ的見解からもフロイト的見解からも離れる必要がある。つまり私たちは、社会的文脈の内部で永続的に明るみに出る「規則に従わない情動」が、社会によって否定されたり抑圧されたりしている基本的な自然状態の残滓であるという見解から離れる必要がある。人間の欲望は社会の内部で生み出される。「規則に従わない情動」はこうした欲望の挫折であり、行為者が社会的ゲームに関与するようになるところの強度である。それは、行為者が規範を逸脱するよう誘い、ときに規範を逸脱することへと実際に導くような暴発を引き起こすのである。

（6）見えざる手と界の力学

界は習慣に依存している。それは「行為者の血肉」である社会的に構築された欲望にも依存している。あるいはより正確にいえば、そうした行為者が自分たちの傾向性と欲望に基づいて引き起こすさまざまなかたちの関係性と相互依存性に依存している。とはいうものの、ブルデューが界の内部にある根源的で不可視の力学にあまり関心をもっていないのであれば、ブルデューはその程度であろう。だがそうではなく、ブルデューは、さまざまな立場の在任者の機会と行為を形づくる界の内部に「権力」のあること、および在任者はその事実に必ずしも気づいていないことに関心をもっている。ここで、「見えざる手」をともなう市場とはおそらくより実りある界のメタファーであるが、ブルデューはアダム・スミスによるそうした扱いやすい研究に対する積極的評価を共有していない。ブルデューは、多くの人びとが経済市場に関して示してきたように、誰かを犠牲にして誰かに「手を貸す」ということ、言い換えれば、これらのゲームのなかで「札が仕組まれている」ことを示す傾向がある。さらに、少なくとも教育市場との関係で、彼は界の内部での危機の可能性を強調し探究してきた（Bourdieu 1986a）。いかなる市場においても、資本的財（たとえば資格）の生産不足と生産過剰は、利潤率低下のようにともに起こりうるのであり、このことが構造的諸問題を引き起こしうるのである。

界の内部での「基底にある」「不可視の」力学に関するこうした強調に不可欠なのは、相互作用論的社会学とエスノメソドロジー的社会学に対する批判である。これらのアプローチは、対面的相互作用レベルでの分析に焦点を合わせており、社会的世界において研究されるべきすべてがそうした相互作用の細部の内部で観察可能であるという見解を採用している（たとえば Coulter 1982）。とりわけこの筋道が社会界の生産と再生産へと入り込む身体的働きを明らかにすることから、ブルデューは明らかに社会学のこうした筋道に影響を受け感銘を受けている。だが、ブルデューは社会的世界がもっぱら所定の場で「おこなわれる」という見解に抵抗しており、所定の場でおこなわれることは、対面的レベルでは明らかにはならない、より広い形態とパターンの相互関係性の内部にしばしばその場を占めているのである。

私たちは、美術館の内部での芸術作品の消費に関する簡潔な考察によって、このことを例証することができる。鑑賞がおこなわれる様式の詳細と、参加者の相互作用を通じて構築されるギャラリーの空間性は、明らかに大きな社会学的関心の的である。私たちは、観客が自分たちの経験について話したり、それを構成したりする仕方を聞き、分析することから、芸術の意味について非常に多くを学ぶことがある。さらに、私たちはこうした経験の身体的性質を考察することを望むこともある。たとえば、美術館が身体＝物理的に配置される仕方や、観客たちが身体＝物理的な環境と相互作用する仕方である。つまり、鑑賞的経験を生み出すことへ導く審美的なまなざしや身体的な仕方を知ることとの性質である。しかし、近代社会において芸術の意味を完全に理解することは、少なくとも社会学的観点からみれば、私たちは誰がそういった美術館を訪れ、誰が訪れないのかを知りたいとも思うであろう。芸術鑑賞は、ブルデュー自身による初期の研究が示しているように、そもそも中間階級の追い求めるものなのであろうか（Bourdieu et al. 1990）。私たちは、美術館の可視的な詳細を超えることによって、そして考察から省かれていること（すなわち非訪問者）を研究することによってしか、このことを知りえない。私たちは美術館への参加の不可視な諸相に注目し、公けに訪問することとより広範囲の人びとが訪問することとの間の対照を描かなければならない。しかし、美術館の経験を対象化し、その経験をより広い比較の枠組みの内部に位置づけるためには、私たちは美術館の経験を構成する身体的諸活動の直接性から離れることによってはじめてこのことをなしえる。芸術鑑賞に関する特定の「社会的事実」を明るみに出すためには、統計、比較、階級と社会的立場の技術的な尺度を必要としている。

相互作用論に対する同じ批判が、権力についての疑問点でもなされる。ブルデューは権力が所定の場所で「作動する」と示す人びとや、あるいは実際に行為権力を行使の即時的諸条件に還元する人びとを、それらを支える制度化された関係的な諸形態を示すことによって批判している。ブルデューによる象徴権力についての説明がこのことをよくとらえている（Bourdieu 1992b）。彼は、言語的な発話が「事を為す」ということと、多くの事柄が言葉によって為されるということを示すオースティン（Austin 1971）の考えに関する説明から始める。この点で彼は、言葉によって議会が解散され、囚人が収容され、戦争が始められるということを強調してきた多くの言説分析者や相互作用論者に同意している。だが、オースティンは「幸運な条件」に言及することによって、このことを証明しているとブルデューは記している。それはすなわち、言葉が為すことが何であれ、言葉が事を為すことができるようになるには、その訪れを待たれなければならないという特定の条件のことである。

たとえば、総理大臣は言葉というかたちで議会を解散させるかもしれないが、こうした仕方で議会を解散させるために人は総理大臣でなければならない。同様に、精神科医の診断上の話は、患者を強制的に監禁させたり、またおそらく患者の意思に反して薬を投与したり電気療法に向かわせたりするには十分であるかもしれない。だがその一方で、患者が医師に対しておこなうかもしれないいかなる診断も、それがいかに一所懸命であったり可能性として科学的に信用できるものであったりしても、そのような権力をもつことは決してないであろう。というのも、患者の発話は同じ仕方で制裁を受けていないからである。患者の態度と診断は、技術的あるいは遂行的なレベルでは医師のそれと区別できないかもしれないし、より優れたものでさえあるかもしれない。しかし、それはいまだ支持を得ている医師の行為遂行、あるいは支持を得るための権力を得ている医師の行為遂行ではない。医師の言葉だけが、精神分析的な権力である「遂行的魔術」を引き起こす。ブルデューにとって、このことは言葉の権力、すなわち「象徴権力」が、対面的な出会いでの「おこない」の無媒介性を超越した相互依存性の諸関係にあるということを示している。精神分析医の言葉という権力は、患者のそれと対照的に、そうした権力が関与する広大な制度化されたネットワークから生じるのであり、そのネットワークは精神分析医のプラクシスを統制し、精神分析医の権力を裁定し、そしてそれ自体、国家によって裁定されている。さらに、裁定の過程は、医師と患者の両方の場合において歴史的に起源をもつ。精神分析医は自分たちが訓練を通じてきていることによって裁定されており、国家による精神分析的な確立それ自体の裁定は、長く闘争をともなった歴史の結果である(Busfield 1986 ; Porter 1987 ; Scull 1993)。精神分析的権力、あるいはあらゆる他のかたちの権力に対して社会学が適切に注目する点は、このように広大で歴史的に進化してきた複雑さあるいは界でなければならないのである。

(7) 物理＝身体的な文化資本

ブルデューによるプラクシスの理論によって、私たちは強い意味での社会構造の身体化を主張することができる。筆者の見解では、それによって単純に行動主義的あるいは実証主義的な立場だと思われるものに引き戻されることはない。たとえば、ハビトゥスとイリュージオに関する彼の説明は循環的な過程を照らし出しており、それによってプラクシスは身体の内部に内自化されるが、身体的な働きと身体の能力を通じて再び生成されるためだけに内自化されるのである。そして、このことによって私たちは、さまざまな社会的過程と社会的プラクシスの情動的／リビドー的な激しさを理解することができる。その一方で、界という考えによって、私たちは「身体」の即時の可視性というこの基底的レベルを超えて考えること、行為者を行為者が関与するより広いゲームの内部に位置づけること、そうしたゲームのもつさまざまな力学と権力を探究すること、これらのことができるようになる。ブルデューは「文化資本」という考えを通じて、社会生活についてのこうした身体的な考え方に、さらなる相を付け加えている。文化資本は、次の三つの基本形式でもたらされると彼は論じている。第一に、客観化された形式であり、人が所有する絵画や本のようなものである。第二に、制度化された形式であり、これには資格や他の文化的経歴についての公的書類がある。第三に、身体的な形式であり、これには文化的価値を運ぶ多種多様の身体的能力がある。人が有能なかたちで絵画を「解釈する」こと、音楽作品を吟味すること、美味しいワインを選ぶことを可能にする知覚図式は、このことを示す例であろう。というのも、そうした図式は人の身体的なヘクシスの諸相、すなわち人の振る舞い、アクセント、マナー、社会的立ち位置を表わすその他の可視的な印なのである。この第三の身体形式は、ブルデューがハビトゥスという見出しの下で記述していることと明らかに一致している。

だが「資本」という考えが付け加えるものは、特定の傾向性が特定の社会界の内部でもつ交換価値への注目である。たとえば、偉大な芸術作品を「解釈する」行為者の能力、あるいは行為者のアクセントや態度は、その行為者が自分たちの目的を求めるなかで、他者と「つながり」、戦略的に有利さを保証するという印象を、満足のいくかたちで他者に与えるのに十分であるならば、そうした行為者の特定の傾向性はまさに資本として機能する。交換という考えは、ここでは資本への隠喩的次元をもつ。人は、貨幣を用いる仕方で、礼儀正しいアクセントを「用いる」ことはできない。アクセントというものは、それが「用いられ」ているときでさえ、そしてアクセントがそれ自体その価値を保持しているかぎり、礼儀正しいままでありつづけるのである。だが重要なのは、意識的にであろうとそうでなかろうと、アクセントはそれ自体の知覚された価値あるいは望ましさを理由に、ある文脈のなかで他の欲望された目的を手に入れるためにも用いられうる、ということである。

シリング（Shilling 1991；1992；1993）は、身体的な文化資本という考えを、身体資本という考えへと展開してきた。彼は身体的な文化資本という考えを、「身体」の他の諸相を含むべく純粋に文化的な次元を超えておし進めてきている。「身体」の他の諸相は、資本として機能するために、所与の社会界の内部で特定の価値でもって客観化され構築されることがある。身体のさまざまな審美的な資質は、このことに関する一例をもたらしてくれる。

引き締まった身体、力強さ、スタミナ、タフさなどの資質がその他の例である。これらの様相のいずれも、特定の界における交換価値をもちうるし、結果的に資本として機能しうる。さらに、これらの様相が特定の界の内部で価値を獲得するかぎり、こうした身体的な属性は社会的行為者にとって望ましいものとなる。

筆者の見解では、身体資本についてのこうした考えは、社会的行為者が自分たちの身体を修正あるいは変容し形づくる、直接的かつ間接的なさまざまな仕方を理解するために非常に重要である。多くの社会学的研究は、こういうことが実際に起こっていると示してきており、こうした研究の含意は、少なくとも人びとがその結果を欲望するゆえに、人びとは自分たちの身体を変化させるという点である。身体資本という考えによってなされることは、そうした身体的諸状態を位置づけることであり、その諸状態は、それらが価値をもつ市場という文脈の内部で望ましいと思われているかもしれないのだ。私たちは身体的諸属性が通貨として機能し、さらなる報酬を保証し、価値ある資源として役立つのはいかにしてか、ということを理解しはじめることができる。したがって、私たちは特定のかたちの身体加工の動機をよりはっきりと理解しはじめることができる、と筆者は示したい。行為者は、自分たちが関与している界と、そうした特定の界からの諸要求に従って自分たちの身体を作り上げ形づくるのである。

ヴァカン（Wacquant 1995）によるボクサーについての研究は、いくぶん極端ではあるが、この点に関する興味深い例である。それは、ボクサーが彼らの界に合った身体を作り上げ、ボクシング界の内部で価値づけられるさまざまな仕方に焦点を合わせている。すなわち、ボクサーの身体はリングのなかで技能を得る身体であり、特定の技術的な技能の厳密さと正確さを適正に生み出すことを要請される即興性と結び付いた身体であるが、打撃を受けるに不足のないくらいタフで強い身体でもある。たとえばヴァカンは、わずかなスパーリングの経験を経た後に、自分自身の鼻からあまり頻繁に流血しなくなった様子を多少自信をもって描いている。そして彼は、未経験の新人を可能性のある競技者へと変える一般的な作業と、それぞれの戦いの前にボクサーを戦いに備えさせるより特殊な作業について言及している。

身体資本の生産へのこうした焦点化に加えて、ヴァカンは、痛みは言うにおよばず、ボクサーがさらなる身体的な危険と、そうした危険に直面した際に作り上げることのできる合理化のなかのイリュージオの果たす役割について述べている。もちろん、言葉のきわめて正確な意味で、ボクサーはリング上で死ぬこともありうる。しかし、こういう場合はさておき、サンドバッグを継続的に殴ることで引き起こされる身体的ダメージと、頭への直撃によって引き起こされる脳へのダメージの可能性など、すべてのことがボクシングを、痛みが多く危険の多いスポーツにしている。だがボクサーはこの危険性とともに生きなければならず、こうした危険性が不可避に引き起こす恐怖に打ち勝つこと、あるいはその恐怖とともに歩んでいくことを学ばなければならない。ボクサーが以上のことをなす仕方に必須なのは、界のイリュージオである。ヴァカンは、ボクサーの主観的状態も界の客観的前提条件も同時に構築する「(多くの点で中毒に似ている) 非決定的な半組織的関与」(Wacquant 1995 : 88) について述べている。


ボクサーは、その (再) 社会化された生きられる身体とゲームとの間の即自的な共存と相互理解のなかで、そしてそれによって、構築された実践的信念 [「身体の状態」] から人と戦いたいと欲望する。

ボクサーは意図して、こうした潜在的に自己破壊的なやりとりのなかで耐え忍ぶ。なぜなら、言葉の現実的な意味で、ボクサーは、その住みつくゲームによって住みつかれているからである。一〇年以上にわたって三大陸を制覇し、かつて腕を二回、足を一回骨折したことがあるといわれているあるベテランのミドル級の選手は、破れた鼓膜と縫合を要するいくつもの顔の傷だけでなく、指の関節に永続的な問題 (それらのまわりを形づくるカルシウムの欠乏による) もある。だが彼は、こうした一連の負傷にもかかわらず、不安を感じる理由がないときには、そうしたドクサ的受容こそが拳闘に賭けて身体を作り上げたということを示している。「もちろん君はそのことについて考えているんだろうが、自分自身を立て直して、こう考えはじめるんだ。君は（あきらめることが）できない、と。それは君の血なんだ……」（Wacquant 1995：88, 強調は原著）

この説明において興味深くかつ重要なことは、ボクシングがもつ複数の「レベル」の身体性であると示したい。あるレベルでは、ボクシング界は存在している。というのも、行為者はその界の内部で成長したのであり、そうでなくとも行為者はプレイヤーとして、あるいは観客として、その界のなかに投げ出されていたからである。そして行為者は、「骨の髄で感じる」ようになり、継続的な参加によってボクシング界を再生産する傾向にあったのである。ボクシングの世界の構造は、行為者のハビトゥスに埋め込まれている。行為者は、主観的レベルではボクシングに熱中しており、客観的にはプラクシスのなかでボクシングを再生産している。ハビトゥスを形づくる世界は、身体図式の内部に内自化されることによって、その図式とハビトゥスによって再生産される。だが、それがすべてではない。こうした仕方で生成された界は、市場として、ある種の身体あるいはある種の身体資本に効果的に機能することを要求し、そしてそうした身体を形づくることを奨励するために報酬を生み出している。ボクシング界は機敏で闘争的な身体、ゲームの技術において武装され技能を身につけた身体、「戦いのための体重」まで減量された身体を要請する。このことは、ひるがえって身体へのあるかたちの身体的労務を引き起こす。行為者は、自分たちを競争者に、そしておそらく勝者へと作り上げる身体資本を生み出すために、ダイエットやトレーニングによって自分たちの身体に働きかける。それから戦いが起こる。すなわち身体＝物理的な格闘である。これらはいうまでもなく、界の非常に重要な点であり、界を生み出す興奮とイリュージオを支えるのにきわめて必要なものである。だがそれらはまた身体加工の最終段階でもあり、ボクサーは、界が個人的に自分たちにもたらす恐れと痛みとともに歩むために、ゲームのイリュージオを引き出さねばならない。ここには、よく知られたデュルケム的な循環関係がある。界の非常に重要な点として、戦いはイリュージオを支えているが、同時に戦う者は戦いに向けて勇気を奮い起こすためにそのイリュージオを引き出さねばならない。

　だが、このボクシングの例についてもうひとつ非常に重要なことは、身体を形づくるある特定のより広い力学、そしておそらくより可視的な力学をこの例が明らかにするということである。ボクシングは水平的に差異化された界である。つまりそれ自体の規則、関心、プラクシスをともなう世界である。しかしボクシングは、さまざまなかたちの垂直的差異化によっても仕切られるものでもある。たとえば、ブルデュー（Bourdieu 1978）が示してきたように、ボクシングは、とりわけイギリスの公立学校における、かつては中間階級に優勢なスポーツであったが、いまや基本的に労働者階級のスポーツとなった。そして、私たちはボクシングが「黒人」に優勢なスポーツであるということ、言い換えれば、ボクシングが多くのスポーツがそうであるよりも、黒人に対してより開かれたスポーツであるということを付け加えることもできよう。ヴァカンがおこなっているように、そのスポーツが貧困地域に住む黒人の若者に開かれたわずかな「逃げ道」のうちのひとつであり、とりわけボクシングはこうした目的を満たしているように思えるということはかなり知られたことである。さらに、ボクシングは男性に優勢的なスポーツである。実際に、女性の公式試合がおこなわれるようになったのはごく最近のことであり、毎回かなりの論争を引き起こしてきている。筆者は最後の第八章で、こうした差異化についてもっと述べるつもりである。だがさしあたっては、ジェンダーがある種の地位、あるいは象徴資本として機能しており、社会的な分類の（身体）図式の内部における生物学的な印および場所に基づいて考えられているということ、そしてこうした形式の象徴資本が、ボクシング界に顕著であるように、特定の界に入るための条件でありうるということ、これらのことを述べておくだけで十分である。こうして、戦う身体がそれによって構築され論争の的になる身体的諸過程はそれ自体、垂直的差異化によって仕切られており、生産されたボクシングの身体は、つねに階級の身体であり、人種化された身体であり、ジェンダー化された身体なのである。ボクサー、トレーナー、観客は、自分たちがそうしたいから、ゲームのなかに自由に入り込んでいると主観的には感じているかもしれないが、社会学的分析によって、むしろより複雑で社会的な構図が明らかになるのである。
ボクシングは、明らかに極端な事例である。だが、ヴァカンの基本的な観察には、ずっとより広い適用範囲がある。身体資本は日常生活の事実であり、多くの社会界にはその資本についてのいくつかの変異形がある。たとえば政治においてさえ、マーガレット・サッチャーによる有名な声の変化と髪型が示しているように、特定の種類の身体が求められており、行為者は、うまくいくように自分たち自身を変容させる覚悟ができていなければならない。政治家がどのように見えるか、どのように聞こえるか、どのように振る舞うかということが重要な役割を果たしており、政治家はこうしたことを無視することはできないのである。

(8) ブルデュー批判

ブルデューの研究は、非常に多くの評価を引き出しており、急速に現代社会学においてもっとも影響力のあるパースペクティヴのひとつになりつつある。だが彼の研究は、ある特定の批判にも遭遇してきた。筆者は本章で、以下の二つの批判を扱おうと思う。そして、この二つの批判自体は吟味に耐えることができないと筆者は論じるが、それぞれの批判は私たちが扱わなければならない真実の核心も含んでいる。

第一の批判は、アレクサンダー（Alexander 1995）によって示されている。アレクサンダーは、ハビトゥスの概念が、ブルデューの研究のなかで共存している二つの相互に対照不可能な行為理論のうちのひとつを構築していると論じている。ハビトゥスの概念は、受け継がれた文化的伝統によって行為を説明しているとブルデューは論じる。しかしブルデューはまた、すべての行為の背後に戦略的かつ理性的な目的を認めているようにも思われる。すなわち、「ブルデューにとっては、もっとも伝統的な農場労働者でさえ株式市場のような人生のゲームをプレイしている」（Alexander 1995 : 150）。アレクサンダーにとって、行為作用に関するこの第二の解釈は本来的に問題である。というのも、その解釈はすべての行為を手段的な自己利害に還元し、きわめて利他的な行為が実際には自分自身の利己的な目的を実現するかなり効果的な仕方であるということを含意しているからである。だがさらに、その解釈はハビトゥスの理論と首尾一貫したかたちで調和しえないので問題なのである。

ブルデューによる実践的行為理論の二つの異なる解釈の間には……理論的矛盾がある。一方では非合理的な行為の役割と客観的に構築されたハビトゥスを強調し、他方では客観的な帰結をもつ合理的動機の役割を強調しているのである。(Alexander 1995 : 153)

筆者は、株式市場についての原理的で基本的なアレクサンダーによる皮肉な所見には多少とも同意する。ブルデューがときに、行為の戦略的で利己的な性質に対して置いている強調は、合理的選択理論にみられるように過剰なものとなり、いかなる有意味な仕方においても、これらの概念が行為の性質を区別したり明らかにしたりはしなくなることになる。

だが、ブルデューの行為理論に含まれる矛盾に関するアレクサンダーの議論は、いくつもの理由から問題がある。第一に、ブルデューによるハビトゥスについての考え方は、規則、規範、伝統に盲目的に固執する「文化的判断力喪失者」のモデルに集中しているわけではない。ハビトゥスは、革新的で即興的な行為の実践的―社会的な基盤を形成する。ハビトゥスは、ライル (Ryle 1949) のいうような意味からすると、行為のための固定された機械論的な青写真ではなく、さまざまなかたちの能力、技能、多重的な傾向性からなる。したがって、ハビトゥスによって引き起こされた行為は、狭義の「伝統的」あるいは「習慣的な」行為ではない。筆者はこのことを手短に例証しようと思うが、その前に私たちは第二の点をも確認しておかなければならない。

第二の点は、ブルデューにとって、戦略的行為の合理性がつねに特定の界に関係しており、ハビトゥスはそうした界への「感情」としてこの文脈において完全に必然的であるという点である。私たちの戦略的合理性は、私たちのハビトゥスによって構築されるような、想定された仕方を知ることと技能のレベルとに基づいてはじめて可能になるのである。これらの点は、サッカー、ラグビー、ホッケーといったゲームとの関係でもっともよく例証される。これらのゲームにおけるプレイヤーの行為は戦略的である。プレイヤーは大部分において、自分たちのチームのもつゲーム特有の「資本」（ゴール）を最大化するために行為する。だが、プレイヤーの利益を最大化する仕方は、彼らのプレイしているゲームに非常に特有である――非常に伝統的で恣意的であるという人もいるかもしれない――ということもまた明らかである。たとえば、ラグビーで完全なプレイと思われるものは、サッカーの条件ではばかげているかもしれないし、人を飽き飽きさせるのに十分であるかもしれない。こうして、サッカー選手が敵チームのゴールや味方の足へとボールを蹴るとき、彼らの行為は還元できない不可解なやり方で、戦略的で伝統的な諸要素に結び付いている。さらに、メルロ＝ポンティが記しているように（第五章を参照）、これらの「伝統」に対する行為者の固執と行為者の戦略的な方向づけはともに、たいていは前反省的である。プレイヤーであることは、界と「一体となって」いるということである。すなわち、界の構造と形式に従ってみたり考えたり行為したりするのである。

その状況は、反省的思惟や計算が関与する際も決して違わない。たとえば、有能なポーカープレイヤーは、サッカー選手と同様に、ポーカーゲームの恣意的な伝統の内部で前反省的に位置している。サッカー選手のように、ポーカープレイヤーのすべての行為は特定の目的、特定の資本に向かう戦略的に複雑な前進なのであるが、サッカー選手のように、このことはすべて必然的に含まれており、彼らのプレイするゲームについての習慣的に基礎づけられた前理解を通じて構築されるのである。ポーカープレイヤーは、考え深く内省するが、ゲームの規則、性質、目的について考えたり内省したりするわけではない。ゲームの継続のために、プレイヤーはそのゲームのなかにいるのであり、ゲームをすっかり信じ、ゲームの恣意的で因習的で狭い限界を、現実それ自体、そして可能性それ自体として経験しているのである。

これらの例は、アレクサンダーが伝統と戦略とを対照不可能なものとしてみている点で誤っていることを示している。それらは対照不可能なものではない。だが、アレクサンダーはさらなる批判を繰り広げる。アレクサンダーは、ブルデューが決定論者であると論じている。この点に関するアレクサンダー自身の議論は、ほとんど明瞭でない。アレクサンダーはブルデューが決定論者であると示してきた多くの論者の一人であるが、より明瞭で精緻な例示はジェンキンス（Jenkins 1982）によってなされている。ジェンキンスは次の二点を認めており、彼が主張するところによると、そこにブルデューは思いがけず決定論を忍び込ませているという。

ジェンキンスの示す第一の点は、構造化する構造として、だがまた構造化された構造としてのハビトゥスについての考えに焦点を合わせている。ブルデューはハビトゥスの（主観的）諸構造を、客観的プラクシスを生成するものとして定義する際に、行為者と主観性をそのなかに含めているようにみえる、とジェンキンスは論じている。しかしその際、ブルデューはそれらの主観的諸構造を作ることによって、すぐにこの定義を閉じてしまっており、次いで外的で客観的な諸条件の産物について述べている。決定論が「最終的に」再び登場するのである。

……ハビトゥスは「客観的」プラクシスの源泉であるが、それ自体、「主観的」生成原理の一揃いであり、社会生活を枠づける「客観的」諸構造によって生産される。その場合、本質的に、そのようなモデルが最終的には別のかたちの決定論以外の何ものも構築しないということが認められなければならない。（Jenkins 1982：272）

ジェンキンスの示す第二の点は、ブルデューが「客観的蓋然性の主観的予期」に対しておこなっているさまざまな言及に焦点を合わせることによって、このことを拡張している。すなわち、その予期とは客観的なライフチャンスによって形づくられる様式のなかにあり、したがって人びとは実際に達成可能である以上のこと——まさに結果的なイデオロギー的機械論——をめったに予期しないのである。

ブルデューに関していえば、行為者の主観的な知識と予期は、誤認がその世界に関係して「客観的に」より鋭い命題を定式化することに由来するかぎりで、限られたやり方で「客観的」世界を理解することができるにすぎない。これらの知識様式の間の関係は、問題含みであり、矛盾している。(Jenkins 1982 : 273)

アレクサンダーによる上述の批判のように、これらの批判のいずれも、少なくとも、より最近のブルデューの研究を考慮に入れれば、ブルデューの説明にとってあまりフェアであるとはいえない。たとえば、ジェンキンスがブルデューを「決定論」と位置づける「最終審」は、明らかにジェンキンス自身のものであり、ブルデューのものではない。すべての行為者が、彼らに先行し彼らが適応しなければならない構造化された世界へと産み落とされるということは、もちろん真実である。行為者は、自らが社会的行為者になりうる前に、言語のような客観的な社会構造を内自化しなければならない。こうした厳密に伝記的な意味では、客観的構造は、主観的構造を決定づけるのではないにしても、それに先行しそれを形づくるのであり、ブルデューがそのように述べるのは正しい。だが、より広い歴史的および存在論的な意味では、客観的構造と主観的構造との関係は、先述のように「循環的」である。もしブルデューが、先行する客観的構造によって客観的構造を生成する主観的構造を説明しているならば、それは彼が、その先行する客観的構造それ自体が主観的構造によって生成されるなどということも同様に認めるかぎりで、そう説明しているにすぎない。世代を超え歴史を通じて、主観的構造と客観的構造の循環は、いかなる「最終審」を迎えることもなく、決定的なもの、あるいは別の非決定的なものに変わるのである。

同じような誤読が、客観的諸条件によって主観的知識と主観的予期が形づくられる点についても明らかである。

この点は、ブルデューの研究のなかでもとりわけ内容の深部に抵触するものであることから、ここではいくつがの点を引き出す必要がある。第一に、支配されている社会集団の予期は社会的立場を反映しており、この意味で現実的であるという考えは、構造決定論を含意しているわけではない。あるレベルでは、ブルデューは行為者が次のことを予期したり予想したりするようになると主張しているにすぎない。すなわち、行為者が繰り返し従属しているのに気づくということ、そうした予期がしばしば集合的に生産され共有されるということ、そしてそのような予期はそれを否定する理由がほとんど見いだせない子孫へと引き継がれ伝えられるということである。世界についての帰納的なラフスケッチを構築することにおいて、たとえその構築が比較的運命的なものであろうとも、行為者はここではもっぱら能動的である。言葉のいかなる意味においても、そこには決定論などはなく、実用的な適応と現実主義があるにすぎない。もし労働者階級の子どもの親たちが、子どもに予期を伝えるとするならば、その子どもが有力な職業人あるいは企業の重役になる傾向があるということはきわめて奇妙なことであろう。このことは、世界についての意味を伝えることを含むであろうが、その世界とは、労働者階級の親たちがそれについてはあまり知らず、特定の社会集団の成員としてその親たちの経験のなかにある何ものも、彼らの子どもが出世すると親たちが予期するようにはならないのである。

このことは、ジェンキンスが思案していることそのものではないかもしれない。自分の関心は、ブルデューが抵抗の可能性にあまり注意を払っていないことにある、とジェンキンスは主張するかもしれない。この点に関して、ブルデューは「変容」についてよりも「再生産」についてより多く語らなければならなかったのだと筆者は考えているが、これは強調の問題にすぎない。ブルデューは自分の研究において闘争や紛争について言及しているし、つねにそうしつづけてきた。たとえば彼は、さまざまな「無意識の」予期と想定と信念、すなわちドクサが適所で現状を維持しているが、それは歴史的過程の結果であり、未解決の紛争によってしばしば先行されてきたとブルデューは論じている。

今日の私たちに自明なものとして、言い換えれば、意識と選択の閾下にあるものとして現われるものは、かなりしばしば闘争の賭け金でありつづけてきており、支配集団と被支配集団との間の根気強い対決の結果としてのみ設けられる。歴史的進化の主要な影響は、過去に委ねることによって歴史を葬り去ることである。すなわちそれは、過去が取り除いた無意識で外側の可能態なのである。(Bourdieu 1998a：56-7)

したがって、正当化と安定性は不可避ではなく、闘争の鎮火といった偶然かつ観察可能な結果であり、おそらくある場合には歴史的記憶からそれを忘却することである。さらに、ブルデューは「五月革命」のような危機の可能性にしばしば言及しており、そこでは主観的予期と客観的結果との間に不協和音が現われ、そして批判の可能性を刺激する。そうした諸状況において、ドクサ的で身体的な諸仮定が言説の領域にもたらされる、と彼は論じている。

議論されていないことを議論へと持ち込む批判、定式化されていないものを定式化へと持ち込む批判は、その可能性の条件として客観的な危機をもつ。それは、主観的構造と客観的構造との間の即時的な調和を壊すなかで、自明性を実践的に破壊する。……もっとも根本的な批判をしたがる人にはつねに、客観的条件がその批判にあらかじめ与えている限界がある。(Bourdieu 1977：169)

ここでは、次の二点を記しておくことが重要である。第一に、ブルデューは主観的予期/傾向性と客観的条件とが、同時進行から逃れうると考えている点である。彼はこのことを客観的構造における変化の帰結とみなしているように見受けられるが、その構造は客観的条件が予期と交わることを不可能にする。しかし私たちは同時に、行為者間の意思伝達的な関与が効果を同じくするために主観的傾向性と主観的予期とを変化させることができる、と措定するであろう。第二に、ブルデューはこのことの影響を、ドクサ的な想定と信念を疑問に付すことへの一般的要請として理解している。客観的構造と主観的構造との間の「調和」が破壊されるとき、批判的な内省の機会と、前もって疑問に付されなかったさまざまな想定に関する議論の機会が可能になる。この点で、ブルデューが客観的構造と主観的構造との間に認めている調和は一時的な点であり、それはその調和を引き継ぎ確立した歴史的闘争と、その調和を引き離しもう一度その調和を議論へと開く未来に起こりうる危機および運動との間にあるのである。

危機の概念と批判的な言説もまた、ブルデューに対して向けられてきたさらなる批判から彼を遠ざける。コグラー（Kogler 1997）は、ブルデューの視点が、通常は知識社会学に結び付けられる、よく知られた問題に属していると論じてきた。ブルデューが研究している人びとの主観性を生成する客観的諸条件を認めるなかで、ブルデューは自分自身に正当性を欠く認識論的特権を与えるよう強いられているか、あるいは彼自身の足元でその土台を切り捨てるよう強いられているとコグラーは論じている。ブルデューの立場は自滅的なのである。コグラーの見解では、ブルデューが必要としているのはもっと解釈学的な視点であり、その視点は人間の再帰性を認め、社会学をこうした基本的な力能の拡張として理解するものである。こうした批判はジェンキンス（Jenkins 1982）の論文と共通している。ジェンキンスの説明のなかにある、驚きの調子を帯びた先の引用は、ブルデューが社会的行為者の主観的世界と、彼自身のより客観的説明との間に導入している差異に関する不安を示している。これらの批判が切り拓く認識論的問題について議論するには、本章はその限界を超えている。だが、ブルデューを擁護するうえで、簡潔な事例は示すことができる。

ブルデューが擁護するいかなる認識論的立場であっても、そこには実用的で遠近法的な相がある。この見解では、すべての社会的行為者の主観的な地平と知は、社会的世界の特定の部分への彼らの実践的な関与によって形づくられている。すべての行為者は、社会科学者も含めて、世界を「どこか」からみなければならない。神の視点、あるいは認識論的特権を享受する者など誰もいない。さらに、批判と危機に関する覚書が示しているように、誰もがさまざまな想定と前提条件を、言説と内省へと再帰的に高めることができる。ブルデューの視点は、この点で「解釈学的」である。しかし彼の議論は、現状において行為者の忠誠を邪魔する経験によって促されるのでないかぎり、あるいは学会における社会学者のように、そこでそのようにおこなうための財政的で象徴的な誘因をもち、行為者がある立場にあるのでないかぎり、行為者は批判的―再帰的態度を採り入れる傾向にないというものである。

より最近の研究のなかで、ブルデュー（Bourdieu 1998a）はこの点に深みを加えるために「自然的態度」という現象学的な考えを引き合いに出してきている。この考えは、少なくとも哲学的で社会学的な基準により、実践的な行為は生に向かう比較的疑問に付されることのない非再帰的な態度を要請する、という見解を前提している。ゲームに関与しているサッカー選手のように、社会的行為者は、自分たちが効果的にプレイすることになっているならば、社会的界の恣意的な枠組みを現実的で自然なものとして知覚し（誤認し）なければならない。社会的行為者は、もし得点したり勝利したりしたいならば、ゲームを再生産するなかで、ゲームの恣意性や自分自身の役割について考える余裕はない。そして、もし彼らがそれらについて考える余裕があったとしても、それは実のところ彼らにとって、少なくとも短期間ではあまり価値のないことであろう。レフリーは、反則が社会的構築物であるという理由から、罰に対して好意的に応えるわけではない。しかしながら、ゲームに追いついていないか、ゲームの内容が異なっている学問的な傍観者は、事物を異なったかたちでみることができるし、そうする傾向がある。学会は、さまざまな想定を明らかにすることに対して得点を与えるのである。学会と日常という、これら二つの異なるかたちのプラクシスは、異なる構成要素に従って異なる仕方で作動する。だが、これらは異なる見解というにとどまらない。私たちが述べたような学問的視点は、通常は注意から逃れるものを解明するために社会的世界に再帰的に立ち戻ることをともなっており、その世界の即時的な実践的要件から解放されている。さらに、そしておそらくより重要なことであるが、そうした学問的視点は、民族誌からインタビューを通じた調査や統計までの専門の研究方法を用いることをともなっており、日常において素人の行為者による内観もしくは内省にとってはほとんど利用不可能な、世界についての視点を学者にもたらす。まさにこうしたことによって、実際に、社会学者が素人の視点を超えたところに自分自身の身を置く。これらの仕方において、社会学的見解は素人の見解よりも優れた批判的見解である。

だが、そうはいっても、社会学は社会的世界の一部であり、社会学が研究対象とする人びとが自由に用いることのできうるものである。これが、なぜ批判が価値あるものなのかの理由である。ブルデューは、彼が研究対象とする人びとを、実験室のラットや生命のない社会的な「分子」とみなしているわけではないし、そうしたラットや「分子」は、彼の調査や研究から永遠に引き離されるであろう。ブルデューにとって社会学は、すべての他の科学と同様に、解放の手段である。すなわち社会学は、社会的行為者が自分たちの生を形づくっているさまざまな力とかたちの「誤った認識」という覆いを——それに立ち向かい変化させるために——取り除こうとしうる、そうした手段なのである。この点で社会学は一揃いのプラクシスと技術である。つまり、単なる内省や机上の理論化によって社会的行為者が利用可能になるよりも、彼らの世界についてのより批判的見解を獲得するために、社会的行為者が関与することのできるプラクシスと技術なのである。生を正常なものとして営む実践的見解からすると、こうした批判的視点は、日常的な行為者の素人知とくらべて優れているというわけではなく、実際のところ批判的視点のほうが劣っている。しかし、そうした批判的視点は、より厳密にうまくいく分析を提供してくれるのであり、より深い自己理解をなそうとする人びと、あるいは批判したり変化させたりする人びとにとって非常に価値あるものなのである。

(9) ブルデュー批判・再考

筆者はこれまでブルデューに対する批判者から彼を擁護してきたが、彼の説明には実際のところいくつかの問題も含まれている。ここではそのことを示したい。次の三つの穏やかな批判が、まさに以上で議論されてきた点から引き出すことができる。

第一に、哲学的にいえば、ブルデューは、決定論と自由意志の間の「中間の道」を詳細に説明したり確立したりするところまでは決して十分に至っていない、と筆者は示したい。彼は、ハビトゥスがこれらの両端の間にある道を私たちに示してくれると主張しているが、どうしてそうなのかは必ずしも明らかではない。この点が、批判者たちがなぜ彼の研究を決定論的だとラベリングしつづけうるかの理由のひとつである。

第二に、ブルデューは大部分の箇所で、ハビトゥスの概念を、行為者についての考え方に先行させている(予期に関する以下の記述を参照)。実際、彼はところどころで、ハビトゥスを行為者に置き換えている。このことは、科学的説明という目的にとっては有用でありうる。つまり、そうすることで、ハビトゥスの概念が特定のプラクシスを構造化する根源的な傾向性を、非常に正確かつ経済的に叙述するためには助けにはなる。しかし、ハビトゥスを行為者に置き換えることは、より一般的な理論的考察という文脈のなかでは誤りとなり、問題を作り出す可能性もある。結局のところ、行為するのはハビトゥスではなく行為者である。同様に、即座に作るのもハビトゥスではなく行為者である。そして最後に、アレクサンダーの指摘に関連づけていうならば、戦略的に行為するのはハビトゥスではなく行為者である。筆者はこのように主張することで、成熟した社会的行為者はまったくもって習慣的である、ということを否定したいわけではない。そうではなく、たとえばもし私たちが習慣の定式化と獲得を説明しようとするならば、その説明は行為者あるいは習慣的「生き物」についてのより実質的な説明を必要とするということである。

習慣には、行為の結果が、いやむしろ繰り返された行為の結果が沈殿しており、習慣についてのいかなる説明も行為についての説明を前提する。したがって、ブルデューがところどころで示しているようなやり方では、行為は習慣に還元されえないのである。ある程度、彼がハビトゥスを「構造化された構造」として考える際に、このことは認識されている。つまり習慣は、構造化されたプラクシスの界に行為者が積極的に関与することから生じる、と彼は論じているのである。このことは、諸構造を実際に内自化するため、その前にプラクシスの界に従事する行為者がいるという問題を提起する。私たちはいかにしてこの前習慣的行為を説明できるというのであろうか。さらにブルデューは、習慣が即興性を促すという点を強調することに腐心しているが、プラクシスの界という根源的な構造あるいは原理が時を越えて変化するというまさにそのことと、そしてそれにともなってハビトゥスが構造や原理を生産するよう求められるというまさにそのこと、これらのことを考察する重要な次の段階に進んでいない。

社会的世界は、前述のように完全な循環ではない。それは変化する。そして、この結果として、私たちはプラクシスにおける創造の可能性とさまざまなかたちの革新の可能性を認めなければならず、それが習慣の変容をもたらすのである。プラクシスの界は、メルロ＝ポンティ（第五章を参照）が言語と絵画の伝統に関して述べているように、「動的均衡」である。プラクシスの界は、その構造を修正し変容する「首尾一貫した変形」に従っている。このことが可能である理由は、行為のなかにはその行為自体の習慣的根源を変形し、それによって超克し、その根源を修正し、場合によっては新たな習慣をもたらすものがあるからである。ちょうど習慣がプラクシスを生成するのと同じように、創造的で革新的なプラクシスは習慣を生成し修正する。社会生活の循環は、そのなかでプラクシスを生成する習慣をプラクシスが生成するという進化する循環である。そして、その循環の内部で進化するための推進力は、創造的で革新的な行為の可能性それ自体に起源がある。

以上のことは、でたらめに、あるいは無から生じるわけでは決してない。界と生の物質的諸条件からなる流れは、社会的行為者に革新と創造を要求する。相互作用は、変化のための圧力をもたらす。しかし、そのような要求に遭遇することができる行為者によってはじめて、そうした要求が振る舞いと習慣に対し影響をおよぼすことができる。習慣という概念によって十分に捉えられる以上の何かが、行為者にはある。すなわち、習慣を作り出し修正する創造的で生成的な原動力である。したがって私たちは、ハビトゥスという概念を、行為者についてのこうしたより広範な考え方の内部に位置づける必要がある。

こうした創造的過程における行為の役割を強調すること、そして筆者の見解を素朴なかたちの人間性論あるいは意識哲学から引き離すことが重要である。筆者は神秘的な創造的衝動や創造力をほのめかすつもりはないし、ましてや創造作用が「既成の」思惟をプラクシスへと翻訳すると示すつもりもない。創造作用を、普通でない状況に対する目的的で革新的な「応答」以上の何かであると示すことで脱文脈化することが、筆者のねらいではない。創造作用は、現存する習慣を修正し、ある状況の論理にしっかりと根づかせたままなのである。むしろ筆者の重点は、永続的に行為と相互作用とが新しい文化的形式とレパートリーをもたらすということであり、それはしばしば「創造者」自身をも驚かす。界とハビトゥスは「動きつづける」のである。このことは、認めざるをえない重要なことである。

筆者の見解では、ブルデューが自分自身を決定論者であるという非難から攻撃されやすくしているのは、彼が行為作用のもつこうした生成的役割を無視しているからである。自らの行為が習慣を生成する行為者について、より洗練されたかたちで考えなければ、習慣がいかにして生成され、修正され、あるいは実際に物質的生の環境という要件に適合するのかを彼は説明することができない。たとえば、ブルデューは物質的不足という諸条件が、あれこれの習慣を自動的に生産するということを示そうとしているように思われる。そしてそこでは、生成的な行為者に対するより強い注目が、習慣とそうした実存の物質的諸条件との間のギャップを埋めており、それによって彼は、「これこれ」の特定の一揃いの行為者の創造的で適応的な作業の結果として、「これこれの習慣」が「しかじかの条件」で現われると述べることができている。このことの多くは、彼の研究のなかで明らかであると筆者は考えているが、誤解は避けられなくてはならず、ハビトゥスに関するより深い探究がおこなわれなくてはならないならば、こうしたことの多くは明るみに出され、再考察されなくてはならない。

この点にはさらなる相があり、それはブルデューが非習慣的諸行為に関して継続的におこなってきた論及から生じている。たとえば、社会的危機の時代に現われる批判について考察する際、彼は行為作用のもつ非習慣的要素を指し示しているように思われる。このことは、ごく最近のインタビューでもほのめかされており、そのなかで彼は、グローバル化の諸過程に対して大きくなりつつある抵抗について考えている。

> ハビトゥスは傾向性、反応、さまざまなかたちの行動といった一揃いのものであり、人びとが社会のなかで行為することを通じて獲得するものである。ハビトゥスは、たとえば中間階級の環境で育ったのか、あるいは労働者階級の郊外住宅地区で育ったのかというような、人びとが社会のなかでもつ異なる立場を反映している。
>
> ハビトゥスは、社会がいかにしてそれ自体を再生産するかということの一部分である。しかし、そこには変化もある。紛争は社会に組み込まれている。自分たちの予期や生き方が、自分たち自身がそのなかにいると人びとが気づく新たな社会的立場と突然に調和しなくなる。これは今日のフランスで起こっていることである。こうして、社会的行為者という問いと政治的介入という問いは非常に重要なものになる。(Bourdieu 2000：19)

私たちはまた彼の研究のなかに、いくつもの点で同じ主張について、より理論的に研究された別の説明を見いだすことができる。

……ハビトゥスは、何よりもプラクシスの産出原理であり、それは疑いもなく、プレイのなかにもっとも頻繁にあるが――ライプニッツいわく「私たちの行為の四分の三は経験的なものである」――、ある特定の環境では――たしかにハビトゥスの即時的順応性を界に合わせて順応させる危機的諸状況においては――ハビトゥスが、合理的で意識的な計算のような他の諸原理と取って替えられるかもしれないという可能性を私たちは除外することはできない。(Bourdieu 1990：108)

この主張に対して、筆者は次の二つの批判をしておきたい。第一に、ブルデューは、「合理的で意識的な計算」、あるいは再帰性が日常生活に入り込む度合いを、当然のこととして過小評価している。彼が非常に多くの社会的行為を理解するために用い、ハビトゥスの手近な定義として用いている「ゲームへの感覚」というメタファーは、きわめて有力で魅力的なものではある。しかし、そのメタファーは、それでもってさまざまな事柄を説明するよう作り上げられていることから、逆にハビトゥスに関して非常に示唆的な内容を失ってしまっている。諸個人は、彼らの日常生活を作り上げるさまざまな選択、たとえば仕事について、お金について、休日の活動についての選択肢をもっている。そして、このことはすべて、現在においてはまさにその通りであり、経済的そして政治的な生活における「可塑性」への新しい要求がつきつけられている。したがって私たちは、ブルデューが記述しようとしているやり方で、ひとつの例外を選択することはできない。選択は、ゲームへの感覚に根づいているにもかかわらず、より自発的な戦術的操作との相互作用において、日常生活のなかにいつものように介入してくるのである。

第二に、私たちが「私たちの行為の四分の三が経験的」であるという考えは、ここで意図されている差異を定式化する仕方としてはほとんど役立たない。もしほんのわずかな誠実さでもって扱われるならば、この考えはハビトゥスに関する考えが解決すると考えられている哲学的諸問題へと私たちを引き戻すであろう。もし、私たちの行為の四分の三が経験的であるならば、私たちは残りの四分の一は何であるというのであろうか。超越論的であるとでもいうのであろうか。こうした主張をおこなうなかで、ブルデューは哲学的伝統のなかでももっとも問題含みの領域のうちのいくつかへと、私たちを引き戻すようにみえる。さらに彼は、選択という論点を措定していながら、彼のおこなうやり方は、内省的選択と再帰的分析が習慣の領域から多少なりとも根本的に分離していると示しているように思われる。筆者が後に論じるように、内省的選択も再帰的分析もまた習慣的に根づいているのである。

行為作用の非習慣的な相についてのこうした言及は、ずっとより差し迫ったかたちで、行為作用についての一般的な問題を要求しており、わずかに異なる仕方で、コグラーによって提起された再帰性の問題を引き起こすていると想定した点で間違っていた。だが実際のところ、ブルデューには再考や自己批判の余地はある。不幸なことに、ブルデューのやり方が深刻な諸問題を引き起こしているのである。したがって私たちは、身体的な社会的行為者と再帰性とについてのより広い理解によって、ハビトゥスに関する私たちの理解を深める必要がある。

（二一一頁を参照）。コグラーは、ブルデューが行為作用に関する理論のなかで再帰性と自己批判の余地を否定し

筆者の最後の批判点は、社会的行為者についての主観的理解へのジェンキンスの関心に関係している。ブルデューはハビトゥスの概念を、行為作用のなかにある知覚、予期、仕方を知ることなどの役割を認めるために用いており、構造を作り出すことは彼の研究のなかの非常に強力で重要な層である。研究全体において、彼はこうした主観的構造についての分析を、自分の洞察のなかにもたらすことに関心があることも明らかである。にもかかわらず彼の研究はいままでのところ、社会的世界の主観的側面を切り開き探求するための分析的道具箱について、あまり私たちには提供していない。ハビトゥスの概念は社会的分析にとって説明的な次元の可能性をほのめかし

てはいるが、残念ながら、ほのめかし以上のものではない。

小括

以上の問題を認めてきたうえで、筆者はいまやそれらの解決策へと向かいたい。ブルデューのパースペクティヴは、それが必要とする豊かさを現象学から獲得することができる、というのが筆者の主張である。社会学的パースペクティヴとして完全なものからは程遠く、まさにブルデューがそうしたパースペクティヴに対して向けたような批判へと開かれているものの、現象学、そしてとりわけ習慣に関する現象学的な分析は、彼の研究における重要な空隙のうちのいくつかを埋めることができる。次章でこのことを例証するのが、筆者の意図である。筆者はこの例証をおこなうなかで、ブルデューの解釈において空隙を埋める以上のことはしないつもりである。ブルデューは、英語話者の解説者によって誤解されているとしばしば不満をもらしてきており、ヴァカン（Wacquant 1993）もこの点に同意して、ブルデューの重要な諸概念の（とりわけ）現象学的な根源を認めるために、英語話者の評者の怠慢を強調している。さらに、ブルデューの研究に関するいくつかの重要な論評によって、ブルデューの研究と現象学、とりわけメルロ＝ポンティとハイデガーの研究との重なり合いが明らかにされてきた（たとえば Wacquant in Bourdieu and Wacquant 1992；Dreyfus and Rabinow 1993；Dreyfus 1993）。筆者はこれらの解釈に同意する。ブルデューに対する現象学の影響は、こうした哲学的伝統をよく知る者にあまりにも明らかである。

だが、筆者の分析は注釈学とならないであろう。筆者は、ブルデューを正しく解釈すると主張しているのでも、ブルデューの研究の純粋な読み方を提供すると主張しているのでもない。筆者がブルデューの研究に認めてきた諸問題は、筆者の見解では、彼の研究が影響をおよぼしているものすべてにある。そして、そうした問題を解く道筋は現象学的文献に戻ることであって、そこで習慣に関するより広く深い理解が見いだされることになる。私たちは現象学の諸洞察を、ブルデューが発展させてきた、別様のかたちで非常に力のあるプラクシスの理論へと持ち込まなければならないのである。

第七章　習慣・内自化・身体図式——メルロ＝ポンティと身体の現象学

前章ではブルデューの研究に関するいくつもの疑義を示してきたが、本章ではメルロ＝ポンティの研究に立ち返りたい。メルロ＝ポンティによる習慣についての考え方は、ブルデューの説明を深める契機と同時に、その説明の主な弱点がどこにあるかを示す契機をも私たちに与えてくれるというのが筆者の主張である。さらに同じ理由で、フッサールとシュッツの研究から習慣に関するいくつかの見解を導入していこうと思う。

メルロ＝ポンティによる習慣についての説明は、「身体図式」に関する彼の分析から派生するものであり、したがってまずはこの概念から説明しはじめなければならない。だがその前に、メルロ＝ポンティによる習慣についての説明を、もっと広く位置づけておくことが重要である。ブルデューに対する筆者の主要な疑義のひとつは、ブルデューがハビトゥスという概念でもって、行為作用という考えを先取りする傾向があるということであった。筆者はここで、メルロ＝ポンティによる習慣の考え方を、彼の身体的な行為者に関するより広い観点から抽出して考察するようなかたちで、ブルデューの問題を繰り返し述べたいわけではない。したがって筆者は、この後に続く論述が第五章において切り拓かれた身体性と行為作用についての考察を展開するものであるということを強調しておきたい。メルロ＝ポンティによる行為者についての考え方は、多くの点で、ブルデューのそれよりも習慣に重点が置かれている。だが、少なくともメルロ＝ポンティはブルデューとは対照的に、私たちの行為を根づかせる多くの原理のうちのひとつとして習慣を考えておらず、習慣が私たちの行為の四分の三に当てはまるにすぎないとも考えていない。メルロ＝ポンティによれば、私たちのすべての行為には習慣的な相がある。

他方で、メルロ＝ポンティは、習慣が身体的な社会的行為者による進行中の諸活動という文脈の内部で形づくられるというまさにそのことについて考察しようとしている点では、ブルデューよりもずっと先に進んでいる。習慣が行為を形づくるのと同様に、習慣は行為によって形づくられるのである。メルロ＝ポンティが私たちに気づかせてくれるように、習慣は行為の残滓または沈殿物であり、そのようなものとして習慣と行為との関係は必然的に弁証法的である。もし現在の私たちの諸行為が習慣によって形づくられているならば、それは、現在の行為に先行する私たちの諸行為がそうした習慣を生じさせたからにすぎない。そして、私たちの現在の行為が新たなパターンへと変化するかぎりで、その行為は私たちの未来の諸行為を形づくる新たな習慣を生じさせることができる。言い換えれば、行為の即興的で革新的な性質は、「首尾一貫した変形をしながら」（Merleau-Ponty 1962）、あるいはプラクシスの所与の領域がもつ構造を変容させながら、ときに新しく新奇な習慣と傾向性とを生じさせる。筆者は本章の後で、この原動力の問題に立ち返ろうと思う。だがさしあたっては、メルロ＝ポンティによる習慣の説明に関する筆者の論評が、彼の行為作用に関する理論（第五章を参照）という、より広い文脈を考慮にいれて読まれなければならないということだけ強調しておきたい。

加えて、再び第五章との関連で筆者が強調しておきたいのは、行動主義者が措定する人間の行為に関する機械論的な考え方を、メルロ＝ポンティが批判しているということである。メルロ＝ポンティはデカルトと同様に、だが行動主義者とは対照的に、物理科学の内部で支持されている決定論的および機械論的世界観が、人間的生のすべてをその図式の内部に（誤って）還元するかもしれない可能性に、深く関心をもっていた。しかしながら、（物理的因果関係の物質的領域から解放されている）精神を、（自然法則に従う）身体から引き離すことによって、予想されるこのような結果から逃れようとしていたデカルトとは異なり、メルロ゠ポンティは人間の行動の構造、すなわち人間有機体とその環境との相互作用から形づくられる構造が、比較的独自の理解枠組みを要する、より高次レベルの物理的構造を構成しているというまさにそのことを示そうとしていたのである。決定論は、いかなる厳密な意味においても、物理的世界という、より低次レベルの諸構造に当てはまるにすぎないとメルロ゠ポンティは論じている。人間行動の諸構造の内部で行為を説明するもっとも節約的な仕方は、原因と結果の代わりに、目的と意味によって説明することである（第五章を参照）。本章の後のほうで、筆者は、行為作用の理論に基づく習慣あるいはハビトゥスを、決定論という非難から擁護するために、この議論が援用されうるということを示そうと思う。とはいえ筆者はまた、この立場が「自由意志」という形而上学的な考えを遠ざけるものでもあるということも立証したいと思う。それでは、身体図式の概念に取り掛かろう。

（1）身体図式

メルロ゠ポンティ（Merleau-Ponty 1962）に倣っていえば、人間は身体であり、デカルトとは逆にいえば、人間は外的事物との関係のように自分の身体と関係をもつのではない（第二章を参照）。たとえば、もし私が腕を動かしたいと思っても、その前にまず腕のありかを突き止めたり腕を持ち上げることについて考えたりする必要はない。本に手を伸ばしてそれを摑んで机の上に置くときのように、腕を動かすために何かをするわけではない。たったひとつの出来事だけが起こる。すなわち、私の腕が動くのである。このことに対し、行為は志向的であると私たちはいうかもしれない。しかし、行為はただひとつの統合された全体なのである。つまり、行為とは意図によって足し加えられた行為や、意図によって引き起こされた行為ではなく、志向的行為なのである。そして意図はそれ自体、言語的にも反省的にも定式化される必要はない。私は自分の行為について思惟する必要はないのである。

私が友人にもっと近くに来るよう促すとき、私の意図は私の内部で準備された思惟ではないし、私の身体のなかで合図を知覚しているわけでもない。私は世界を通じて合図を送ったのである……。(Merleau-Ponty 1962 : 111)

ここには明らかに知が含まれているが、その知は主知主義者のいうような反省的な知ではない。私は自分の手がどこにあるかを知っているし、バランスを保っている間も、私の行為を実行に移すよう必要とされる必然的な態度調節をともなって、私の手が動かされているのである。実に、多くの行為が全体的に複雑な知を含んでいる。たとえば髪をとくために、私は自分の手がどこにあるのか、頭がどこにあるのか、櫛を持つためにどれくらいの長さで、またどういった角度で手を伸ばさなければならないかなどを知らなくてはならない。しかし、これは意識的な知でも反省的な知でもない。私の行為は(通常は)私を取り囲む環境の求める要件に、完全に「適合している」が、いかにしてそうするのかを思惟する必要も、私の行為が基礎づけられている諸原理を反省的に統合する必要もなくやってこられたのである。

ここでメルロ゠ポンティが言及しているのは、科学的に十分に証明されている自己受容という現象である。すなわち、こうした特定の様式の知がうまく働いていないという、奇異でときに劇的な諸帰結についての考察を通じて、彼が部分的に探究している現象である。私たちは通常、自分のさまざまな身体部分が身体全体およびより広い環境の両方とに関連して、どこにあるかを「知ることなく知っている」ということは、ある個人がこれらの事柄について知らないという稀な事例のなかで、もっとも印象的に示されている（Sacks 1984；1985も参照）。こうした観察は立証されている事実であり、それについて言及しているという点ではメルロ＝ポンティは決して独創的というわけではない。しかしながら、彼が非常に革新的であるのは、彼がこのことから引き出している含意にある。「知ることなく知っている」というこの身体的な形式は、デカルト的世界観に異議を唱えるものであるとメルロ＝ポンティは考えている。だがそれは、その形式が、私たちと私たちの身体との関係が主体と客体との関係以上の何かであることを明らかにしているからだけではない。それは主客二元性を超越する、知ることの一形式なのである。つまり、定式化されていない、あるいはおそらく定式化されえない知の一形式なのであり、それは何かをおこなう力能のなかだけにあって、したがってその知が知っているものと不可分に「絡み合っている」。この点でメルロ＝ポンティは、ライル（Ryle 1949）による仕方を知ることについての観察と再び接合することになる。

私がこのような仕方で「知っている」のは私自身の身体だけではない。いかにしてそうおこなうかを思惟するより前に、動き回ったり空間を利用したりできる私の力能によって明らかであるように、私は自分の身体に関して前反省的な感覚をもっており、自分を取り巻く環境を把握しているのである。このようにメルロ＝ポンティはつづけて述べている。ワープロのような技術的対象と私たちとの関係は、このことについての興味深い例証をもたらしてくれる。私はタイプを打つことができるし、打つことができるかぎりでさまざまな文字がキーボード上のどこにあるかを「知っている」。私は、あたかもはじめてその物を買ったときのように文字をひとつずつみつける必要はない。私の指はただ正しいキーの方向へ動く。なるほど、私が熱中してタイプを打っているとき、タイプを打つことに先立ってまさに自分が言わんとしていることを私は知らないという点で、実際には自分の指で考えているかのようにみえる。

しかし、私はキーがどこにあるのかについて思惟する必要がないということだけではない。反省的思惟によって手を止めることは、これよりもより重大なことを教えてくれる。私はキーボードの配置についての反省的で推論的な説明をすることはできないであろう。私は反省的感覚でキーがどこにあるのか「知っている」わけではない。私はキーボード上の配置をうまく言い当てようとするためには、自分がタイプしているところを想像したり、自分が適切な文字の所に来たら自分の指が目指している先をみたりしなければならない。私がキーボードについてもっている知の種類は、実践的で身体的な知であり、推論的な知からはきわめてかけ離れているし異なっている。それは、機能的で「関心をもつ」形式の知でもある。つまり、空間を構成し空間に従属する私を取り囲んでいる空間についての知の形式であり、それは私の実践的な関心に従い、私がおこなおうとしていることのすべてを可能にする。たとえば、キーボードは明らかにタイピングのためにデザインされてきたものであるが、そのプラスチックの大きな塊は、その実践的意味が私の「知を可能にする手」にかかっているという意義をもつ。私の手はキーボードをタイピングのための空間へと変え、こうした人間的機能に従属させているのである（Sudnow 1993も参照）。

メルロ＝ポンティ（Merleau-Ponty 1962）による身体図式という考え方の根底にあるのは、身体的行為者の自己と世界の両方とのこうした基礎的な調和なのである。身体図式は内自化された身体的な仕方を知ること、および実践感覚である。言い換えれば、身体の「観点」からの世界についての遠近法的把握である。さらにそれは、異質な諸要素の内自化を通じて拡張されたり縮小されたりすることもある観点である。車の運転は比較的日常的で単純な仕方でこのことを私たちに示してくれる。私は運転するとき、車のさまざまな操縦装置がどこにあるかも、いつどのようにそれらを使うべきかも「知ることなく知っている」。私はそれについて思惟する必要はないし、もし私が車の運転を知らない人に教えようとする場合に明らかになってくるように、私はこうした身体的な知を言語的形式で定式化することは実際のところできない。「運転の指導者」としての私に限っていえば、「ただこうやるんだよ！」としか言いようがない。しかしながら、私の運転経験は実践的な技能と車の内部空間への機能的な従属に関わっている。私は車の内部空間を内自化するだけではなく、ブレーキを踏むことが私の歩みを止めるのと同じくらい、私にとって停止する「自然な」仕方となるように、私は車の外部空間、すなわちそのパワー、速度、加速度をも内自化する。たとえば、停車するとき、追い越すとき、交差点を曲るとき、私はその車がどれくらい大きいかということや、それがどれくらい速く加速するであろうかということを「知ることなく知っている」。私はたしかに自分自身の身体のそれと同じくらい車の大きさや速度を感じており、そうした車の外部空間のなかに入るために、空間に適合させたり時間を費やしたりしている。私は車について思惟するのではない。車の観点から車として思惟するのである。私がもし車について思惟する必要があったとしたら、道路に集中することはできないのだから、必然的にそうであるはずだ。車は私の身体図式の内部に内自化されてきたのであり、したがって盲人の杖と同様に、私の身体の延長となる。

> 盲人の杖はその当人にとって一対象であることをやめ、もはや杖それ自体として知覚されない。杖の先は感覚性の領域となり、視野や行動の接触範囲を広げ、視野に匹敵するものを提供する。事物を探究するなかで、杖の長さは中間項としてはっきりと入り込むわけではない。盲人は杖の長さを通じて諸対象の位置を知るというよりも、むしろ諸対象の位置を通じて杖の長さを知るのである。(Merleau-Ponty 1962 : 143)

もしすべてがうまくいっていたら、これらのことは一切、私にとって現われてこない。それが現われるべき理由はまったくない。しかし、物事がうまくいかないとき、すべてが明るみになる。たとえば、私が不注意にセカンド・ギアで信号無視をし、衝突を避けなければならないような状況にあるとき、車の加速度や大きさに対する自分の感覚が明るみになる。同様に、コンピュータに対する私の感覚は、ソフトウェアがアップデートされ、再び理解できないプラスチックの箱の前で困惑しまごついているときに再び明るみに出る。私の身体的な仕方を知ることと生環境（milieu）との間の適合は崩れ、私は途方に暮れるのである。

こうした機械の例によって明らかになる状況は、私たちが相互作用をしている他の行為者のときにもまったく同じである。社会的相互作用は、それが真の意味で相互の作用であるように、各当事者が他者を「読み」、意思疎通するという点でより複雑である。さらに、たとえば社会構造の諸問題や礼儀作法や権力がそうした環境のなかに入り込んでいる。いうまでもなく、身体図式はそのような状況において行為作用のもつずっと活動的な要素であり、行為者を知覚的に、言語的に、そして運動活動を通じて位置づける。行為者はそうした状況についてよく知っており、行為者の知はその状況をうまく切り抜けることや「おこなうこと」に不可欠である。しかし、私たちがここで言及しているのは身体的な仕方を知ることであって、その操作は行為者自身によってさえも気づかれていないかもしれず、またキーボード上の文字の位置のように、その「原理」は反省的で推論的な意識にとって知られている必要がない。行為者は相互作用の文脈において、広く考えられているように、サインを読む「仕方を知っている」。行為者の諸反応は「完全なもの」ではあるが、しばしばあたかも本能によってであるかのように引き起こされる。さらに、私たちが車の諸次元を身体図式の内部に内自化することができるのとちょうど同じように、私たちは社会集団を内自化することができる。団体精神という考えがこのことを示している。ブルーマー（Blumer 1969）は、社会運動において発展する連帯感覚を捉えるためにこの考えを用いており、ブルデュー（Bourdieu 1996）はエリート校の生徒と卒業生との間の連帯を記述するためにこの考えを用いている。

これら両ケースにおいて明らかなことは、集団の諸次元と存在理由が個々の行為者の身体図式のなかに内自化される様式である。これらのケースにおいて、行為者は集団の観点から思惟する。集団はその成員に集合的な力を与え、各成員はおそらく知らないうちに、個々の諸行為のなかでこの力を感じて行使する。車を運転するときのように、行為者は、もっとも自発性な諸行為においてさえも、その集団の「活きた統計」――その反復、大きさ、力――を、自分自身のものとして引き受けている。さらに、集団への攻撃は個人への攻撃として経験され、集団の欲求や要求はその成員を動員する魔術的な力を行使するのである。

先に述べたコンピュータの例と同様に、アノミー的諸状況はこうした身体的で社会的な「感覚」の重要性を明らかにする働きがある。人間は、仕方を知ることと能力によって培われた容易さとを、それらが欠如しているときにもっともよく自覚する。ゲームは別の重要な源の例を与えてくれる。ゲームを学習したり楽しんだりする私たちの経験は、知覚的で、言語的で、運動図式のかたちをとって恣意的な社会構造を私たちが内自化しうる仕方を示しており、深く根づいた私たち自身の行為の動機としてゲームの絶対的な命令や目標を受け入れている。たとえば私たちは、あたかも私たちの人生がそれにかかっているかのように、得点を取ったり「サイコロころがし」をしたりすることを欲望する。それは、自発的な行為が不定形の戦略や戦術を、高次の特有で恣意的な規範、価値、「生の形式」への厳格な固執にいかに同時に結び付けているかを示している。結局のところ、速い動きを要求するゲームは、いかにこれらすべてのことがゲームをプレーすることによって獲得された、前反省的で身体的な仕方を知ることの問題であって、反省的で知性的な技能ではないかを示している。上手なサッカー選手、ボクサー、ホッケー選手には、行為する前に思惟する時間はない。彼らは骨の髄でゲームを「感じている」にちがいない。もちろん、少なくとも、私たちがゲームはゲームでしかないと了解していることから、ゲームは「現実の生活」とは異なっている。しかしながら、第六章においてブルデューによる「界」という考え方でみたように、社会空間はゲームと類似している。それらは同じく文化的で恣意的な「型」を表わしているのである（Huizinga 1950；Winch 1958；Garfinkel 1967；Elias 1978；Mead 1967；Bourdieu and Wacquant 1992 も参照）。このことは、第五章で議論したように、メルロ＝ポンティが人間存在の「シンボル的」な性質を認める際に、彼も示していたことであると筆者は考えている。メルロ＝ポンティがシンボル的なものとして認めている恣意性は、ゲームの恣意性である。そして、身体図式に関する彼の考えによって、私たちが行為者としていかにゲームに適応し、プレイヤーとしてゲームのために適応しているかを理解することができる。私たちはゲームを感じることができるプレイヤーなのであり、実際にゲームを感じている。なぜなら、私たちは自分の身体図式の内部にゲームの構造を内自化してきたからである。

(2) 習慣と身体図式

身体図式についてのこうした説明は、メルロ゠ポンティが「習慣」によって意味していたものの多くをすでに含意している。習慣は身体図式の修正と拡張、そして行為することと理解することの新たな仕方を可能にするような、行為や仕方を知ることの新たな「原理」の内自化を意味する。それは、身体図式の諸構造の形式のなかで、現在に生きつづける過去の活動の沈殿であり、知覚、考え方、思案、情動、行為を形づくる。

習慣についてのこうした考えは、メルロ゠ポンティにとって中心的なものである。なぜなら、この考え方に至るまでの道筋のなかで、彼は「主知主義者」と「行動主義者」それぞれによって措定されている行為に関する、ともに支持できない見解の間を進むことになるからである。もちろん、行動主義者においても「習慣」という概念はある。行動主義者にとって、それは条件づけられた反射、言い換えれば一定の刺激に対して一定の仕方で反応する機械的傾向を表わしている。複雑な行動パターンでさえも、単純で原子化された反射のメカニズムが機械的につながった連鎖から構成されており、そのようなものとしてすべての習慣は特定の場所に集中させられている。有機体は、同じ動きと同じ「身体部分」でもって、同一の刺激に対して同一の仕方で反応するというのである。メルロ゠ポンティはこうしたアプローチに対し多くの批判をおこなっており、そのうちのいくつかは、第五章における行動主義に対する彼の批判についての筆者の議論によって網羅されている。当面の目的にとっては、次の三つの追加点を引き出しておけば十分であろう。

第一に、メルロ゠ポンティは学習についての行動主義者の説明に対して批判的である。行動主義者は学習を過程として概念化しており、その過程によって状況への偶然の反応がある瞬間に「報われる」ことになり、そのことが反応を「強化する」のであり、そしていくつもの周囲環境においてそうすることによって、その諸反応が習慣化されるようになるとしている。

この説明はいくつもの点で説得力に欠ける。とりわけ、それは目的指向性と未来への指向性（すなわち、予期された報酬のために行為すること）を前提しているように思われるが、行動主義者の説明が含む原子的で機械論的な諸前提とは相容れないものであり、報酬を得ようとする行為を動員するよう調整の力が要請されてはいるが、いくらよく見積もってもそのことは説明されていない。行動主義者がきちんと説明するためには、メルロ＝ポンティのモデルにより類似している有機体のモデルを必要とするであろう。しかしながらもっと中心的なことは、学習についてのこうした説明はまったく「事実に合って」いない点である。

たとえばそれは、しばしば学習をともなう「洗練」の過程を説明することができない。もし人間あるいは他の動物が偶然にも特定の目的をもたらす手段に出くわしたら、この手段は偶然の出来事だという考えが示しているように、多くの場合、不器用で不十分なものであろう。しかし、人間や他の動物は行動主義者が論理的に予測するようなこの不器用なやり方に固執しない。その「偶然の出来事」に続く人間や他の動物のまさに次の行為は、そのやり方をたいていは改良するであろうし、おそらくそのやり方を思慮深く変容させる場合もある。そして成功した行為は、その技能をさらに洗練しつづけるであろう。たとえば、うっかり肘で何らかのレバーを押し上げてしまったとき、人はその後に手でそれを押すことも、指でそれを跳ね上げることもある。なるほど、ある経験から学習された教訓によって、さらに平静さが取り戻されることもある。子どもは熱い物に触ってから手を引っ込め、こうして熱によって引き起こされる痛みから解放されることによって熱い物から手を引っ込ませることを学習するわけではない。子どもはそもそもそうした物に触らないようにすることを学習するのである。メルロ＝ポンティは、すべては習慣の獲得過程で生じるのであり、それはあたかもこれまでに獲得されてきた原理であるかのようである、と記している。このように、習慣は行動主義者が示すような機械論的な反応ではないのである。第二に、目的達成の失敗は、そもそも行為者による行為の継続的反復を中止させるにはしばしば不十分であり、したがって行動主義者の示すように最初の行為がつねに偶然的なものであるわけではない、ということを示している。動物があきらめる前に何度もある問題に対して同じ解決策を試みるということが諸研究によって明らかにされており、このことは動物が、その解決策の成功を「予期している」ことを示している。

すべては、あたかも動物が「仮説」を適用しているかのように生じる。その仮説は、「成功が仮説と一致する前に現われ存続することから、成功によっては説明されない」。(Merleau-Ponty 1965：100)

動物はその身体図式のなかにすでに内自化されている習慣に基づく、その状況に対する可能な「解決策」を「試みる」。動物は新しい困難な諸状況に困惑するが、その状況を解決しようとするなかで、前もって獲得され習慣化されている解決策を動員し、そしてときにその過程のなかで新たな解決策を「切り拓く」。このことはある程度の運にも関わっているが、行動主義者によって想定されている手当り次第の偶有性とはまったく異なる。

第三に、行動の構造はそれがともなう個々の行動の合計に還元できないとして、メルロ＝ポンティは行動主義者の議論に異議を申し立てている。行動主義者のこのような観点は哲学的に支持できないだけでなく、定型的な行動の諸部分を独立して学習するそうした行為者が、このことを理由に全体を遂行する能力に欠けると示す諸研究によって捏造されている、と彼は論じている。行為者は全体を把握することはない。習慣化された行動の「構造」は、その諸部分の合計よりも大きい。このことは、習慣についての行動主義者の考え方に含まれている最後の主要な問題と関連している。それは、習慣化の過程で獲得されるものは、決して一定の刺激に対する機械論的な反応ではなく、一般的な種類の諸状況に対して反応する一般的で可変的な力なのである。

いかなる機械論的理論も、学習の過程が体系的であるという事実にぶつかる。主体は個々の動きと個々の刺激とを一緒に接合させるわけではなく、一定の一般的形式の諸状況に、一定の種類の解決策でもって応える、一般的な力を獲得するのである。(Merleau-Ponty 1962 : 142)

この点は、第五章で概観した行動主義に対する批判と再びつながっている。習慣を獲得することは、特定の意味をともなって、諸状況に向かう目的的な指向性を獲得することである。ライルの言い方を用いれば(第四章を参照)、前反省的な仕方で、特定の状況の諸原理あるいは行為する仕方を把握しながら、新しいかたちの理解を発展させること、そしてそうした諸状況のなかで有能なかたちで「ゲームをする」ためのさまざまな形式の仕方を知ることや技能を発展させることである。熟達したゲームのプレイヤーの例が示しているように、習慣は非常に多くの即興を可能にする。さらに、習慣は少なくとも次の二点で「移調可能」である。

第一に、足で砂に字を書くとき、額で電気のスイッチを押すとき、歯で結び目を解くときのように、私たちは身体のなかのある「領域」で獲得した技能を身体の別の「領域」に移すことができる。言い換えれば、行動主義が肯定して主張するように、それらの技能は特定の身体部分に位置づけられているのではない。獲得された原理は、いくつもの異なる身体部分や身体組織を通じて、多様な仕方で実現されうる。第二に、私たちは実践的な類推によって、あたかもそれらが馴染みのあるタイプの状況であるかのように、馴染みのない状況を取り扱うことができるし、馴染みのない状況が引き起こす諸問題に対する私たちの通常の解決策を適用することもできる。さらに、このことは行動主義者がおし進める習慣についての機械論的で場所的な見方が誤っていることを立証している。

これらのさまざまな考察によってメルロ゠ポンティは、行動主義者とは根本的に異なる習慣についての考え方を採用している。習慣は機械論的な反応ではなく、身体的で実践的なかたちの理解あるいは仕方を知ることである、と彼は論じている。この理解や仕方を知ることはそうする能力を含む目的的な行為のなかでそのような行為として現われ、またそのなかで見いだされる意味によって世界に「属している」のである。習慣を獲得することは、人間の身体図式の内部で、暗黙で実践的な「原理」を掌握し内自化することである。

身体が新たな意味を吸収し、新たな意味の核を同化したときに、私たちは、身体が理解し習慣が育まれたというのである。(Merleau-Ponty 1962 : 146)

しかしながら、メルロ＝ポンティは、次の点でも明確である。すなわち彼は、「主知主義者」の流儀でこれらの考えが理解されるべきであるということを意図しているわけではない。そうした流儀では、これらの考えがおそらく反省的で認識論的な主体の自己透明的な諸活動と関連づけられるであろう。知や理解は、メルロ＝ポンティがここでそれらを了解しているように、行為する力能である。言い換えればそれは、行為者の側に属す仕方を知ることであり、行為者にとっての環境とのその原初的な関係は、私たちが第五章で議論したように、活動的で前反省的で実践的な関与の関係である。彼が言及している諸々の原理や意味は、「受肉的」で「運動的」な原理と意味であり、その十全の意義は、その原理や意味が属する諸行為のなかでいつも表現されるにすぎない。

習慣が、知の形式でも意志による行為でもないならば、何であろうか。習慣は手中にある知であり、身体的努力がなされてはじめてやって来るのであり、そうした努力から切り離すことによっては定式化されえない。私たちが自分の四肢のうちのひとつがどこにあるのかを知っているように、主体はタイプライター上のどこに文字があるのかを知るのであり、それは客観的空間のなかでは私たちに位置を与えることのない、親しみによって育まれた知を通じておこなわれる。(Merleau-Ponty 1962 : 144)

先に私たちは、習慣の獲得のなかで理解するのは身体である、と述べた。もし理解が観念の下での感覚与件を包摂するならば、そしてもし身体が一対象としてあるならば、このような言い方をするのはばかげているようにみえるだろう。しかし、習慣の現象こそ、「理解」についての私たちの観念と身体についての私たちの観念を改訂するよう私たちを促すものである。理解することは、私たちが目指すものと与えられたものとの、意図と遂行との調和を経験することである――そして、身体とは世界のなかへの私たちの投錨なのである。(ibid.)

こうした反主知主義的な点は、学習の性質についての考察によって強化されている。私たちは物事について思惟することによってではなく、物事をおこなうことによって学習するとメルロ＝ポンティは論じている。学習は、私たちが先に述べたように、内自化であり、新たな能力や理解の、身体図式のなかへの吸収であり、その図式はひるがえって世界における人間の知覚の仕方や行為の仕方を変容する。これは、ある種の諸活動の場合に明らかである。人間は解釈によって踊り方やギターの弾き方を学習するのではなく、踊ったりギターを弾いたりすることによってそれらを学習するのである。たとえ解釈の要素がそうした学習する諸活動のなかにあるとしても、その要素は有意味なものとなるためにプラクシスへと変換されなければならない。だが、いまや多くの科学哲学者が示しているように(Kuhn 1970；Polanyi 1966)、科学や哲学のようなもっとも「知性的」活動であっても、このことは真実である。知性的活動であっても「活動」であり、特定の解釈の仕方、推論の仕方、反応の仕方における能力、すなわち特有の言語ゲームの能力をつねに前提しており、その能力はそうしたゲームをプレーすることと、身体図式の内部に習慣として内自化することによって獲得されるものなのである。

これらの点は、メルロ＝ポンティによる前述の主知主義に対する批判(第五章を参照)と、前反省的で身体的な行為作用の性質を客体と主体との間の「第三項」として明らかにし探究しようとする彼の試みとも再び関連する。習慣は機械論的反応ではなく、また機械論的流儀で獲得されるものでもないが、反省的あるいは知性的現象でもない。それは、私たちの世界内存在の有意味かつ身体的なあり方に対して、より実存的に注目することに同意し、こうした誤った選択肢それぞれを棄却しなければならなくなるような現象なのである。

(3) 第二の自然

さらなる間違った二元論は、上記の考え方によって同じように異議を唱えられているもの、すなわち自然と文化との間の二元論である。メルロ＝ポンティは、習慣を強調し、行為作用に関する理論の内部で習慣に卓越した役割を与えているが、人間有機体の可塑性を強調して自然に対する養育の優位性について論じてきた社会学者にも同意している(たとえばParsons 1966)。にもかかわらず、可塑性と習慣化の重要性を強調した後に、メルロ＝ポンティは人間的生のこれらの位相が、私たちの自然な資質と傾向性であると記している。文化的存在になることも、私たちの自然性なのである。

> 私たちの身体は、他の動物ではそうであろうとも、私たちに決定的な本能を課しているわけではなく、少なくとも私たちの生に一般性の形式を与えるものであり、私たちの個人的な諸行為を安定した気質的傾向へと発達させる。この意味で、私たちの自然性は古くからの慣習ではない。なぜなら、慣習は自然性から生じる受動性の形式を前提しているからである。(Merleau-Ponty 1962 : 146)

こうした習慣化という自然的機構が適応という私たちの進化論的な様式であると推測することで、この主張をさらに進めることができよう。他の動物たちにとってそれらの環境によく合ったかたちで現われてくる固定した本能とは対照的に、私たちの適応上の優位性は習慣化する私たちの力能である。このことは、私たちが単に環境に適応するだけではなく、物質文化の構築を通じて環境に適応していく、ということをも含意している。

……行動パターンは、自然のなかに落ちついていき、文化的世界のかたちで沈殿する。私は身体＝物理的世界しかもたないわけではなく、また大地、空気、水のなかだけで生きているわけではない。私は自分のまわりに、道路、農園、村落、街道、教会、道具、ベル、スプーン、パイプをもっているのである。（Merleau-Ponty 1962 : 346）

自然性のこうした身体＝物理的変容は、その変容の「意味」に従うという点で、ある程度行為者によって用いられる文化として機能するにすぎない。そしてこのことは、ひるがえって物理的変容の意味がその行為者の身体図式の内部に内自化されてきたことを前提にしている。行為者が吸うという傾向性がもたされるかぎりで、パイプはパイプであるにすぎず、そのなかで祈るという傾向性がもたされるかぎりで、教会は教会であるにすぎない。いうまでもなく、バーキット（Burkitt 1999）が論じたように、人工物と私たちとの相互作用とその内自化は、私たちの世界内存在のあり方と世界を経験する仕方とに、さらに重要な変容をもたらす。上述の盲人の杖のように、人工物は私たちの身体の延長になるのである。

習慣化するこうした力能は、行動主義に対する上述の批判のなかで多少示されているように、習慣を通じて保持するに値する行為様式をもたらす革新的で創造的な実践のための力能と対になっている。私たちの習慣の多くは、私たちの社会における集合的な蓄えの層から獲得されており、それは私たちが自分たちのまわりで実際におこなわれているのをみるものであり、まねることのできるものである、とメルロ＝ポンティは記している。なるほど、人間有機体の知性のひとつの様式は、他者が実際におこなっているのを知覚する、行為の諸問題のための解決策を模倣するその性向である。しかし、このことのほかに、あるいはそれと並行して、人間の行動には二重の性向、つまり一方では革新と創造に向けた性向、他方では習慣化に向けた性向がある。これら二つの性向は一緒に働く。というのも、習慣は革新が維持されたりもたらされたりするのを可能にする一方で、革新あるいは少なくとも行為は習慣化のための原材料を提供するからである。

革新は行為者に、習慣へと変わる何らかのものを与える。さらに、実践（praxis）における革新と創造は一般的に、現存する習慣の修正または変容、あるいは少なくとも習慣の革新と創造に基づく過程をともなう。このことは、とりわけ言語的行動との関連で明らかである。行為者は幼児のときに言語を内自化し、その大部分は行為者の発話によって再生産される。過去の世代からそれを引き継いだのと同じ仕方で未来の世代へとそれを継承し、他者との相互作用すべてにおいてその形式や構造を相互に強化するのである。しかしながら、言語は変化する。言語の使い方のなかには、革新的で創造的なものがある。そうした使い方は言語を、言語の相を変化させ新たな（集合的な）習慣と図式をもたらしながら、「首尾一貫して変形する」。こうして、第五章で記したように、言語は動的均衡なのである。

これらの革新と創造の拡張、とりわけ個人的レベルでのそれは、おそらく非常に小さいものであろう。しかも、この変化の様式はゆるやかである。にもかかわらず、私たちが習慣それ自体を「動的均衡」とみなすことができるようになるには十分である。ことわざにあるように、古い習慣はなかなか消えない。そして行為者は、幼児期に獲得された多くの習慣を、墓場まで持ち越すことになるであろう。しかし、個人の習慣も集団の習慣もともに、たとえゆっくりでゆるやかな変化だとしても、持続的な変化の過程にある。そしてその変化の直接的な源泉は、行為者による革新的な実践なのである。

メルロ＝ポンティによる習慣の定式化についての考察は、前反省的なレベルに重点が置かれる傾向にある。他の現象学者たちは、とりわけフッサールにもっとも顕著だが、そうした問題を選択や判断や反省的態度として網羅するために、その重点を述定的な領域へと拡張した。私たちのより重要な選択や判断は私たちのハビトゥスの内部に沈殿し、後続する決定や行為のすべてを導く、とフッサールは論じている。決定は、習慣化の過程によって、確信あるいは関与になりうる。

もし判断作用において私がはじめて存在することと、そのように存在することとを認める場合でも、束の間の作用は過ぎていく。だがいまでも永続的に、私はこれこれのように決定された自我であり、「私はこのことを確信している」。しかしそれは、単に私がその作用を覚えているとかその作用を後になって思い出すことができるとかいうことを意味するのではない。たとえ私が自分の確信を「放棄した」としても、私はこのことができるのである。(Husserl 1991 : 67, 強調は原書)

判断作用は習慣によって自分のあり方を変容してきた、とフッサールは続ける。その人はいまや以前のその人とは異なる行為者である。

確信が私によって引き受けられているかぎり、私はそれに繰り返し「立ち戻る」ことができる。また私は、その確信を繰り返し自分のものであるとみなし、習慣的に私自身の考えであるとみなすことができる。そして自分自身が、確信されている自我、持続的な自我として、こうしてとどまるハビトゥスあるいは状態によって決定づけられている自我であると、繰り返し見いだすことができる。(Husserl 1991 : 67, 強調は原書)

もちろん、すべての判断や決定がこうした帰結をもつわけではない。フッサールは束の間の判断あるいは考えと、私たちの存在の内部に沈殿しハビトゥスを形づくるものとの間に違いをもうけている。束の間の考えでさえも、フッサールにとっては比較的持続性があり、「私たちが途中でやめた」任務や会話を「再開する」私たちの力能によって明らかなように、かなりの時間が経過したときでさえも比較的持続性がある。習慣化の機制は、私たちの生の時間的持続のまさに基盤であり、それゆえ私たちの歴史の時間的持続のまさに基盤なのである。今日は昨日に後続し、明日へと続く。それはハビトゥスというかたちで、身体によって過去がつねに現在のなかへと持ち込まれるからである。

(4) 習慣と予期

習慣は単に私たちが行為する仕方を統制するだけではない。習慣は私たちが自分たちの環境を理解する仕方をも形づくり、予期と解釈的方法として現われる。私たちが第五章でメルロ＝ポンティによる知覚活動と言語活動の習慣的根源についての考察を議論した際、このことについてはみてきた。だが、フッサール (Husserl 1970 ; 1991) による「統覚」と「類型化」についての議論と関連づけることによって、私たちはいまやこの分析をさらにおし進めることができる。

この論点に入っていくためのもっとも良い方法は、私たちの知覚的予期が混乱させられるときに私たちが経験することのあるショックの感覚との関連を考えることである。たとえば、もし私たちが、ダンベルのような一見して重い物体にみえる物を持ち上げようとするとき、それが実際はポリエチレンや非常に軽いものでできているにすぎないとわかったとしよう。このような場合、私たちは、そうした軽い物体に適用した過剰な力と持ち上げる際の不適切な手段のために、後ろへ倒れることがある。私たちはほぼ確実に、「重そうにみえる」何らかの物が、実際は軽かったというショックの感覚を経験するであろう。同様に、私たちはもし友人の本棚にある一冊の本に手を伸ばして、はじめてそれがまったくの飾り——学者的な外見を与える本棚に置かれた、木の角材にぴったりと貼り付けられた古典的な本の背表紙——であったとわかったときにも、ショックの感覚を経験することがあるだろう。刑事ものの物語はいうまでもなく、多くのコメディも、そのまま見た目どおりでないとわかる、こうした物事についての感覚にまさに基づいているのである。

私たちは、物事のある種の事実を、私たちが見たり聞いたりすることに基づいて仮定し、「間隙を埋めている」。しかし、私たちは大部分、間隙を埋めていることを知ることなくおこなっているのであり、実際のところ粉飾された知覚的経験を生の知覚と見間違っている。このことによって私たちは騙されるのである。私たちは予期されていた仕方で間隙を埋めていたのだが、この場合、後になって実際は間違っていたということがわかったときにそれが明らかになる。フッサールにとって、このことが明らかにしてくれるのは、すべての知覚において操作的なひとつの過程があり、それによって私たちは、自分の知覚が変化させられたり影響を受けたりするような仕方で、習慣化された予期に注目しているということである。フッサールは、すべての知覚は遠近法的で部分的であると述べている。私たちはつねに、知覚物のある性質を、ある角度から知覚するにすぎない。だが、習慣と親和性の力によって、私たちは暗黙のうちに、あるいは無意識のうちに、その他の「隠れされた」性質や次元を帰属させる。私たちの意識的な知覚は、その全体的な豊かさという点で、みかけ上は対象「全体」の知覚である。

なるほど、そうした習慣的予期が生じる場合にはこのことは非常に有益であるし、その予期の大部分は気づかれずに過ぎていく。しかし、それは取消しできる過程であり、私たちが騙されたりショックを受けやすくなったりする過程でもある。たとえば私は、本の背をそれ自体としてみていないがために、友人の家にある飾りの本の背表紙に騙される。むしろ、本と私との習慣的親和性とそれに基づいて形作られるハビトゥスが、たとえ本の背表紙という見地からであっても、本全体を知覚することへと私を導いているのである。それが本ではないとわかると、ハビトゥスの働きが私に対して立ち現われてくるが、ハビトゥスが立ち現われてくるのはこうしたときだけなのである。ダンベルの例も同様である。それは私にとって重そうに「見え」、したがって私がそれを持ち上げるために適切で安全なやり方で近づくことを確実にすることから、通常の環境下ではそれはとくに問題のない状況なのである。しかしもちろん実際のところ、重さの筋運動的性質を私は正確にみることはない。なぜなら、それは筋運動的性質であって、視覚的性質ではないからである。それはむしろ、過去にその物体は重いということがわかったという事実に基づいてそう思わされている。もちろん、私が心のなかで「それは重い」と考えるのではない。習慣の力によって、私はその物体を重いものとして知覚するにすぎないのである。

いくつもの、あるいはいく種類もの性質や次元が、こうした仕方で統覚されることがある。だが重要なことは、社会的諸次元についても同じことがいえる点である。私たちは行為者の役割を、その外見や文脈に基づいてしばしば統覚するのであり、たとえばディナージャケットと蝶ネクタイを身に着けてナイトクラブの外に立っている男性をみたら、用心棒だと知覚するであろう。同様に、私たちは行為者の生活上の地位や社会的な立脚点を、行為者の見かけから知覚することがある。あまり意識されることのない、さまざまなかたちの偏見と差別の諸相の多くはまさにこうした仕方で働く。私たちは諸個人を、観念的な集団の表象として、私たちがその集団に結び付ける特徴に基づいて統覚する。私たちは集団の想像上の諸属性をその諸個人に帰属させるのである。身体＝物理的な例が示しているように、習慣化のこのような過程は、それが危険なものになりうるのと同じく本質的なものでもある。こうした帰納的な習慣がなければ、私たちは十分に機能することができないのだが、そうした習慣は間違ったものになりうるし、また私たち自身にとっても他者にとっても有害な帰結をもたらしうるのである。

統覚は、フッサール（Husserl 1991）が「類型化」と「対化《ついか》」（pairing）として言及する諸過程から引き出される。類型化は、複雑な知覚的インプットを単純化する、習慣的な知覚図式の定式化をともなう。事実、私たちの経験におけるそれぞれの新たな瞬間のもつ独自性や特殊性は、一般的なカテゴリーあるいは「類型」へと包摂されることで単純化されている。こうして、私たちが厳密な意味でかつて出会ったことのない諸対象に近づくときであっても、私たちはその対象が属しているより広い類型の観点からそれらを見るであろう。さらに、新たに類型化された諸対象は、私たちが過去に経験したことのある同じ類型の諸対象と「対化され」、それに応じて属性と性質がその諸対象に帰属される。たとえば、私があなたの車に乗り込んで、その車のギアーやクラッチを探しはするが、どこにあるかと尋ねようとは考えないであろう。私はそれらが車にあるのが当然のことと思うから、それらに手を伸ばすにすぎない。この意味で、私の類型化は、この場合がもっとも通例であるように、車の運転についての私の実践的な仕方を知ること、およびその能力と重なり合っているのである。

この点で、知覚的経験は生活史によって、そしてとりわけ生活史的に獲得された習慣によって構築される。私が過去に経験してきたことは、私の現在の経験を形づくる。そしてお望みならば、同じ理由で、私がいま経験していることは私の未来の経験を形づくるハビトゥスの形式のなかに沈殿する、ということができる。

> こうした生きられる経験それ自体と、そのなかで構成される客観的な瞬間は、「忘却される」ことになるだろう。しかしそれにもかかわらず、その経験が跡形なく消えてしまうことは決してない。それはただ単に潜在的なものになるにすぎない。そのなかで構成されるようになるものに関していえば、それはハビトゥスという形式のなかでの所有であり、活動的な結び付きによっていつでも再び目覚めさせられうるものである。
>
> (Husserl 1973 : 122, 強調は原書)

それぞれの経験は、習慣的で実践的な知の形式、言い換えれば、見方と見たものに対する反応の仕方との両方をともなう仕方を知ることの形式のなかに沈殿する。したがって、それは行為者を「類型的な」諸状況に対して「類型的な」仕方で反応するように傾向づけるのである。

> 対象は、ハビトゥスというかたちでの知によって、もともと解釈の作用のなかで構成されていた感覚の諸形式を、それ自体のなかへと内自化してきた。したがって、ある対象のなかへと入り込むすべての熟考は、その対象に関する持続的な帰結をもつ。実現されてきた主観的活動は、ハビトゥスによって志向的なものとして対象に結び付いたままである。（Husserl 1973：122，強調は原書）

類型化と対化のなかには、個人的な要素をもつものもある。二人の人間の経験が同一ではないのと同様に、二人の行為者のハビトゥスもまったく同じではない。にもかかわらず、類型化と対化は、一般的にいえば仕方を知ることや行為者的傾向性が通常は集合性の内部における社会的相互作用から生じるのと同じように、それ自体として共有される傾向がある。私たちの個人的ハビトゥスのほとんどの相は、ブルデューがすでにその多くを示してきたように、私たちが属している集団の、共有されたハビトゥスに根づいている。

ここでは言語が中心的役割を果たしている。もし観念が伝達され教えられるものならば、それは必然的である。だが、より中心的なことは、言語は私たちの類型化図式の具現化であるということである（Husserl 1970；Mead 1967；Schutz 1970）。言語と言語ゲームは、マルクス以来の哲学者やミードを経て、現象学者やヴィトゲンシュタインまでのすべての論者が論じてきたように、社会あるいは社会集団の共有された実践的意味の具現化である。こうした論者たちは、集団内部で定式化されてきた知覚、考え方、反省の各習慣に対して持続的な形式を与えている。子どもが言語を獲得するとき、子どもは自分の身体の新たな用い方だけでなく、その集団に共有されている図式や先入観に従って「思惟する」機会が与えられることで、その社会の集合的生活へ参加する方法をも獲得するのである。

社会学内部において、こうした理解の習慣やその重要性を主に探求してきたのは、シュッツ（Schutz 1970；1972）やエスノメソドロジー研究者（Garfinkel 1967）である。たとえば、シュッツはフッサールの類型化という考え方を、（ヴェーバー的な）行為の理論を深める方法として明示的に用いている。そしてシュッツは、習慣的なかたちの知や理解と同様の意味を表わす一連の諸概念、たとえば「処方知」、「通常の思考法」、（同じくフッサールから採り入れた）「自然的態度」といった諸概念を展開している。エスノメソドロジーにも同様の傾向がみられるものの、エスノメソドロジストたちはこうした諸概念を経験的に展開しようとしてきた。彼らは、社会的行為者が、自分たちの諸状況を操作可能で説明可能なものにするために、プラクシスのなかで日常定型的かつ習慣的に展開するさまざまな理解の方法と想定とを明らかにしようとしてきたのである。

（5）自由と習慣

ここで私たちは、社会学的世界に頻出するもうひとつのさらなる二元論、すなわち自由と決定論の二元論という点から、習慣の概念を位置づけなければならない。私たちは第五章で、メルロ＝ポンティがいかにして行動主義者の機械論的決定論に異議を唱えているかをみてきた。身体＝物理的な原因と結果によって人間行動を説明しようとする素朴な試みは、経験的レベルで容易に破綻する、と彼は論じていた。目的と意味の概念は、実験室のなかであれどこか別の場所であれ、人間行動を理解するためにはずっとより節約的な枠組みであることがわかる。私たちはいまや、人間行動に現われる目的と、環境のなかで意味を見いだす過程とが、習慣化の過程によって安定性を獲得するというまさにそのことがわかる立場にいる。私たちを行動に駆り立てる目的の多くは習慣に根づいており、それは私たちがそうした目的を追求するなかで生み出す解釈図式としてある。しかしながら、このことは決定論に譲歩することではまったくない。行為はその外部にある諸々の出来事あるいは要素によって決定づけられるとしても、それは決定論的なものであるといえるにすぎず、このことは習慣には当てはまらない。なぜなら、習慣は私たちを行為者として構築するものの一部分であるからだ。すなわちそれは、現在あるところの私たちの一部分である。もちろん、このことは私たちが外部にある周囲環境によって形づくられるということを否定するものではない。まさにその逆である。私たちは、状況づけられた行為者として、自分たちの経験的な界の内部で、たとえば知覚するというようなかたちで出来事に「応答する」ことを強いられており、こうした応答のなかには習慣の形式で沈殿するものもあるであろうし、実際これらの出来事は間接的に私たちが現在あるように形づくるであろう。同様に、私たちは他者との相互作用を通じて、そしてとりわけ他者の模倣を通じて、自分たちの直接的な環境の内部でおこなわれている習慣を「身につける」。私たちは自分たちの社会特有の言語、たとえば地理的な社会集団で用いられているアクセントを受け継ぐであろう。いうまでもなく、この過程を理解するために必然的に、私たちはこうした仕方で影響を受ける身体的行為者の活動を参照しなければならない。行為者は状況に対して応答し、他者を模倣する。すなわち、行為者は目的的かつ有意味なかたちで、そのように作用し事を為すのである。ここには決定論の入り込む余地はない。

しかしながら、行為作用についてのこうした考え方は、「自由意志」あるいは完全な自由という形而上学的な考えに基づいているわけではない。事実、多くの研究においてメルロ＝ポンティは、彼の友人であり同僚であるサルトル（Sartre 1969）が主張した完全な自由という考えに対して、痛烈な批判を放っている。自由に関するいかなる有意味な考え方も、選択という考えを必要とするとメルロ＝ポンティは論じる。選択なき自由は結局のところ、恣意的な不確定性になるであろう。しかし、選択はそれに先立つ世界への関与と所属を前提しており、無限後退を避けるならば、その先立つ世界それ自体は選択されえないことになる。つまり、選択は世界についての有意味な観点と把捉、言い換えれば、一揃いの選好と熟考の手段とを前提しているのである。これらの適切な構成要素がなければ、私たちが有意味に選択するとはいえないであろう。だが、まさしくその理由から、その構成要素それ自体は選ばれえないのであり、少なくとも結果的にも選ばれえない。したがって、選択は完全なものではありえないし、同様に、自由も完全なものではありえない。さらに、私たちの選択は単に世界に根づいているだけではいけない。つまり、私たちの選択は、私たちが自由について有意味に語ることになっているならば、世界にしっかりと定着していなければならない。毎日あるいは毎時間を異なった仕方で過ごす人には自由がない。というのも、そういった人の投企はすべて決して実現しないからである。真の自由とは、行為することによって自分自身にコミットすることを意味するのであり、簡単に消し去ったり取り消したりできない比較的持続可能な仕方で、自分自身をも環境をも変容させることなのである。

ここで気づかれているように、習慣はこうした批判のなかで重大な役割を担っている。習慣は私たちを世界に根づかせ、選択を可能にする意味と選好について必要な背景をもたらす。さらに、こうした選択に持続性を与えることで選択を有意味なものにするのは、習慣化に向かう私たちの性向である。

以上のことは、何も人間がある意味では自由であるという考えに異議を唱えようとするものではない。しかしそれは、完全な自由というよりも、むしろ「状況づけられた」自由を示している。メルロ＝ポンティによると、人間は人間の投企によって所与のものを継承する。人間は創造的行為も選択もできる。しかし、人間はつねに世界の内部で状況づけられ、習慣によって投錨されているのであって、決して「無のなかで浮遊する」ことはない。このことは、人間の行為を、予期可能で多かれ少なかれ蓋然的なものにしている。

> 一般性と蓋然性は、虚構ではなく現象である。したがって私たちは統計的思考のための現象学的基盤を見いださなければならない。それは必然的に、世界のなかに固定され、状況づけられ、諸事物に囲まれている存在に属している。……この過去は、宿命ではないが、少なくとも特別な重みをもっており、その彼方にある一連の出来事ではない。それは、私から一定の距離を保っているが、私の現在の雰囲気なのである。(Merleau-Ponty 1962 : 442)

これは、私たちの歴史感覚にとって、サルトル（Sartre 1969）のモデルよりもはるかに真実に近い。メルロ゠ポンティの見解によると、『存在と無』はありえない状況を指し示しており、そこではいかなる出来事もいかなるときも等しく起こりうるのであり、私たちには物事の状態がいかなる瞬間もその反対の状態へと変容されることはないであろうと想定する理由はないことになる。行政官は民主主義者になるかもしれないし、安定した社会秩序はいかなる瞬間にも革命的熱狂のなかで崩壊するかもしれない。

行為作用の概念に重点が置かれたメルロ゠ポンティによる習慣の概念は、もっと社会学的な見解を含んでいる。その見解によって私たちは、いかにして行動パターンが個人的にも、また制度のかたちでも安定したものになるのかについて考えることができるようになる。これは根本的変化の可能性を否定するものではない。メルロ゠ポンティは革命的変容――一九四〇年代に、彼が資本主義の西洋社会において可能であるといまだ考えていた見通し――の可能性に関する議論の半ばで、この考察を示している。重要なのはむしろ、そうした変容全体が、多くの社会学的諸研究が示しているように、「自生的」に生じるのではないということである。そうした変容はいつでも、社会形式の内部で、出来事に重なる出来事やきっかけに余地を開く出来事を準備しなければならない。だがこのことは、現在の出来事が無のなかへと過ぎ去ってしまわずに、積み重なり沈殿してはじめて可能になること、言い換えれば、今日の諸行為が明日の諸行為に持続的な衝撃をもってはじめて可能になるのである。しかもこのことは同様に、私たちが習慣の生き物であってはじめて可能なことである。習慣は、革新と創造と同じく、歴史の動きにとって本質的なものである。なぜなら、たとえ急速な変化であっても、歴史は、諸行為が互いを作り上げることのできるようにする行為の沈殿を前提しているからである。歴史は過去と現在の具体的な出来事の継承ではなく、展開する過程のなかで積み重なる浸透である。こうした浸透や展開を生じさせるのは、現在の内部にある、過去が沈殿した結果としての習慣である。

メルロ゠ポンティが概説している状況づけられた自由という概念は、筆者の見解では、基本的にプラグマティックな考え方である。ライルと同様に（第四章を参照）、メルロ＝ポンティは、一般的あるいは抽象的な変化をする人間の自由に関する議論の無意味さを認めている。メルロ＝ポンティにとって、自由に関する問いは特定の論点という文脈のなかでのみ有意味なものになる。たとえば、私たちが特定の行為者に特定の出来事の責任を審問しているとき、そしてその行為者が別様に行為しえた、あるいは行為すべきであったのかどうか知りたいと思っているとき――それは、最終的に、行為者の置かれていた環境、知識、能力についての問いなのである。あるいは、特定の集団がその潜在力を実現し自分自身の生命を支配しなければならない機会について審問するときにも、私たちは同じことがいえるのかもしれない。

小括：現象学的習慣とプラクシス理論

本章の目的は次の二つであった。第一に、第五章で概観した、社会的行為作用についての身体的でポスト・デカルト主義的で非二元論的な理論の概観を完成させると同時に、行為作用に関するメルロ＝ポンティの理論を提示すること。第二に、第六章で概観したように、習慣や行為作用に関するメルロ＝ポンティの考え方によって、私たちがブルデューの研究方法の欠点のうちのいくつかを克服することはいかにして可能であるかを考えること。この結論部で、筆者はその第二の目的について簡潔に考察しておきたい。

ブルデューに対する批判のなかで、筆者は彼の研究方法の四つの弱点について概観した。第一に、彼の研究が決定論的ではないことを筆者は示したが、彼は決定論に対する反対意見を決して詳細にわたって述べてこなかった。さらに、ハビトゥスに関する彼の理論によって、初期のサルトル（Sartre 1969）による完全な主意主義へと滑り込まずに決定論を避けることができる方法を精緻化してもこなかった。こう筆者は論じた。そしてこのことは、彼の研究方法の第二の問題、つまり彼が行為と習慣との関係をまさしく一方向的な方法で描く傾向があるという問題によって悪化させられていると筆者は論じた。習慣はプラクシスを通じて構築されるのだが、プラクシスを生成するものとも考えられており、習慣やプラクシスを変容する創造的な行為あるいはプラクシスの可能性についてはほとんど認められていない。第三に、ブルデューは、その主張にもかかわらず、ハビトゥスが私たちの主観的世界や解釈的プラクシスを形づくる仕方を考えることに対してはほとんど何もおこなっていない、と筆者は述べた。第四に、ブルデューはより反省的で再帰的な可能性と対比するために、ハビトゥスを行為の一構造として措定することで、ハビトゥスに関する考えを問題あるものにしていると筆者は論じた。

最初の二つの問題に対する応答のなかで、筆者はメルロ＝ポンティの研究が明らかに助けとなりうることを示してきた。すでに述べたようにメルロ＝ポンティは、機械論的決定論に対してはっきりと強く批判しており、人間行動がその行動の外部にある出来事によって引き起こされるのではなく、外部の出来事が人間行動にとってもっている意味に従って、外部の出来事に対して目的的に応答することである、と論じている。本章でみてきたように、これらの意味や目的は同じく習慣に根づいているが、私たちの習慣が私たちを構成するものの一部分であるにすぎないことから、私たちはなお決定論から逃れている。それらは、現在あるところの私たちにとって不可欠であり、したがって私たちに作用する外的要因として勘定に入れることはできない。だが本章では、メルロ＝ポンティがサルトルのいう完全な主意主義をしりぞけていることもみてきた。完全な自由という考えは支離滅裂であるとメルロ＝ポンティは示している。習慣が、この説明のなかで再び引き合いに出されている。それは、人間の選択といういかなる意味ありげな考え方も、私たちの世界を有意味にするために私たちにとって機能し、私たちがその世界を把捉することを可能にする（どれを選ぶべきかという状況を私たちにもたらす）習慣的図式を前提していなければならない、とメルロ＝ポンティは論じているからである。安定した選好および熟考という手段の獲得も同様である。さらに、選択は積み重なるときに有意味であるにすぎず、それでもやはり習慣に関わっていると彼は論じている。この点でメルロ＝ポンティの立場はフッサールの立場と重なっており、筆者が示したように、フッサールは決定と判断が習慣化の過程によって確信と関与の地位を獲得する仕方に関心をもっている。そして実際のところ、メルロ＝ポンティは自由／決定論の議論の両項を棄却するよう私たちに求めている。また、選択は人間の行為作用の諸現実に適合していない。現実の立場では、私たちは習慣によって形づくられた目的的で有意味な振る舞いによって、行為作用について思惟することを学習する必要がある。ここでメルロ＝ポンティはブルデューと再びつながり、ハビトゥスの概念が自由／決定論の議論を解決するという彼の主張を支えるために必要な哲学的土台を与えているのである。

しかしながら、メルロ＝ポンティによる習慣に関する考え方のさらなる利点は、彼が習慣を行為作用に関するより広い考え方の内部に位置づけているということである。メルロ＝ポンティによれば、習慣は有機体あるいは行為者と世界との間の相互作用から生じる。模倣の結果であるものもあれば、革新的で創造的な実践の結果であるものもあり、多くはその二つの組み合わせの結果である。この点で、行為者は完全にハビトゥスという考えに先取りされているわけではない。ハビトゥスは「動的均衡」と考えられており、行為の力によってその構造を変える「首尾一貫した変形」に従っている。さらにメルロ＝ポンティは、実践の潜在的創造性という考えでもって、習慣とプラクシスが行為者の介入するあらゆる物質的環境に適合している仕方を説明できる。ハビトゥスがいかに環境によって形づくられるかという謎は、私たちがブルデューのなかに見いだし、彼に向けられる決定論という批判に対抗する彼の批判を可能にしているが、メルロ＝ポンティにおいては行為者が環境を作り出す適応的諸反応について考えることで解決されているのである。

メルロ＝ポンティによる知覚と言語表現という習慣についての考察もまた、行為者の主観的生がいかにして習慣によって形づくられるのかを考えるのに役立つ。だが本章では、フッサールの研究についても考えてきた。フッサールによる類型化と統覚についての考察によって私たちは、習慣が私たちの主観的生のなかへと入り込む仕方をしっかりと理解することができる。そしてフッサールの研究も、シュッツやエスノメソドロジストの研究も、一連の道具立てを私たちに与えてくれ、私たちの研究にとってより実体的で主観的な次元を付け加えてくれる。それによって私たちは、こうした領域を切り拓きさらに探究を進めることができるであろう。彼らはハビトゥスの「内部」に、経験と解釈の構築においてハビトゥスの果たす役割をより注意深くみているのである。

このことは、ひとつの問題を未解決のままに残していることになる。すなわちそれは、ブルデューによる反省と再帰性の論じ方である。ブルデューは反省と選択を、習慣のなかに根づいているものとは異なる行為様式として措定するという過ちを犯している。これに対して、私たちはむしろ、再帰的で反省的なかたちの行動の習慣的根源を主張しなければならない。すなわち、反省的かつ再帰的で、習慣を壊すと同時に習慣を形づくる習慣である。筆者は次章でこの点についてより広範囲に論じていこうと思う。そこでは、再帰的な習慣、自我、自己形式過程について考えていく。ミード（Mead 1967）の研究を用いて、筆者は再帰的可能性がハビトゥスの内部に内自化される様式について考察しようと思う。だがさしあたっては、筆者が本書のなかですでに概説した三つの議論について、簡潔に確認しておきたい。それらは、ハビトゥスの概念において含意されている反省的で再帰的な可能性について指し示している議論である。

第一に、ハビトゥスの内部への言語図式の内自化は、反省的な可能性をもたらす。筆者が第五章で記したように、言語の獲得は、行為者が言語的定式化でもって諸状況に対してある種のかたちですぐに反応することの代わりを学習することを含んでいる。それは即座の反応を抑制する習慣の獲得である。言語の使用は、行為者とその自己との異なる関係性へと行為者を導く。言語は、行為の可能性と「意図」とを行為者にとって知覚可能なものにするだけでなく、対話過程がハビトゥスとして内自化されることで、行為者は自己との対話過程へと実際に入り込むことができるようになる。このことはまさに、反省的で再帰的な意思決定とは何であるかということである。すなわち、それは自分自身との対話なのである。

私たちはまた、こうした反省的な様式でなされるいかなる選択も、必然的に習慣によって形づくられているということを付け加えることができる。すでにみてきたように、選択の諸状況を理解する私たちの仕方、私たちが用いる熟考の手法、私たちがもつ選好によって、習慣は選択のなかへと入り込む。選択は、行為の実践的文脈から生じるさまざまなかたちの社会的プラクシスであり、そのようなものとして、全面的に習慣によって構築されるのである。

より根本的に、再帰的な投企についても同じことがいえる。私たちはブルデュー自身をこの立場に位置づけうる。たとえば、超越論的な主観の神秘的な作用として社会学によって獲得された再帰性について、ブルデューが考察していないということは明らかである。反対に、彼は社会学を職業として考えており、社会学が適用する特定の方法論的プラクシスに基づいて、社会的世界についての社会学の観点の優位性に賛成する議論をしている（第六章を参照）。ブルデューによると、社会学的再帰性は特定の（社会学的で科学的な）かたちのプラクシスによって私たちが獲得する何かであり、習慣に根づいているさまざまなかたちのプラクシスのようなものである。私たちは調査方法、統計の用い方、テクストの脱構築的な解説の仕方などを学習しているのだ。

フッサールの現象学においても、これと同じ議論が見いだされる。現象学は一段と、、、、すぐれて再帰的なかたちの哲学である。現象学は、それによって世界の意味が私たちにとって構成されているさまざまな習慣の精査をともなうのであり、私たちの「自然的態度」のなかで通常は習慣的に当然視されているすべてのことを明らかにする。この点で現象学は、習慣を習慣として気づかせることによって、習慣から私たちを解放する。私たちは、自分の習慣的なあり方から一歩退く。しかし、フッサール（Husserl 1970）が強調しているように、現象学とは、諸個人が習慣にうまく関与しようとするならば習慣として獲得しなければならない手法でもある。さらにそれは、哲学の歴史から現われる技術であり、行為者が自分自身の個人的歴史の習慣的獲得のうえに作り上げるのとまったく同じ仕方で、そうした歴史の習慣的獲得のうえに作り上げていくものである。換言すれば、多くの現象学あるいはそのうちのいくつかが私たちを習慣から自由にするが、その現象学それ自体もいうまでもなく習慣である。それは再帰的な習慣であり、再帰性に向かう傾向性なのである。現象学が習慣を変える手法をともなっていなかったとしたら、何も変わらないということになろう。それは実際に、精神治療的な応用のなかでおこなわれているのである。そうであるならば、現象学は「習慣を壊す習慣」であるといえるかも知れない。それは「第二段階の」習慣ではあるが、それでも習慣あるいは手法であることには変わりない。そうでないとすれば、私たちが身体的な存在様式から断絶してしまうことになるだろうし、それゆえ私たちが身体的な存在様式以外の何ものかであると想定するデカルト主義的な罠に再びかかることになるだろう。

こうしたかたちの根本的な反省と再帰性が日常生活の慣習的あるいはありふれた様相である、と考えることは間違っていよう。ブルデューは、そうした反省と再帰性が、アカデミックな生という文脈のなかで、あるいは危機の時代において、生じる傾向があると適切に示しており、そのとき、自明視されている多くのことが言説のレベルへと上っていくのである。だが重要なことは、最終的にこうしたより根本的なかたちの再帰性でさえも、やはりハビトゥスに属しているという点にある。

筆者が本章で前面に押し出してきた議論と、筆者が考察してきた論点および視点は、決してブルデューの研究をしりぞけるつもりで示されてきたわけではない。逆に筆者は、ブルデューの研究が私たちの考えている社会学に近づくもっとも有望な方途であると考えている。筆者の意図は、ただブルデューの立場を深め強化する仕方を考えることである。筆者は、このようなやや限定的な目標が達成されたと考えているが、当然ながら、プラクシスの理論を拡張し深めるためになされなければならないことは間違いなく数多く残っている。

第八章　再帰的な身体性——存在・所有・差異

　ここまでの本書の中心的な主題は、私たちは身体であるということと、私たちがそうあるところのすべてや私たちがなすことのすべては身体的な形式をとるということであった。このことは重要な議論であり、この最後の章で議論しようとしている内容においても、筆者はそこから目を背けるつもりはない。しかし、私たちは身体であると述べることが、私たちが身体を「所有」しているといわれることもある重要なあり方を無視するということを単に含意するのであれば、それは不適切であるかもしれない。こうした身体性の相へと、デカルトは私たちを導いてくれる。彼は、精神としての自分自身と自分の身体とを区別する点では誤っていた。だが、彼は二元論の論拠を作り上げることはできたという事実、そして多くの人びとが彼に賛同したという事実は、私たちという存在の——現象学的にいうならば——リアルな次元を示している。

　人間の身体は、単に「即自的に」存在しているだけではない。それは、「対自的に」も、言い換えればそれ自体の投企、関心、熟慮の焦点として存在している。私たちは鏡の前で自分自身をじっと見つめ、自分自身について、たとえば自分の健康、幸福、外見、表情について気にかける。そして私たちは、変化をもたらすために自分自身に働きかける。私たちは、たとえばエクササイズを通じて自分の身体を鍛えたり、ダイエットを通じて体重を減らしたりする。私たちは衣服や宝飾品で自分の身体を飾る。身体を手術によって変化させることまでする人もいる。こうした事態によって二元論者は、それゆえ私たちの「本当の自分」は、こうした観察可能で経験的な現われを超えたどこか別のところにあるに違いない、と考えるよう導かれるという過ちを犯した。そのとき実際に、その過ちが反省の過程によって達成され、その過程で、私たちは身体的存在として自分自身を見つめることに立ち戻ることになる。

……私は、私の身体の手前にあるのではない。私は私の身体のなかにある。いやむしろ、私は私の身体である。……それでももし私たちが、自分自身の身体の知覚について説明をすることができるならば、私たちは、身体が身体自体を説明すると言わねばならないであろう。(Merleau-Ponty 1962 : 150)

こうした存在と所有の二元性は、習慣についても当てはまる。私が知覚したり考えたり感じたりなどするすべてのことが、習慣化されたパターンに従う行動から生じるという意味で、私は私の習慣である。さらに、個人として、市民として、社会学者として、私は思索する習慣のなかにあるし、ある特定の習慣を変えようとする習慣のなかにもある。私を作り上げる習慣的図式のなかでも、現在ある私は、再帰的で「習慣を破壊する」習慣でもある。つまりそれは、私が自分の人生の生き方に疑問を付したり、それを変化させたりすることに私を備えさせ向かわせる習慣である。このようにして私は、自分自身をより我の強い人間にすること、あるいはより健康的なライフスタイルを採用することを決断するかもしれない。私は私の人生についてより内省的になるかもしれないし、あるいは逆にあまり内省的にならないかもしれない。この意味で、私の習慣は、私の身体のように「私が所有する」何かとして、そして私が働きかけたり変化させたりできる何かとして、私を突き動かすのである。しかし、私たちの身体や習慣を所有しているのは、実は私たちではない。身体的存在として私たちは、他者にとって知覚可能なものである。私たちは他者の知覚領域のなかに含まれており、この意味で他者も私たちを「所有している」。したがって、私たちの身体性は、必然的に疎外されている。私たちは決して自分自身を完全に所有することはできない。さらに、私たちという知覚可能な存在は、集合表象の図式のなかで捉えられる。誕生の瞬間から、それどころかその前から、私たちの解剖学的状態と身体的可視性は、社会的意味を示すように作り上げられており、それゆえ私たちは社会空間に位置づけられている。実際に、私たちはこうした間主観的秩序を最初に課すことで、そして外側から、すなわち「他者」として自分自身を見るよう学ぶことで、はじめて自分自身を所有するようになるのである。

この最後の章で、筆者はこうした論点を探究しようと思う。本章の前半は、自己意識、再帰性、そして私たちが私たちの自己、身体、習慣の意味を「所有する」ようになるさまざまな仕方に関する問題に焦点を合わせる。本章のこの前半では、前章の終わりで提起された再帰性についての議論を続けていくとともに、本書で展開されてきた行為作用のモデルをさらに発展させていきたい。とくに筆者は、私たちの再帰的力能が習慣のかたちで私たちの身体図式に根づいているまさにその点を示そうと考えており、この点を立証するためにミード（Mead 1967）の研究を援用する。つづく本章の後半では、筆者の議論のなかでもおそらくより否定的な相である点に焦点を合わせる。そこでは、さまざまな社会において人間身体がコード化され分類される仕方と、このことが行為作用とライフチャンスの決定とにおよぼす影響について考察する。さらに、このような仕方でコード化された身体的差異が、身体化された形式の象徴資本として理解されうるということも主張したい。筆者は本章を、自己意識に関する簡潔な考察と、その点に関して私たちがすでに考えてきた議論の要約から始めよう。

(1) 自己意識の問題

デカルトにとって、自己意識の問題など何もない。私たちが第二章でみたように、デカルトは、自分自身の精神の内容に接近する特別な形式を享受しており、こうした即時的な知以外に確信できるものは何もないと考えている。錯誤の恐れがある外部知覚とは異なり、彼は内側をのぞきみる点において誤っているはずはない。なぜなら、彼はあてにならない感覚に頼る必要はまったくないからである。個人的な暴露の瞬間はいうまでもなく、この理論が、自己欺瞞とある程度の人格的洞察との可能性を排除しているというだけで、私たちへの警告としては十分なはずである。だが私たちが第四章でみたように、それに取り組むさらに強固な理由がある。私たちの心理的生は、私たちが自由に観察できる内部劇場の産物ではない。むしろ心理的生は私たちの行動のなかに、私たちの傾向性のなかに、外的に焦点化されている「志向的な」感覚、知覚、想像物のなかにある。さらに、私たちの心理的生のこれらの諸相はどれも、すでに付されているラベルとともにやってくるのではなく、文脈や環境との関係から意味を引き出すのである。たとえば、「嫉妬」というラベルに値する決定的な感覚や行動はない。数多くのタイプの感覚や行動が、文脈に応じて嫉妬を表わすであろうが、そのうちのどれもが必ず嫉妬を表わさなければならないものではない。したがって、私たちが自己についての感覚と知を獲得するかぎり、私たちは自分自身の振る舞いや感覚を、それらが展開する状況との関係でモニターしなければならない。だが、私たちの評価が正しいという保証などない。というのも、とくに心理的評価という言語ゲームが、自己に焦点化されていようと他者に焦点化されていようと、実際は一般に道徳的なものであるからである。たとえば、「嫉妬」としての反応を記述することは、記述の問題とはならず、叱責の問題も超えている。私たちの多くは、自分自身に対してあまりにも厳しいことには乗り気ではないのだ。

こうした非デカルト主義的な議論に対して、もうひとつのことを付け加えることができる。すなわち、自己内省の可能性は派生的で、二次的であるということである。意識はそもそも自己意識ではない。メルロ＝ポンティは次のような道筋でこの点について記している。

> 私自身にとって私は、「詮索好き」でも、「嫉妬深い」のでも、「猫背」でも、「公務員」でもない。肢体の不自由者や不適合者が、自分自身に対して我慢ができるということは、しばしば驚かれることである。その理由は、そうした人びとは自分自身にとっては異形ではなく、死に瀕しているわけでもないからである。最終的に昏睡状態になるまで、死にゆく人間は意識によって住み着かれており、その人はその人の見るものすべてなのであり、そのような道行を大いに享受しているのである。(Merleau-Ponty 1962 : 434, 強調は著者)

メルロ＝ポンティがここで論じているのは、私たちの基本的な身体的状態がどうであろうと（「猫背」）、私たちの心理的状態がどうであろうと（「嫉妬」）、私たちの社会的役割がどうであろうと（「公務員」）、私たちが自分たち自身について作り上げるいかなる属性も、つねに外側の観点を前提しているということである。すなわちそれは、人間的自己の客観化であって、いかなる属性も私たちの経験にとっては根本的なものではない。身体的存在として、私たちは世界に面しており、その状況に身を挺しているのであるが、そういうものとして私たちはつねに私たち自身の盲点である。知覚と可動性は人間の主観性の基盤であるが、目はそれ自体を見ることができないし、私も私自体を見ることができない。目と私は世界に向かって外側へ向いており、目と私の経験はこの世界についての経験である。さらに、世界についての私の経験は、私が所有する唯一の経験であり、それが現わすであろう欠如、特性、「特徴的な姿」が「内部から」私に立ち現われるはずはない。私は自分の経験について、そこから立ち去ることによってしか、そして他の起こりうる経験とそれとを比較すること、すなわちそれを客観化することによってしか、わかりえない。

このことによって、私たちが身体図式の内部に自己についての暗黙の感覚をもつということが否定されるわけではない。私が、低い戸口や飛んできたクリケットのボールを避けようとして屈むのは、それらについての私の知覚がその内部に自分自身についての感覚と、自分にぶつかりそうだという感覚とをともなうからにすぎない。同様に、諸対象を「遠い」あるいは「左のほう」として知覚することは、それらの観察者として自分自身へと立ち戻り、暗黙のうちに参照することをともなっている。その諸対象は、「私」から遠くにある、あるいは私の左のほうにある。だが、「私」という私の感覚は、これらの経験においては主題ではない。メルロ゠ポンティによれば、私の感覚は、私が他者との間主観的世界に関与することではじめて主題となるにすぎない。

意識はそれ自体、不適合者の意識あるいは身体障害者の意識のなかに決して対象化されえない。そして、たとえもし老人が自分の年齢や自分の異形という障害に不満をいうとしても、そうした老人は他者と自分自身とを比較することによって、あるいは他者の目を通じて自分自身を見ることによって、すなわち、老人自身の統計上の見解や客観的な見解を採用することによって、はじめてそうすることができるのである。したがって、そのような不満は決して絶対的な純粋物ではないのである。(Merleau-Ponty 1962 : 434)

この主張には次の二つの相がある。第一に、身体的行為者の特徴は関係的で相対的である。この点は、私たちの自分自身についての主観的感覚に関連しているが、それは、私たちが他者のなかに知覚する比較的好ましい状態と身体的な存在の相とを比較することができるかぎりで、私たちが欠如として私たちの身体的な存在の相を経験しうるにすぎない。たとえば私は、私のまわりの他者たちが私よりも背が高い場合にはじめて、背が低いと「感じる」ことができる。第二に、この主張はより広範な客観的な身体的諸状態の問題を示している。「欠如」は、客観的な分析においてさえも、「欠如」の身体が属している集合体の平均的状態から派生する規範と比較して、そのようなものとして私たちに思い起こされうるにすぎない。実際、私たちが作り上げるかもしれないどんな属性も、それが肯定的な内容であっても、別の何かとの対照に依存している。もし世界のすべてのものが赤だったならば、色の区別がなくなるであろうから、「赤」という言葉も「色」という言葉も不要になるであろう。だがこのことに付け加えてメルロ＝ポンティは、私たちが「他者の目を通じて」私たち自身を見るようになってはじめて、これらのカテゴリーによって私たち自身を感じたり、あるいは経験したりすることができるということを示す次の段階に進んでいる。すなわち私は、自分の意識的な世界内存在についての第一次的な状態である特殊性から歩み出さねばならず、自分自身を他者として経験することへと私自身を引き戻さねばならないという段階である。

あるレベルでこのことは、クーリー（Cooley 1902）が論じていることでよく知られているように、私が自己についての感覚を、相互作用のなかで、他者という鏡をとおして私たちに映し返す自分たちの自己像から引き出すということを含んでいる。私は私自身の盲点かもしれないが、他者は私について直接的に経験する。他者は私のさまざまな気分や先入観の直接的な目撃者である。私は他者の知覚領域のなかでの一対象である。つまり私は、他者が、その経験のすべての他の対象とともに類型したり分類したりするに違いないし、また実際にそうするであろう一対象なのである。そして、他者は私についての経験、判断、類型を伝達するであろうし、それらは私たちの相互作用の過程で私に跳ね返ってくるであろう。このことは、たとえば他者が私を明確にラベリングするような場合には直接的なものであるかもしれない。しかし、それは間接的なものでもありうる。他者が私についてもつ見解は、他者が私に対して作用する点で、またそれによって他者の見解が私に伝えられる点で、身体的なものである。だからといって行為者は、他者から投げかけられるラベルのどれもこれも引き受けなければならない、と言いたいのではない。行為者はラベルに抵抗するかもしれないし、そして／あるいは行為者に適用されている特定のラベルを克服しようとするかもしれない。さらに、ゴフマン（Goffman 1959）の研究が例証しているように、行為者は自己についての特定の印象を作り上げるために、そしてあらゆる社会的状況を循環する自分の自己についての情報の流れを巧みに操作するために、どんなことでもするかもしれない。にもかかわらず、行為者にとって利用可能であるような、「自己」に関して審議できる唯一の場は、たとえ行為者が確かめたり確信したりしたいと願っているにすぎなくても、（潜在的には）公的に利用可能な行為の領域である。繰り返しておくと、行為者にとっては、意見を求めるための「内なる私室」などなく、したがって自己についての行為者の考え方は、他者がその行為者に関して用いるのと同じ種類の根拠に依存していることになる。さらに、そうだとするなら、行為者が自分自身で気づいてこなかった事柄を他者は見抜いていたかもしれないということが、つねにありうるのである。

近代という文脈においては、鏡や表面が反射する他の存在物が、こうした他者からの根本的な「鏡映」を増幅し、行為者が自らの自己を身体的存在として享受する関係性を潜在的に強めている。ラマニシャイン（Romanyshyn 1982）が記してきたように、鏡は近代という文脈における「自己構築」にとって重要なメカニズムである。私たちは、なりたい自分になるために、言い換えれば、自分がそうみられたいような自分として他者に見せる像を作るために鏡を使うのであり、そうして私たちは自分自身のためにそうした自分になることができるのである。だが、もっとこれ以上のことが自己という観点にはある。「鏡映」に関するこれらの説明と、それにもまして自己呈示という考えとラベルへの抵抗という考えに関するこれらの説明は、自分自身を所有しているという根本的な感覚を前提しており、私たちはその感覚とこのような到来する情報とを関連づけている。さらにそれは、私たちが経験する存在として他者を経験するということ、すなわち私たちが自己を経験するのと同じように他者をも経験するということを前提している。このことがいかにして可能かということを考えるために、私たちはジョージ・ハーバート・ミード（Mead 1967 ; Crossley 1996a ; 2000b も参照）の研究へと移らなければならない。

（2）身体性・想像力・プレイ

自己の出現についてのミードの説明は、クーリー（Cooley 1902）によって提起された「鏡に映った自己」の非常にすぐれた続編である。だがその説明は、クーリーの基本的な考えをさらにおし進めている。ミードは、自分自身について熟考するという私たちの根本的な力能でさえ、相互作用から生じると論じる。具体的にいえば、ミードは、その力能は他者の「態度」あるいは「役割」といったようにさまざまに呼ばれるものを子ども時代に内自化することから生じると論じている。そして彼は第一に、このことをプレイによって理論化している。子どもは他の人間になりきって、ごっこ遊びを日常的にする、と彼は論じる。一人のときも、他の子どもといるときも、子どもは他者を模倣し、他の人たちの役割を表現する。さらに、そうしているとき、子どもは同時に複数の役割をまねることが非常によくあり、複数の役割を替えながら、そして外部からみれば非常に複雑な議論でもやっているかのようにして複数の役割を処理する。子どもが役割を切りかえる際に、複数の声が対話のなかにもたらされる。

ミードにとってそうしたプレイは重要である。プレイによって、子どもは社会的世界の間主観的な組成の意味とその習熟度を発展させていくことができるのであり、異なる社会的役割の意味、他性の意味――それゆえほとんど欠如によってだが――自分自身の意味を子どもにもたらす。子どもは他者の役割あるいは「性格」を文字どおり行動で表わし、そしてその役割の「内部」に子どもとともにある世界についての特定の観点を見いだすことによって、世界が異なる観点からなる存在として経験することを学ぶ。写実的な演技をする俳優のように、しかし反省的な意図をともなわずに、子どもは他者に「なる」ことによって他者の内側にたどり着く。すなわち、他者の立場になって考えること、他者がやっていることを模倣すること、それによって他者がするように世界を占拠し知覚することによってである。こうして、子どもは自分には欠如している特性という感覚をもつようになる。言い換えれば、他者の場所を把握することは、自己の場所と感覚を確立するのである。しかし以上のことは、子どもが、自分自身の役と、ごっこ遊びにおいて子どもがなりきる他者の役割との対話ができるようになり、他者の観点から自分自身をみつめるようになるときにはさらに強化される。たとえば、子どもは自分自身の母親あるいは父親になりきって遊ぶことがあるが、それによって母親あるいは父親の観点から自分自身を見つめたり対象化したりする。さらに、そうしてプレイが頻繁に繰り返されるなかで、シミュレートされた他者と他者のパースペクティヴは、習慣のかたちで行為者の身体図式の内部へと沈殿する。行為者は、自己に話しかけたり自己について考えたり、そして実にさまざまな観点から問題や状況を眺めたりする持続的な力能を獲得する。行為者のハビトゥスは修正され、間主観的な次元を獲得するのである。

なおここで、習慣的根源を強調しておくことが重要である。ミードは、選択や内省といった人間の力能を非常に強調する思想家としてしばしば読まれており、このことはたしかに正しい。しかし、ミードにとって、内省へと向かう力能や性向は習慣のかたちでの経験を通じて獲得される。

> 私たちの過去は、私たちの経験から生じてきた変化やある意味でそこに記録されている変化によって、私たちの傍らにある。人間という種特有の知性は、過去を通じて獲得されてきた精巧な統御のなかにある。人間という生き物の過去は、人間が行為する能力のなかに持続的に現存している……。(Mead 1967 : 116)

このように、私たちは内省的で再帰的な習慣をもっているのである。

ミードが、ハビトゥス内部へと他者を内自化することに関して論じていることは、多くの精神分析学者が同一化と投入作用に関して論じてきたことと重なる。さらにミードは、権威の姿や子どもにもっとも直接的な影響をもたらす人物がこうした仕方でもっともよく内自化されると主張しており、それについては精神分析学的な「父の姿」の役割の強調を確認することができる。ここには、フッサール（Husserl 1991）および彼のいう「感情移入的な志向性」（emphathic intentionality）の痕跡を認めることもでき、実際、子どもは他者の立場になって考えることを学んでいる（Crossley 1996a；2000b も参照）。

だが、こうしたよく知られた主題に関するミードの解釈でとりわけ印象的なのは、これらの「心的」過程を身体化し、それによって心的過程のメカニズムと媒介物を明らかにすることで、その過程を解明するやり方である。子どもは父親をそれ自体として「投入する」のではないし、いかなる類推あるいは経験的推論の複雑な過程に従事するのでもない。子どもは（ただ）遊ぶのである。子どもは、自分の見るものを模倣し、そうすることから大きな満足を引き出す。しかしこのことは、特定の父親の役割であろうと誰の役割であろうと、ごっこ遊びされるものは子どもの身体図式の内部に習慣化されるという意図せざる帰結をもたらす。父親から子どもへの精神分析学的な飛翔は、プレイと模倣という身体的活動で埋められる。プレイは、子どもと他者、子どもと世界とをつなぐ想像過程の身体的な乗り物である。子どもが獲得する他者のパースペクティヴという「考え方」は、ハビトゥスあるいは身体図式の内部に定着する生きられる身体的な意味であるということを強調しておかなければならない。子どもは他者のパースペクティヴについて思惟することはないが、他者の役割を演じることで、他者のパースペクティヴを内自化し、間主観的な複数のパースペクティヴをもつものとして世界について感じとられた意味を獲得する。このことは、子どもが自分自身の立場から距離を置くという結果をもたらし、それによって子どもは自分自身についてのひとつの、あるいはおそらく複数のパースペクティヴを形づくることができるようになる。他者の役割を引き受けることによって、子どもは自分自身にとって他者となることができる。また子どもは、自分自身についての外側からのパースペクティヴを獲得することができる。たとえばカテゴリー的あるいは客観的な点から、すなわち、「嫉妬深い」、「猫背」、「公務員」として、子どもは自分自身と関係をもつことを要請されるのである。

(3) ゲーム・規範・法則

ミードによると、プレイによって獲得されるものは、ゲームによってさらに展開される。プレイにおいては、子どもは特定の他者たち、あるいは役割の観点から、自分自身を経験することを学ぶ。それによって、子どもが社会的世界における複数の立場についての前反省的で身体的な「見取り図」と、そのなかでの自分自身の「場所」とを発達させることができるようになる。以上のことは重要である。子どもは、社会的世界で出会うさまざまなタイプの人物の「感触」と、自分自身と他者たちの間での異なるタイプのさまざまな関係の「感触」を発達させる。社会的世界の構造は、子どものハビトゥスの内部に内自化される。さらに子どもは、子どもが属す社会集団の心情やアイデンティティ、すなわち第七章で言及した「団体精神」を内自化する。社会的世界についてのこうした感覚は、いくつかの点できわめて特徴的である。だがゲームで、とりわけ規則の構造と複数のチーム・ポジションを含むチーム・ゲームで、子どもは「一般化された他者」の観点から、すなわちチーム全体の観点から、そしてゲームやその規則の観点から、自分自身を経験することを学ぶ。子どもは、その集団の規則や一般的な願望を自分自身に適用すること、チームのなかのある場所を占めること、そのように位置づけられたものとして自分自身を経験することを学ぶ。ミードによると、以上のことも非常に重要である。というのも、そこにおいて、子どもが発達させなければならない共同体との関係性とその共同体の法を、子どもは予想するからである。実際にゲームは、子どもに法という規則への道筋をもたらす。ゲームをして遊ぶことを学び、ゲームの構造をハビトゥスのなかへと内自化するなかで、ゲームの諸要素の内部で非反省的に遊んだり、ゲームおよびプレイヤーの共同体の観点から自分自身について考えたりすることで、子どもは、参加することを運命づけられているより広大な社会の内部で、自分に要求されるであろう内自化に備えるのである。

自己構築におけるゲームとその役割についてのこうした論及は、筆者が本書のなかですでに何度も用いてきたゲームのメタファーと非常に共通している。社会的世界を構成する異なる界がゲームに似ているとするならば、ゲームをして遊ぶことは子どもが社会的世界に参加するためにはもちろん理想的な道である。さらに、ミードにとってプレイもゲームもともに学習の様相をなす。したがって、私たちはミードの観点によって、社会的世界を構成するゲームへの日常的な参加の過程を通じて、すなわち異なる社会界への参加を通じて、私たちの習慣の束が変化させられたり確実に追加されたりするのがどのようにしてなのか、についても考えることができるのである。

(4) 身体的な主我と客我

他者の役割を取得し、構造化されたゲームの状況で他者と相互行為すること、それは自分自身の名前や人称代名詞を含めた言語の獲得と学習に結び付いている。それによって子どもは自分自身についてのパースペクティヴを学び、自分自身の像を形づくる。その像をミードは「客我」と呼んでいる。この客我が、あるいはむしろ客我を精査する過程が、実際のところ自己アイデンティティの基盤なのである。すなわちそれは、私たちが自分の自己を知り経験することを学ぶ際の、自分の自己のことである。ミードによると、自己であることとは過程である。そして自分自身を「客我」として考えるためには、自分自身に立ち返る手段として、「主我」が他者の役割を引き受ける。私は一般化された他者の役割を(主我として)表現することによって、自分自身という概念(客我)を発達させるのである。

ギデンズ(Giddens 1991)は、ミードのいう主我と客我はそれぞれ自己の社会化されていない相と社会化された相であり、それらがフロイト主義者によるイドと自我／超自我との差異と一致すると論じている。この解釈は、ミードが描こうとしているその差異の重要なひとつの相をとらえている。それはすなわち、行為者は自分自身の私的で功利的な関心と、集団の要求や期待との間で引き裂かれるようになる可能性があるということであり、そうした要求や期待を行為者が義務の感覚として、ハビトゥスの内部に内自化するようになるのである。（客我として）自分自身について考えるなかで、行為者は集団の諸規則を自分自身が企てる行為に適用する。デュルケム（Durkheim 1915）と同様、ミード（Mead 1967）は、個人と集団との、そして特殊性と普遍性とのこうした緊張関係によって、行為作用を理解している。しかし、ミードによるその定式化の仕方は、ギデンズによってミードに帰せられたフロイト主義的モデルとはきわめて異なっており、それよりもかなり説得力がある。ミードにとって、社会化されていない自己の相などない。だがこのことは、私たちの行動が学習された役割へと単純に還元されるということを意味するのではない。主我と客我の相違は、感覚的で社会化された身体的行為者と、行為者が自分自身について形づくることができる像との相違である。主我は自己の一「部分」ではない。主我は私であるところのすべてである。そして、客我もやはり自我の一部分ではないが、（主我として）私が自分自身を形づくる自分自身の表象、すなわち私の鏡像である。

この二つの関係性は、優勢を競っている自己の二つの部分の空間的な関係性ではなく、次に示すように、自分自身の影を追い求める行為者の時間的で再帰的な自己関係性なのである。さらに、それは「遅延」によって定義される関係性である。というのも、筆者が本書のなかで何度も記してきたように、自分自身の自己像を追い求める行為者は、決して自分自身に追いつくことがないからである。とりわけ、第四章におけるライル（Ryle 1949）に関する考察が明らかにしたように、自己内省という作用は、必然的にそれ自体を身体化したり、それ自体について考えたりすることができるわけではなく、つねに一歩後ろにある。主我は「客我」として、それ自体の経験の潮流へと入り込む。

……しかし、少し前に「主我」だったものは「客我」となる。こうして、もしあなたが、あなた自身の直接の経験のなかで「主我」はどこに現われるのかと問うならば、それは歴史上の人物として現われるというのがその答えである。それは一秒前にあなたがそうであったところのものであり、「客我」の「主我」なのである。「主我」は経験のなかに直接的には与えられていない。(Mead 1967 : 174-5)

ここでミードが設けている差異は、カント主義者あるいはフッサール主義者による経験的自我と超越論的自我との差異のように思われ、たしかにいくつかの点において似ている。だが、ミードがいう把握を逃れていくような「主我」はまったく経験的なものであり、第四章で論じたライルがいう捉えがたい私と同様に、神秘的なものなど何もない。それは、私たちが即時的な現在においておこない経験することのなかにあるのであり、自己省察は即時的な現在を必然的に排除する回顧の過程であるから捉えがたい。自己省察は、私たち自身の歴史上の像に焦点化されており、それはミードが客我として言及しているもの、あるいはむしろその感覚と像を強めるものである。

しかしながら、超越論的自我あるいは非物質的な精神について私たちがもつ感覚を生起させるのは、排除や緊張といったこうした経験であろう。なるほど、これはまさしくデュルケム(Durkheim 1915)が『宗教生活の原初形態』において魂について論じていることである。この問題に関するデュルケムの考察はごくわずかであるが、本書で論じられてきたことと非常によく似た議論を示しているように思われる(ibid.)。それはすなわち、社会がその心理的な諸部分の合計よりもはるかに大きいのとちょうど同じように、私たちの心理的生は、その身体＝物理的な諸部分の合計よりもはるかに大きいということである。とはいうものの、デュルケムは、魂について私たちがもつ観念や感覚の出現を説明しようとするなかで、そのような心理的生が私たちの内部に「馴染みのない」諸要素について私たちがもつ感情から、すなわち「集合表象」あるいはミードの用語に置き換えれば「一般化された他者」の内自化によって引き起こされる諸要素についての感情から、直接的に生起すると論じている。

(5) 再帰性

主我と客我は、時間性に関する二つの異なる形式を表わしている。すなわち、主我は習慣のかたちでその歴史を身体化して繰り返すものであり、それとは対照的に、客我は主我がさまざまな再帰的活動と投企のなかで紡ぐ物語的言説と想像的表象の蜘蛛の巣状態のなかで構築されるものである。そして、この主客の二つは決して必ずしも互いを適切に位置づけることはできないであろう。ミードの視点とフロイトの視点との間には相当な違いがあるものの、この違いが無意識として私たちが言及するものの可能性を開く。すなわちそれは、歴史的にもたらされた図式と関心のもつ可能性である。その場合、それらの図式と関心が形づくる行為者の意識的な自覚は排除されている。私たちはここで、ラカンの研究において示された無意識についての定義のうちのひとつを思い出しておこう。

> 無意識は、空白によって印づけられ錯誤によって占拠された私の歴史の区切り、すなわち検閲された区切りである。しかし、真実は再発見されうる。いつもそれは(身体のような)どこか別のところに書き留められているのである。(Lacan 1989 : 50)

ミードの視点は、多くの点でラカンのものとは非常に異なっている。しかし、この引用はミードによる主我と客我の差異化と物語的歴史としての客我についてのミードの考え方が切り拓く可能性をよく捉えている。行為者の歴史は次の二つの記録に記されている。すなわち、ハビトゥスのかたちでの身体と、自己物語を通じた言語のなかの身体である。そして、これら二つの記録が異なるかぎり、行為者の歴史は、自分が気づいていない状態で、つまり自分の自己意識の基礎を形づくる客我の物語のなかに身体化されない状態で、自分の現在において活動的でありつづけるだろう。

こうした無意識の観点からの説明可能性にもかかわらず、ミードの主な強調点は、再帰性と、（主我としての）自己が（客我としての）自分自身を意識するようになる道筋にある。自分自身との関係のなかで他者の役割を想定することによって、社会的行為者は自分自身を効果的に客観化し、少なくともある程度までは、それによってきわめて過度な行為者の特殊性と自己盲目性から自分自身を逃れさせる。社会的行為者は他者のなかにいる一人の人物とちょうど同じように、世界についての自分自身のパースペクティヴを経験するようになる。さらに、社会的行為者は自分の自己、過去、未来、習慣について考えはじめることができる。実際のところ、社会的行為者は自己を変化させるために、自己に働きかけるかもしれない。フッサールが論じるように、自己にとっての新たな目的を達成するために、自分自身の心理的生の「法則」を心に抱いたり利用したりすることを社会的行為者はできるようになるのである。

> 本来的な直観的統覚の結果がハビトゥス（habitus）へと変容することは、いわば私たちの参加なしに、意識的生の一般的法則に従って生じる。それゆえ、その変容は解釈された対象への関心が独特で一過性のものである場合でさえ生じる。……しかし、人がこうしたハビトゥスを意図的に確立するために努力することもありうる。……そうした関心は、明白な総合が繰り返し過ぎ去っていく機会をもたらすであろう……。（Husserl 1973：123，強調は原著）

もちろん、このことは必ずしも簡単なことではないであろう。ことわざにもあるように、古い習慣は残りつづけ、新しい習慣を確立するために闘争がある。その多くはまさしく闘争なのである。にもかかわらず、私たちが習慣に根づいた行為作用という考え方の可能性と、こうした習慣を研究すると主張する再帰的社会学の可能性とを十分に実現しようとするならば、このような可能性と、反省的で再帰的な習慣についてのより一般的な可能性を認めることが重要である。第六章で、筆者はコグラー（Kogler 1997）によるブルデュー批判を記したが、その批判は、ブルデューが社会学にとっての認識論的特権を結果として仮定しており、それが彼の図式全体を傷つける恐れがあることを示したものであった。重要なこととして、ブルデューの理論による社会的行為者たちは、彼ら自身には知らされていないが、そのハビトゥスの犠牲者であり、それとは対照的に、社会学者たちはこのことを知る認識論的主体である、とコグラーは論じている。筆者はそれを示すと同時に、こうした批判がブルデューを正当に取り扱っているとはいえないと記した。しかし筆者が論じたように、ブルデューの研究には再帰性ならびに再帰性とハビトゥスとの関係性に関しては問題がある。ミードは、こうした問題から脱出する道筋を与えてくれると筆者は示した。ミードの説明では、習慣の概念は内省あるいは再帰性をあらかじめ除外してはいない。実際、私たちは社会的世界に関与することによって自己対象化と内省の習慣を獲得する。

この観点からすると、再帰的な社会学のプロジェクトとは、より説得力のある分析技術を備えているものの、そうした基本的な再帰性の拡大にすぎない。社会学的対象化は、私たちに客我の感覚をもたらす自己対象化、言い換えれば他者の役割の内自化に根づく対象化の形式を拡大し、その道筋によって入手可能な自己知と統御の可能性をさらに拡大する。最後に、再帰的な社会学のプロジェクトが成し遂げるに値するものであるのは、私たちの再帰性によるのであり、また私たちが自分自身を変化させるために自分自身に働きかけることができるかぎりなのである。社会学によって呈示された批判は、すでに存在する社会的行為者の再帰的なプロジェクトへとまさに立ち戻ってくるのであり、反省的意識には現われてこない洞察（たとえば、体系的研究の成果）を社会的行為者に提供するのである。

筆者はここで、過度に理想主義的に思われることを決して意図していない。日常生活は、見識ある再帰性をしばしば議論の俎上に載せたがらない傾向がある。社会学はつねに歓迎されるものでは決してないし、なるほどつねに助けとなるものでもない。筆者の議論のポイントは、ただ再帰的な社会学の可能性と潜在力とを指し示してきた点にある。

ミードの研究にはもうひとつの含意があり、それが再帰性についてのこうした論点をさらに複雑にしている。もし私たちに一般化された他者の観点があてがわれることによって、自分自身の再帰性を獲得するならば、私たち自身の再帰性の限界は、結局のところ私たちの社会の集合表象の限界である。さらに、私たちの投企と自己理解は、必然的にこれらの表象およびその表象が私たちを分類し差異化する仕方によって形づくられる。実際に、私たちの身体でさえこれらの集合表象によって形づくられている。本章の残りの部分で筆者は、この後者の考えを探究したいと考えており、身体の活動やさらに身体の運命を形づくる行程で、いかにして身体が社会的表象によって有意味なものに作り上げられ、その大半が外側から働きかけられるようになるのかを考えていく。すべての社会は、身体あるいはそのうえに付された特定の「印」に焦点を合わせた基本的な分類体系を含んでいることを筆者は論じようと思う。そして、これらの分類体系は、客我に関する特定の定義を構築して強化し、重要なかたちの構造的（垂直的）差異化を作り出している。たとえば、身体はジェンダー、人種、年齢、健康状態によって分類されている。そして、こうしたカテゴリーのそれぞれが社会的に認められた意味とライフチャンスに影響をおよぼすある程度の象徴資本（場合によってはその「欠如」）をもたらす。

（6）差異の身体性

本章の前半で、筆者はメルロ＝ポンティが「肢体不自由者の身体」に言及している引用を記しておいた。この文章が主張していたように、少なくとも人間は、そもそも自分の身体を肢体不自由として決して経験しない。なぜなら、人間身体は世界における人間のもつ「観点」だからである。人間身体は世界に開かれているが、このことから人間の身体はそれ自体、盲点なのである。人間身体は、ある意味で、人が身体的生について知っていることのすべてである。もし実際に障害があるとしても、比較によって障害があるようにみえるにすぎない。実際に、人間が他者の観点を想定してはじめて、障害がある、あるいは他者と違っているようにみえるにすぎない。この議論は、すべてのかたちの身体的差異に当てはまる。

たとえば、人間は生まれながらにして自分の身体を「男性」や「女性」であるとは感じない。というのも、「男性」や「女性」といった用語は、もう一方と比較してはじめて意味をもつからである。人間は、男性以外の別の何かを感じるということが身体にとってどういうことなのかに関する感覚をもっていない。そのかぎりで、自分の身体が男性であると感じることはできないのであり、また男性としてそのような感覚をもつことも単純にはできない。したがって、人間がもつ男性性についてのいかなる感覚も、比較構造の内部に由来しなければならない。実際、まさに男性という観念それ自体は、女性との関係で意味をもつのであり、一方は他方との関係で存在するにすぎず、また両方の存在を知ってはじめて、一方もしくは他方の側に属すと知ることができる。人種、障害、想像しうる他のあらゆる「差異」にも同じことが当てはまる——それはまさしくこれらが自他の差異であるからである。

にもかかわらず、身体的存在として私たちは「可逆的」である。私たちは知覚するだけでなく知覚される。つまり、私たちは見られ、触られ、聞かれ、匂いを嗅がれ、味わわれうる。そして結果として、私たちは私たちの知覚可能な性質に応じて分類されうる。あるいは、私たちは少なくとも、私たちの社会の内部で歴史的に構築されてきた分類化の形式の内部で顕著であると思われるような、そうした知覚可能な性質に応じて分類されうる。身体は、出生時から、そしてしばしば出生前から分類される。さらに、こうしたカテゴリー化の過程によって、それが示すことのあるいかなる生物学的差異であれ、「社会的魔法」がかけられる。幼児が誕生の際に与えられる名前そのものに始まり、カテゴリーは他者がその子どもに作用する仕方、他者の期待と要求、そしてその幼児が一生を通じて直面するであろうさまざまな機会、制約、可能性を形づくる。実際のところ、カテゴリーは行為者が獲得する習慣を形づくり、この点で行為者のまさに中核に影響をおよぼすのである。

ここには引き出すべきいくつもの重要な点がある。第一のものは、カテゴリー化に関連している。解剖学的差異およびその他の可視的な差異は、人間社会のなかでは有意味である。ときに複雑で、だがときに比較的明白かつ重要なものであるカテゴリー的図式は差異をめぐって構築されており、その差異は記号体系もしくは「語彙集」(Barthes 1973)のなかの記号となっている。そして、差異が記号表示するものは、人間がある社会的カテゴリーに属すか別のカテゴリーに属すということである。たとえば、だいたいは人の生殖器という外見からみれば、人間が男性か女性かにカテゴリー化されるには十分であろう。人間は解剖学的差異に基づいて、社会的アイデンティティを獲得する。そして、このことはまた人間のライフチャンスにも多大な影響力をもつであろう。

たとえば、女がとりわけ価値を下げられているようなある集団においては、女の胎児は出生前に堕胎させられることもある。そして、私たち自身の文化内部では、「障害をもった」胎児に関しても同じことがおこなわれることもある。実際、西洋諸社会内部における出生前遺伝子診断の結果にともなって、堕胎はいくつもの身体=物理的介入のうちのひとつにすぎないものになる可能性があり、そこでは胎児は、社会的分類体系による、解剖学あるいはDNA上の身体=物理的で遺伝学的な印に結び付けられるシンボル的意味という根拠に従わされる。だが、こうした身体=物理的介入は別としても、そうした基本的な解剖学的な構成(と差異)に基づいて個人に与えられた社会的アイデンティティは、いくつもの社会的影響をもたらすのであり、化粧品からライフチャンスにおけるきわめて根深い差異にまでおよんでいる。社会的差異を作るために解剖学的差異は作られている。それは、フロイトをあえて違ったかたちで引用すれば、解剖学は宿命を作るのである。

これは、身体あるいは特定の身体的諸属性が「象徴資本」として機能しうる非常にわかりやすい一面である。と同時に、近代諸社会における特定の重要なかたちの構造的不平等、とりわけジェンダーや人種における不平等が、身体的なかたちの象徴資本としてもっともよく理解できる非常に明白な一面である。身体的差異は、所与のいかなる社会的形式化の内部でも、つまり社会界の内部でも、特別な「価値」を獲得し、それが特定の社会界において「使用」つまり用いられることがある。筆者が第六章の最後で簡潔に述べたボクシングの例は、この点について興味深い例証を与えてくれる。たとえば、女性が、とりわけ競技者としてボクシング界に入る許可を得るようになったのはごく最近のことである、と筆者は記した。女性の「象徴資本」は、特定された解剖学的印に従って定義されており、現在ではどう見積もっても女性がボクシングをすることを理由づけるには不十分あるいは適切でないと考えられている。それとは対照的に黒人男性は、一連の異なる社会界全体においてかなり排除されてきているが、彼らの象徴資本はボクシング界（そしてより一般的にはスポーツ界）に彼らが近づくのを認めるのに、より効果的であると考えられてきた。この場合、資本は非常に単純な包摂／排除に基づいて機能している。だがそれは、より巧妙で間接的な仕方で機能してもいる。筆者が述べたように、肌の色とセックスが私たちの文化の内部で本当に意味表示体として機能しているならば、そしてその意味するものが特定のシンボル的価値であるならば、それらは私たちが従事するあらゆる相互作用状況へと必ず入り込んでおり、私たちが見られたり聞かれたり判断されたり働きかけられたりする仕方を形づくっていることになる。

これに対する反論として、筆者が言及している身体的な記号は、実際のところ現実の生物学的差異であるということが挙がるかもしれない。筆者は、差異と欠如とが身体に本来備わっている諸特性ではなく比較によって獲得されるものであり、したがってそれらは必然的に社会的な構築物であると論じてきた。しかし、この考え方は、身体は実際に異なっているという明らかな真実を回避しようとしていないだろうか。女性は生物学的に出産する素養があり、男性はそうではないのではないか。盲人は見ることができないのではないか。筆者はそうした明らかな真実を否定するつもりはない。むしろ筆者の強調点は、そうした諸状態がすでにその人びとに備わった意味あるいは意義をともなってこないということ、そしてそうした人びとの獲得する意味あるいは意義は、社会的世界から引き出されるものであり、その世界の内部にある広大な一連の興味、闘争、関心に従っているということ、以上である。たとえば、肌の色にはある程度の「客観性」がある。人間の目や知覚組織は、たしかに黒人と白人とを区別することにおいて積極的な役割を担っている。しかし、目や知覚組織といったものは彼らが「住みつく」実在的な差異あるいは抵抗があってはじめて、すなわち肌の色素における差異があってはじめて区別する役割を担いうるにすぎない。だが、黒人もしくは白人にとってそれが意味するもの、言い換えれば、それぞれの状態に結び付けられた価値とその価値からもたらされそうな諸帰結は、社会によって大きく異なる。たとえば、現代のイギリスにおいて黒人であることは、過去のイギリス植民地において実際にもっていた意味、あるいは市民権運動以前のアメリカ合衆国南部においてもっていた意味とは異なる意味をもっている。そして私たちは、黒人が優勢で、その社会のエリート集団が黒人やその他の人種に優勢なかたちで構成されているような社会では、そうした意味がまた異なるであろうと仮定することもできる。

この点は、筆者が本書の前半で考察してきたメルロ゠ポンティから引き出される次の二つの重要な点と再び関連している。第一に、それは人間の実存の本性は「シンボル的」であるという考えと関連している。すなわち、人間はそのなかで見分ける意味によって環境に応答するという考えであり、これらの意味はその大部分が慣習的であり、人間の現実は「仮想現実」であるという考えである。このことは、人間が互いに応答しあう仕方にも当てはまるが、環境の他の諸相にも当てはまる。身体の諸相は、文化というシンボル的領域の内部で記号になるのであり、それによって振る舞いの組織化にさまざまな帰結をもたらすのである。第二に、メルロ゠ポンティの議論は、肉（flesh）の可逆性を明らかにしている。人間は意味をカテゴリー化し、意味に応答するが、このことは、歴史という間世界（interworld）においては人間もまたカテゴリー化されるということと、人間の実存そのものが人間の統御がおよばない社会的意味を身体化しているということを含んでいる。人間の基本的な解剖学的構成は、働きかけられたり解釈されたりする仕方を記号表示しており、それ自体がその仕方を形づくる。このことは個人の問題ではなく、社会とそれらの集合表象の問題である。メルロ＝ポンティ（Merleau-Ponty 1965）のいうシンボル的領域は、共有された文化的領域である。しかし、次のことを見落とすことは誤りであろう。すなわち、この文化的領域における操作的な差異と意味は、それらが知覚と言説の内自化された習慣的図式として、結局はあらゆる点でその領域を構成する行為者の身体図式のなかに身体化されるかぎりで存在するのである。

（7）カテゴリー化からヘクシスへ

身体的差異のカテゴリー化、そして／あるいは、それらの価値低下と拒否に関する多くの現代的研究は、ポスト構造主義的哲学とポストモダン哲学に結び付いている。だが、これらに言及する必要はあまりない。というのも、ポスト構造主義者は、そのなかに、多くの点でずっと古くより一般的な社会学的な仕組みをあらためて見いだしているにすぎないからである。たとえば、一九五一年という早い時期に、レマートは身体的差異に付されるようになる社会的意味、およびこのことに続く諸帰結について記している。たとえば、障害について彼は次のように書いている。

女性の身体にある醜い傷には、あるいは女性の身体が非常に毛深いことには、本質的なことなど何もない。それらのことは、いかなる意味でも生理学的活動あるいは社会的役割の実現可能性を妨げるものではない。にもかかわらず、文化というものは、そうした差異に対し神話的で生理学的な一揃いの制限を設け、そしてそれらを社会的な排除や処罰の基準とする。

行動に関わる障害をもつそうした生物学的差異が、障害がどれほど進んでいるかに関する文化的に考えられたさまざまな見解で塗り固められているということもまた事実である。実際、身体＝物理的な障害に社会的意味の大半をもたらすのは、こうした文化的なステレオタイプである。(Lemert 1951：29)

この論点に関するレマートの考察は、非常に重要な点を付け加えてくれる。行為者が分類される仕方は、他者が行為者に働きかける仕方と、それによって「外的な」ライフチャンスとに影響をおよぼすだけではない。同様に、これらの相互作用は行為者のハビトゥスと自己アイデンティティとを形づくるのであり、行為者は二次的な仕方でもそれらの差異を身体化するようになる。行為者は解剖学的記号に割り当てられた意味を「表現する」こと、そしてそれによって、行為者の身体図式の内部にそれらの差異を内自化することを、実質的には強制される。たとえば、可視的な解剖学的印に基づいて女性と定義されてから、女の子は女の子のように行為するよう期待される。すなわち、自己アイデンティティとして女性性と同一化し、一般的な女性の傾向性を内自化するよう期待されるのである。彼女の「自然な」ジェンダーの記号表示は二次的に拡大され、印を獲得する(Oakley 1972；Sharpe 1976；Hughes and Witz 1997；Witz 2000)。

レマートの研究はまず「逸脱」のラベリングに焦点を合わせているが、そうしたラベルの押し付けが、一般的にラベルを貼られた個人の明らかな損失の原因となることを示している。ラベルは否定的で、それに基づいて作り上げられた傾向性が不利なものになる。とりわけそうしたラベルは、行為者が否定的カテゴリーの内部にとどまることを保証するものであるからである。ブルデュー(Bourdieu 1996)はエリート学校の観点からまさしく同様の過程を描いており、差異の身体性が行為者の有利に働くこともある点を例証している。こうした学校に入学を許可された個人とそうでない個人との間の差異は、入学試験の成績からして決して小さくはないが、エリート学校の個人は多大なシンボル的価値を獲得しているとブルデューは記している。試験での二点の差が、行為者が試験に合格しその学校に入れるかあるいは落ちるかということ、したがって彼らが尊敬に値する地位を獲得するかどうかということを決定することもある。さらに、エリート学校はこれらの小さな差異から大きな差異を作り出すであろう。エリート学校は生徒の身体に、とりわけ生徒の傾向性に働きかけ、生徒に対し自分自身でも大きな差異を作り出すよう十分に期待をかけるであろう。このように、エリート学校は生徒の身体的振る舞いの様式、すなわちヘクシス（hexis）における可視的な差異を刻みつけ、より自然な身体的差異と同様に、ある種の意味もこれらの差異に付加されるであろう。とりわけ、生徒は評価されるであろうし、学校側は生徒に学校を評価し永続させるよう促すであろう。

この後半の事例が示しているように、階級的差異のように、明らかな解剖学的あるいは身体＝物理的な印をともなわない社会的差異であっても、このように身体化されるようになりうる。社会的に異なる集団は、それぞれの集団の「身体技法」（Mauss 1979）あるいは「ヘクシス」（Bourdieu 1992a）を通じてそれぞれの差異を際立たせる。一例として、ジョージ・バーナード・ショウの『ピグマリオン』（Shaw 1957）におけるリザがこのことを非常によく示している。彼女は淑女になることを望んでおり、明らかにそうなるための正当な生物学的「要素」は備えている。しかし、彼女には階級的素養が欠けており、したがって淑女のようなアクセントを含めて淑女のような流儀を、彼女のハビトゥスと身体図式のなかへ内自化しなければならない。彼女は淑女のように話すために、次のように発話において自分の身体を調整することを学ばなければならない。

リザ：［ほとんど泣きながら］でも、私そう言っているの。あー、えー、カップの……。
ヒギンズ：ストップ。じゃ、カップ一杯の紅茶って言ってごらん。
リザ：カッ、カ、カ……。
ヒギンズ：舌を、下の歯の上まで、できるだけ押し込むようにして、さあカップって言ってごらん。

リザ：カ、カ……できないわ。カ、カ、カップ。

ピッカリング：できた。素晴らしい、ミス・ドリトル。

ヒギンズ：神のおかげだ。彼女は一回で見事にやった。（Shaw 1957：50）

ヘクシスは価値と立場を表わす。それは、ブルデューが示しているように、「現実化され身体化された政治神話」である（Bourdieu 1992a：69, 強調は原著）。そして、それは不平等を自然化するか、あるいは少なくともその自然化に貢献する。リザは『ピグマリオン』のはじまりでは、より下層の社会階級に属するのが自然であるようにみえる。なぜなら、彼女は非常にはっきりとわかるように「淑女ではない」からである。彼女の身体的な動きは、発話のなかで彼女が舌を動かす仕方に明らかであり、おそらくとくにそこでは、中間階級の規範に従うことに失敗し、したがって中間階級に対する彼女の立場を、中間階級の仲間ではなくそれよりも低い階級の人間として際立たせている。彼女の振る舞いは、彼女を中間階級の人びとのなかでは「無法者」、「ぐうたら」、素養のない人、無学な人と思われるよう位置づけている。彼女が買い物のときにお金をほとんど持っていないのに、次のように言うのはそれほど驚くべきことではない。「それも悪くはないわね！」。

ここで再びこうしたヘクシスという観点でもって私たちがみているのは、身体的特徴、つまりこの場合、解剖学的差異ではなく行動的で傾向的な諸特性が、特定のかたちの象徴資本を生産するための社会的分類化の図式——もちろん社会的行為者のハビトゥスに身体化されている図式それ自体——の内部で機能する様式である。個人が動いたり話したりする仕方は、その個人が特定の地位にある集団に属しているということを表わし、それによって、その集団に付与されている権力（あるいは権力の欠如）をその個人に保証する。リザ・ドリトルが非常によくわかっているように、淑女のように見え淑女のように言葉が聞こえることは、さまざまな機会への扉を開く。

花売りの女の子（リザ）：私はトッテナム裁判所通りの街角で花を売るんじゃなくて、花屋のレディになりたいの。でも、私がもっと上品に話せるようにならないと、お店の人は私を雇ってくれないでしょうね。彼は私に上品な話し方を教えられるって言ったわ。そうね、でも彼には頼まない。彼を見返してやるわ。だって彼は私のことを汚いものみたいに扱うんですもの。（Shaw 1957：23）

（8）男のように歩くこと

ブルデュー（Bourdieu 1992a）によるカバイル族のジェンダーとヘクシス（hexis）についての考察は、この考えをさらに探究するための有益な例を与えてくれる。男性と女性との対立は、態度と振る舞いのかたちで文字どおり身体化されており、おそらく態度と振る舞いの知覚および価値づけの基礎を形づくっている習慣的で身体的な図式のなかではなおのこと身体化されている。とりわけ、男性性は力強さ、正直さ、率直さ、直接性と関係している。そしてこのことは、カバイル族の男性が（さらにおそらくはフランスやイギリスの男性も）期待される振る舞い方に反映されている。

回り道をすることなく自分の目的に向かってまっすぐに進む男らしい男性は、ねじれていたり曲がっていたりする容貌、言葉、身振り、行動を拒否する男性でもある。彼はまっすぐに立ち、彼が近づいたり歓迎したい人物の顔をまっすぐに見る。（Bourdieu 1992a：70）

ここでブルデューは、モース（Mauss 1979）による、ジェンダー化され象徴的に有意味な歩き方の性質についての観察を取り上げ、魅力的なやり方でそれを精緻化している。習慣的な歩き方は、ジェンダー化されセクシュアリティ化された象徴経済から生じ、そのなかでその歩き方はイデオロギー的な意味を発する、と彼は示している。人間の歩き方は、人間についての何かを伝達する。男らしい男性はまっすぐ歩き、そうするなかで彼は自分の誠実さを伝える。このことは実際に起こりうることである。というのも、態度のまっすぐさは「まっすぐ」という言葉と同様に記号表示として機能しうるからである。さらに、それによって道徳的で地理的な意味での「まっすぐさ」につながる広く用いられている言語的実践を通じて、それ自体で肯定的なイデオロギー的な強調あいは含意を獲得するからである。こうしたこと自体、それは非常に興味をそそられる見解であり、少なくとも筆者の見解では、イギリス文化の多くの要素と共通している。たとえば「胸を張って肩を引いて」立つという観念、「顎を上げて」いるという観念、「固い握手」をするという観念は、これらの言葉のなかでそれぞれ意味をなしている。

だが、ブルデューの分析にはこれ以上のことがたくさん含まれている。彼はこうした肯定的なイデオロギー的強調は男性だけが利用可能であるということも示しており、それは誠実さと同時に男性性を表わすからである。もちろん重要なのは、男性性が誠実さと名誉という肯定的価値をともなってイデオロギー的に結び付けられるということと、それゆえ女性はダブル・バインドに陥るということである。男性は、男らしくすることによって、誠実であると思われて報酬を与えられるが、この途は女性には開かれていない。実際、女性は男性的な態度をとっているようにみえることで罰せられることもあろうし、したがって不誠実――それもまた罰せられる――を表わしていると咎められる。ブルデューはその問題について明確には論じてはいないが、セクシュアリティもまたここに含意されている。私たち自身の言語では、ホモセクシュアリティは軽蔑的にしばしば 'bent' (曲がったこと) と言われ、それは罪に相当するか、あるいは不誠実であることを意味する。そして、ゲイの男性はとりわけ 'benders' (曲がったもの) と呼ばれる。この点で、男のホモセクシュアルを描くカリカチュアが、たとえば女々しく気取った歩き方のように、態度にかなり焦点を合わせていることは興味深い。

以上のことを視点に取り入れておくことが重要である。社会的世界は、決してそれほど単純ではなく、その厳密さや境界は決してそれほどわかりやすいものではない。というのも、とりわけその成員たちが皆、しばしばそれらに過剰に気づき、批判するからである。たとえば、バフチン（Bakhtin 1984）によって描かれた「グロテスク・リアリズム」というかつて社会的に影響力のあったコミック・ジャンルは、明らかに社会形式の一表現であり、まっすぐさと直立という言葉に付されているようなイデオロギー的な含意に挑戦し、それを破壊することのできるものである。グロテスク・リアリズムは、民間伝承として誕生したが、身体性や「より低い身体的階層」という比較的極端な相をしばしば否定する公的世界へと持ち込むことで機能しており、笑いを引き出すことで公的世界の意味システムをひっくり返し破壊する。

現在、そうしたグロテスク・リアリズムを参照することが可能かどうかはさておき、現代コメディの多くがこれと同様に男性的な態度規範の転覆をめぐって形成されてきたということは明らかである。モンティ・パイソンの有名な「木こり」の寸劇はまさしくこの一例である。この寸劇の面白さは、振る舞いと態度そのものだけでなく、力強さと労力のいる木こりという力仕事によって示唆される男性性の形式から、女々しさとトランスセクシュアリズムへの「退化」の過程にある。実際、もっとも有名なモンティ・パイソンの寸劇のいくつかは、男性のみかけの「仮面を剝ぎ取る」ことを中心に展開されており、こうしたみかけの身体性が重要であるような状況そのもの、たとえば軍隊の閲兵場や荒涼とした険しい田舎でしばしば展開されている。ある点では、これらの寸劇やそれと似た他の多くのものが、ブルデューの見解を裏づけている。それらは、身体を通じて当てはめられたり機能したりする支配的なかたちの社会的カテゴリー化につけ込み、それと戯れているから面白いにすぎないのであり、したがってその形式やその支配の存在を前提している。それらは、社会的に逸脱しているから面白いのである。他方で、それらの寸劇などは社会的な分類化の性質とその政治的な影響に関するより複雑な見解を求めてもいる。というのも、それらは、社会成員が生を別のやり方で構造化するカテゴリーに対してときにもつ、再帰的で批判的な手がかりを明らかにしているからである。

(9) 女の子のように投げること

ブルデューによるヘクシスについての説明は、そうしたさまざまなかたちの振る舞いのコミュニケーション的機能にとくに焦点を合わせている。だが、次のことを記しておくことが重要である。すなわち、身体的振る舞いにおける差異は、「生きられる」ものでもあり重要な帰結をともなうということである。このことは、私たちが記号論的なやり方だけでなく、実存主義的―現象学的なやり方でヘクシスに接近することを要する。筆者はこうした考察のために、アイリス・ヤング（Young 1980）の優れた論文「女の子のように投げること」に主に依拠したい。ヤングは、メルロ＝ポンティによる身体的主観性についての説明を、女性の典型的な様式の身体的振る舞いと男性のそれとの違いに焦点を合わせることを通じて展開している。とりわけ彼女は、女性が自分の身体全体を事物のなかへと入れない傾向があることを示している。たとえば、男性は一般的に背中と脚の力を使って対象を持ち上げる技術を採用するのに対し、女性は腕だけで対象を持ち上げようとする。同様に、男性が対象に関わる際にはより一般的に対象のほうへと動くのに対し、女性はたとえ可能であっても、対象が自分のほうにやってくるのを待つ、と彼女は示している。

男性はたいてい飛んでいるボールのほうへと向かって動き、相手の動きとともにボールに立ち向かう。女性は待つ傾向があり、ボールを取るために前進するのではなく近づいてきたボールに反応する。私たちは、あたかもそれが私たちをめがけてやってくるように、私たちに向かってくるボールの動きにたびたび応えるのであり、私たちの即時的な身体的衝動は、逃げたり、屈んだり、あるいはそうでなければ飛んでいるボール

から自分自身を守ったりすることになる。(Young 1980 : 143)

こうした諸過程に関するヤングの分析は複雑で興味深い。だが筆者には、ブルデューの分析に関連する中心的な次の二点について考える紙幅しかない。第一に、ヤングは「女の子のように投げること」の帰結を、実際にそうしている女の子のために考えている。簡潔にいえば、こうした様式の身体的振る舞いは力を奪うものである、と彼女は示している。女性は自分の身体の物理的な力を最大化しておらず、たとえば身体＝物理的状況の統御を成し遂げるための自分自身の力能を大幅に減じている。このことは重要である。なぜなら、異なる様式のヘクシスにおいて表わされている不平等が、ブルデューによる象徴主義に関する考察が示しているよりも広範囲にわたることを示しているからである。振る舞いにおける差異は、人間の行為者的能力にとって直接的な帰結をもたらす。第二に、態度におけるこうした差異の理由を考えるなかで、彼女はブルデューの説明によって示されているような礼節と社会化という観念、言い換えれば、女の身体の性的な対象化、およびこのことが引き起こす自己意識という観念を付け加えている。女性の動き方は、視覚的なものであれ、軽く押すことや身体＝物理的な接触を含むものであれ、男の性的介入から自分自身を進んで守らなければならないことを反映している、と彼女は述べている。広範なあるいは力強い動きは、少なくとも視覚的には男性には妥当しない仕方で、女性を無防備で脆弱なものにする。男性は、女性がそうであるような仕方で公的なかたちでは性的に対象化されていないし、じろじろ見られることもない。

以上の後半のポイントは、サルトルが『存在と無』(Sartre 1969) のなかで展開し、メルロ＝ポンティ (Merleau-Ponty 1962 ; 1968a) がその研究のなかで何度も取り上げ展開している「まなざし」という考えを引き出し展開する。本質的に、この考えは、私たちの身体性は、私たちが他者のために存在しているということを必然的にともなっている、という事実への注意を喚起する。私たちは他者にとって知覚可能である。他者は私たちを見たり、聞いたり、触ったり、もしかしたら嗅いだり、味わったりすることすらできる。さらに、この考えは、私たちが他者によって知覚されたり経験されたりする存在として、自分自身を経験することができるという事実への注意を喚起する。たとえば、私たちは見られているものとして自分自身を感じることがあろうし、他者の視線が私たちの背中に焼きついていると感じることもあろう。サルトル（Sartre 1969）によると、このことは原初的な形式であり、たしかに自己意識の起源である。しかし、それはまた疎外状況を生み出したり、私たちの構造における基底的な変化をもたらしたりする。それは、私たちを前反省的な安らぎから強制的に引き離し、焦燥感を引き起こしたり、私たちを激しく自己意識的にしたりする。彼はこのことを、見られているある人物に言及することで例証している。その人物は鍵穴をとおしてのぞきみしながら、背後に足音を聞き、両者とも見られていることをはっきり理解してもいる。彼らが絶え間なく鍵穴をとおして見ているとき、個々人は単にまなざしの対象である、とサルトルは示している。それは単に見るという活動であって、そこに自己意識はない。しかし、他者の足音は、そのすべてを変えてしまう。

> 誰かが私を見ている！　このことは何を意味するのだろうか。それは、私は突如として、自分の存在のなかに影響がおよぼされ、本質的な変容が私の構造のなかに現われる……いまや私は、私の非反省的な意識のために、私自身として存在している……私は、誰かが私を見るから私自身を見るのである……。（Sartre 1969 : 260）

ヤングがこの考えに付け加えているのは、とりわけ女性は知覚の対象として位置づけられ、厳密にいえば女性が望んでいない注視の対象になっている、という言葉である。さらに、このことは女性の世界内存在という様式にも影響をおよぼす。女性は男性がそうであるのと同じようには、自分の身体の「なか」で居心地よくいることはできず、同じ点で動きの自由を享受することもできない、と彼女は論じる。というのも、女性の身体は家父長的文化のなかで対象化されており、そのようなものとして経験されているからである。女性は、サルトルのいうのぞき魔とちょうど同じように、自分の身体のなかで居心地の悪い思いをするように作り上げられている。なぜなら、女性は他者のまなざしに捕捉されたものとして自分自身を感じるからである。

興味深いことに、非常によく似た点が、ファノン（Fanon 1986）（彼もサルトルとメルロ＝ポンティから多大な影響を受けている）によって肌の黒い人びととの関連で提起されている。

白人世界では、色のついた人間は自分の身体図式の発達においても困難に遭遇する。身体の意識は、もっぱら否定的な活動である。それは第三者の意識なのである。身体はある不確実性の雰囲気に取り囲まれている。私は、煙草を吸いたければ右腕を伸ばし、机のもう一方の端にある煙草の箱を取り上げなければならないことを知っている。だが、マッチは左の引き出しのなかにある。したがって、私は少し後ろに身を傾けなければならない。（Fanon 1986 : 111）

黒人の行為は、少なくとも黒人の権力者や黒人の意識高揚運動に先立って、（白人という）他者の見つめるようなまなざしによって住み着かれていたのである。

本章の最初の部分で筆者が再帰性と反省に関して論じたことは、これらの過程について必然的なものは何もないということと、社会的行為者はそうした過程に対して必ずしも受身的な当事者である必要はないということを述べておくだけで十分であろう。行為者は自分たちの習慣やプラクシスに立ち戻ったり、それらについて考えたりして、最終的には、したがってそれらを変化させたりする力能をもっている。実際、ヤングもファノンもともにこれらの諸批判を明確に述べることができたという事実は、こうした可能性を示す十分な証拠である。にもかかわらず両著者が認めているように、二人の批判は、きわめて浸透力のある権力の形式に対して、つまりもっとも批判的な傾向のある行為者にさえ注がれるようになる権力の形式に対して向けられているのである。

小括

本章の最初の部分では、習慣とプラクシスの理論（第六章および第七章）についての批判的考察を進めながら、筆者は反省的で再帰的な思惟の習慣的および身体的な基盤について考察した。筆者の目的は次の二つであった。筆者はブルデューとメルロ＝ポンティの研究における前反省的なものの強調を、社会的な織地として編み上げられるありふれた日常的なかたちの内省および再帰性に注目することで、つり合わせようと考えていた。しかし、筆者はまた、習慣が人間行為の一様式にすぎないこと、また私たちは私たちという存在のうち四分の三しか「経験的」ではないということを主張するブルデューとは反対に、再帰性と反省とがそれ自体、習慣に根づいているということを確立しようと考えていた。このことは、再帰性と反省とが、私たちを習慣や伝統からある程度自由にするということを否定するものではなく、それらの源泉が習慣と伝統以外の何かであるという考えに挑戦するものである。人間行為者は、反省的あるいは再帰的な態度を引き継ぐと、それによって習慣の生き物であることをやめるわけではないのである。

筆者がここで用いている反省と再帰性についての考え方は、間主観的であり、ミード（Mead 1967）、メルロ＝ポンティ（Merleau-Ponty 1962）、そして最後にヘーゲル（Hegel 1979）によって提起されたさまざまな考え方に基づいている。筆者は反省と再帰性を個人もしくは個々の事項から、普遍的なものと社会的なものへと向かう傾向のある過程の達成であると考えている。反省的あるいは再帰的であることは、人間自身の特殊性を超越することであり、私たちは特定の他者の役割を取得することによって、だがもっと重要なこととして、一般化された他者の役割を取得することによって特殊性を超越する。こうした見解の含意は、進歩は他性へと開かれること、またそれによって特殊性をさらに超越することを通じてはじめて達成されうるということである。しかしながら、このことは具体的な歴史的記述というよりも、むしろ理想である。私たちを社会的世界に参加することへと突き動かす承認を求める欲望は、同時に承認を求める無数の闘争に動機を与え、それは同時に無数の形式の支配を引き起こす。これらの闘争や支配の形式が必然的に弁証法的に解決されるであろうと考えるなかで、ヘーゲルに準拠する理由は何もない。歴史の向かう先は、現在にひとつの歴史があるように、偶然的な出来事なのである。

本章の第二の部分では、筆者はこうしたさまざまなかたちの支配のうちのいくつかと、それらが、私たちを社会的行為者として作り上げる再帰的な習慣、およびそうでなければ再帰的でない習慣のなかへと入る仕方について考えようとしてきた。筆者は、私たちの再帰性の限界が私たちの社会的世界の限界であること、そして私たちが現在あるところのものと私たち自身のためになりうるものは、私たちが他者のために現在あるところのもの、つまり私たちの社会の図式や集合表象のなかで私たちが現在あるところのものによって形づくられているということを論じてきた。さらに筆者は、これらの表象が習慣のかたちで私たちの身体図式の内部に内自化される仕方を詳細に示そうとしてきた。

こうした考察に対する結論は、それほど悲観的である必要はない。さまざまな形式の支配とその身体化という現実はあまりに明白ではあるが、こうした形式に対する社会運動、異議申し立て、「アイデンティティ・ポリティクス」における抵抗もまた、あまりにも明白である。歴史の終末で私たちを待ち受ける最終的な弁証法的解決策などないだろうが、たしかに要求と反対要求との、命題と反命題との対話的な相互作用はつねにある。社会表象の領域は単独のものではなく、さまざまな形式の支配が全体的であったり完全であったりすることもほとんどない。紙幅があれば、このことの考察は、さまざまな支配だけではなく、抵抗もまた身体に根源をもつ点について考えることへと私たちを導いてくれるだろう。だが紙幅の都合から、それは次の仕事とせざるをえない。

注

（1）主我は「社会化された性質」をもち、いわば社会的世界への参加を通じてさまざまな仕方で変容させられる性質である。たとえば、食物への自然的欲求は、特定のときに、特定の仕方で食べられる、特定の種類の食物に対する欲望へと切り替えられてきている。

（2）モンティ・パイソンはイギリス出身のカルト・コメディ集団であった。ここで言及されている寸劇は、自分自身のライフスタイルと好みについて歌う木こりに関するものである。彼は典型的な「男性的」な仕方で始めるが、これはすぐに彼のより深部にある女性的でトランスセクシュアルな側面を暴くことに取って代わる。モンティ・パイソンは閲兵場の兵士たちに関してもまさに同様の寸劇を演じており、実際に、哲学や社会学を含む生のより重要な多くの相についても、「グロテスクな」パロディをおこなったのである。

結語　身体的行為とプラクシス理論

本書は、次の二つの重なり合う論点に焦点を合わせてきた。すなわち、心身二元論とプラクシスの社会理論である。

二元論の主題は、主として第二章から第五章にかけて取り扱った。これらの章で筆者は、二元論的議論の基盤と性質とを探究すること、二元論の謎に対する答えは「脳」であるという主張に挑戦すること、そして身体的な行為作用に焦点を合わせるという代替案を展開すること、これらのことをおこなおうとした。代替案を得るために、私たちは機械から「亡霊」を追い払わなければならず、また機械としての身体描写に挑戦しなければならない、と筆者は論じた。筆者はギルバート・ライルの研究を、とくに亡霊の神話に挑戦するために援用し、メルロ＝ポンティの研究が機械論の神話に挑戦するもっとも効果的なものであることが認められた。これら二人の論者はともに、目的的行動の相互作用、知的傾向性、感覚の有意味な形態、以上のものと行為とが埋め込まれている相互作用といった文脈から、私たちが人間の心的生について考えることを可能にしてくれる。さらに、とりわけメルロ＝ポンティは、人間行為作用の感覚的性質の意味、すなわち私たちの知覚、欲望、情動の意味を私たちに教えてくれる。

第六章、第七章、第八章は、ブルデューによるプラクシス理論に、とりわけ彼のハビトゥスの概念をほぼ真正面に焦点化した。筆者の見解では、このプラクシス理論は現代社会学においてもっとも説得力のある枠組みであり、現代社会学に結び付けられてきた問題の多くに対して、この理論は責任を免れている。だが、プラクシスの理論にもたしかにさまざまな問題があり、筆者の目的は、そうした問題を概観することと、そうした問題がブルデューの研究方法のもつ価値を減じることなくいかにして解決されうるかを考えることであった。とくに、メルロ＝ポンティ、フッサール、ミードの研究を引用し、筆者は次のようないくつかの考えを採り入れた。すなわちそれらは、いかにして習慣が形づくられ、修正され、変容させられるかを説明するための創造的あるいは生成的な実践という考え、私たちが二元論的図式のなかで行為作用の他の非習慣的基盤に関して、問題のあるかたちで習慣を位置づけてしまうことを避けることができるような反省的で再帰的な習慣という考え、習慣が私たちの知覚や考え方を形づくるやり方をより詳細に探究することができるように私たちを導いてくれる統覚という考えである。さらに私たちは、機械論的決定論および完全な自由という（サルトル的）考え方に対するメルロ＝ポンティの詳細な批判によって、ブルデューの主張にかなりの分量の肉づけをすることができた。それは、ハビトゥスが社会科学思想の内部で二つの選択肢の間に形成されてきた問題含みの二分法を超越している、と筆者は示した。メルロ＝ポンティは、ブルデューの重要な社会学的貢献に少なからぬ哲学的な深みを与えている。

これら二つの主題の探究、すなわち二元論とプラクシス理論とに関する私たちの探究のなかで現われてきたのは、その実質的な関連性であることが明らかだと筆者は願いたい。ブルデューはきわめてはっきりと、身体的な社会学と行為者に関するプラクシス的で習慣的／傾向的な考え方を提案することを目指している。その考え方は、ブルデューが問題含みの社会学的二元論（たとえば行為作用と構造）をしりぞけて新たな経路を作り出そうとするなかで到達したものであり、ライルとメルロ゠ポンティが同じく問題含みの哲学的二元論（たとえば、心—身、主—客）の間の道を進もうとしたなかで到達するものと非常によく似ている。だが、これら二つの議論と探究の系列は、重なり合うことなく平行線をたどっている。それはこの二つの議論が相互に知を与えうるものだからである。とりわけ、ブルデューはメルロ゠ポンティとライルによるさまざまな洞察を社会学的領域へと発展させるための道筋を私たちに提供してくれた、と筆者は考えている。ライルとメルロ゠ポンティは、ブルデューの研究方法のもつ哲学的性質を、どこから強化し、深め、明らかにするべきかについての基礎を、私たちに与えてくれるからである。

さらに、とりわけメルロ゠ポンティとライルは、私たちがブルデューにおいて見いだす諸問題のうちのいくつかを取り除く機会を私たちに与えてくれる。ブルデューの研究はその多くをメルロ゠ポンティ、およびライルを含む英語使用者の哲学的伝統に負っている。だが、筆者がブルデューの研究のなかに見いだし、引き出してきたばらばらの糸のうちのいくつかは、メルロ゠ポンティとライルによるさまざまな洞察の含意によっても、十分に展開できていないことを示している。これはコストのかかる失敗である。というのもそれは、私たちをそこから助け出そうとしているジレンマと同種のジレンマに私たちを陥らせるからである。たとえばブルデューが、人間は「その存在の四分の三は経験的である」と主張するときに、私たちはこの点をはっきりとみてとれる。この主張は、心身二元論でなくとも、超越論的／経験的な相違のような二元論へと戻ってしまう可能性を生起させる。ブルデューの研究とメルロ゠ポンティおよびライルの研究との対話を構築することによって、私たちはブルデューの研究方法の諸仮定を踏みにじるかたちで進むことなく、これらの問題を避けることがいかにして可能かについて考えることが可能となる。実際に多くの点で、私たちはハビトゥスに関するブルデューの基本的洞察を、ブルデューがおこなってきたことよりもさらにずっと拡張することができるようになる。

筆者は、本書が二元論問題の社会学的解決への第一歩として、そしてブルデューのプラクシス理論における基本的な諸仮定や諸概念のうちのいくつかに共感した批判的考察として読まれることを願っている。だがもっと重要なこととしては、本書がこれら二つの問題の多い事柄が互いにとってもつ相互の含意について考える研究として、そして両者を取り扱う統合されたやり方を示す研究として読まれることを、筆者は願っている。

解題――クロスリーの身体論（堀田裕子）

1 ニック・クロスリーと「身体の社会学」

身体の社会学

一九八〇年代以来、いわゆる「身体の社会学」（sociology of the body）や「身体の社会理論」（social theory of the body）と称される分野が着目されてきた。身体技法や身体加工の定義を広げれば、その扱う事象にはかなり広がりがあり、医療社会学、文化社会学、スポーツ社会学なども密接な関わりがある。しかし、身体の社会学は、具体的なテーマとしては色彩豊かであるものの、身体と精神の関係、身体と自己との関係、身体と社会との関係に関する理論的基礎づけが曖昧なままに、議論が展開されてきたという側面も少なからずある。そうした現状を踏まえて、次のように課題を示しておくことができよう。

（1）身体が社会的につくられるという「客体」としての側面のみならず、社会的なものをつくりだすという「主体」としての側面をも真正面から取り扱うこと。

（2）「身体」それ自体を、あるいはそれを通じて、社会学的考察をおこなっていくために、現象学的身体論の議論を踏まえること。

これまで、身体の社会学ではピエール・ブルデュー、ミシェル・フーコー、アーヴィング・ゴフマンらが主な理論的枠組みとして扱われてきたが、かれらの功績をブライアン・ターナーやクリス・シリングといった研究者らが引き継いできている。そのようななかで、モーリス・メルロ＝ポンティの現象学、ジョージ・ハーバート・ミードの社会心理学、ギルバート・ライルの言語哲学などを通じて「生きられる身体」の諸相を鮮やかに描きつつ、社会的再生産および社会変動といった社会的文脈にそれを位置づけている点に、本書の最大の特徴がある。とりわけ、メルロ＝ポンティの社会学的意義については、あらためて気づかされた読者も多いのではないかと思われる。

二元論を超える道筋

身体を精神よりも下位に位置づけ、脳からの指令に従って動くものとするような「客体」としての身体観は、ルネ・デカルトに遡ることができる。その思想と、それを乗り越えようとしてきた多くの思想家たちのたどってきた道筋を、私たちは今一度見直していくことが必要である。その作業は、社会学のみならず、哲学や心理学といった「他分野」の功績を「参照する」という作業を必然的にともなう。なかでも現象学は、事物がそのようなものとして〝象〟（形）をもって〝現われる〟その現場に立ち返ろうとする営みであり、現象学的社会学というかたちで社会学と融合し、社会現象の発生や変化を問うことに貢献している。現象学的身体論はその焦点が身体にあり、身体がそれとして現われてくる現場に立ち返ろうとするものである。そこで語られる身体は、社会的につくられ、社会をつくりだすものであるという意味で、社会と重要な関わりをもつ。そうであるならば、〝現象学的社会学的身体論〟とでも呼ぶべき営為を生み出さねばならない（ただし、これではわかりにくいので、ここでは単に「社会学的身体論」と称しておきたい）。この課題に、クロスリーは果敢に挑んでおり、それを「身体を射程に入れた社会学」（embodied sociology）と呼んでいる。学問する者——とりわけ社会学する者——は、こうした理論的基礎づけと超域的思考をけっして恐れてはならない。

以下で、本書で用いた主な訳語の紹介を兼ねながら、各章の内容を解説していこう。本書は「社会学は、心身二元論の問題を提起してきたが、この哲学的難問に満足のいく答えを見いだしてはこなかった」（本書、一一頁）という認識から出発する。この二元論（dualism）は、他の多くの二元論とともに、社会学を含む西洋思想の伝統のなかで重大な問題であり続けてきたが、社会学はいまだその答えを持ち合わせていない。社会学が二元論に十分に取り組めなかったということではない。社会学者たちは精神的でも身体的でもあるような「行為者」（actor）、あるいは精神と身体の中間に位置するような「行動」（behaviour）や「行為」（action）を扱うことによって、二元論に取り組んできたつもりになっているだけで、取り組んでこなかったのである。したがって、クロスリーはこの問題に際して、「行為」や「主体」といった社会学の代表的諸概念ではなく、むしろハビトゥス、習慣、アイデンティティ、欲望といった社会的なものの「内自化」および「身体性」（embodiment）に着目する。それらは、身体を／にともなう心的性質であり、精神／身体、自然／文化といった二分法の「間《あいだ》」の出来事である。こうした性質を備えた行為者（agent）やそのプラクシス（practice）に、クロスリーは目を向けていくのである。

2　心身二元論の抱える諸問題と解決の糸口

デカルトと二元論

デカルトは『省察』（Descartes 1641＝1967）のなかで、外的世界と身体を疑った末に、思惟する実体（substance）としての「精神」（mind）を見いだした。のちに、独我論や主知主義といったかたちで多くの論者からの批判の的となる考え方の基礎である。

だがクロスリーはまず、その思想を当時の社会的背景のなかに位置づける。つまり、私たちはデカルトを、自然科学の進歩により世界が機械論的因果関係の諸法則によって説明できるようになるかもしれないという社会的期待の高まるなかで、人間の自由、創造性、魂などの心的生（mental life）をそこから救い出そうとする試みとして読むことができる、とクロスリーは主張しているのである。精神は身体とは異なる「非空間的な実体」であるから、自然科学とは異なる方法で研究されなければならない、というわけである。

デカルトは二元論批判の「踏み絵」として扱われることが多い。だが、彼が二元論へと至ることになる経緯には自然科学に絡めとられない人間の生に対する問題意識があったこと、そして現在の私たちは、デカルトが踏みつけようとしてきた当のもの——自然科学あるいは「二元論的世界観」——を畏れ、まだ踏みつけることができないでいるということ、これらのことを思い起こしておくことが重要である。

二元論はどこが問題なのか

二元論の問題点は次の三点に集約される。第一に、二元論では精神と身体が別々の実体としてとらえられ「相互作用する」(interact) と考えられているが、それは不可能であるということ。なぜなら、身体が物理的諸法則に従うものであるならば、それとは別の実体である精神との間に相互作用はありえず（そもそも「非‐空間的実体」という概念自体がありえない）、しかもそれぞれがそれぞれの法則に従うならば、外的なものの介入する余地はないことになるからである。精神と身体は因果関係によってではなく、「恒常的な結び付き」という関係によってしか認めることができない。もっと言えば、物理的で身体的な現われによってしか、私たちは心的作用を認めることができないのである。

第二に、二元論には反省的で知性的な諸行為を優位なものと考える傾向、すなわち主知主義的な傾向があること。対象が何であるかを「判断によって」知覚するというデカルト的な説明は、対象を対象として知覚するという、すでに起こった知覚を前提にしている。たとえば「帽子をかぶった人間がいる」というとき、「人間がいる」という判断に先行する「帽子」やそれを「かぶるということ」もまた判断されなければならないということになる。したがって、物事を主述関係でとらえるような判断や解釈といった述定作用 (predicative acts) は、二元論の観点からは説明できない。また、二元論において、諸行為は反省されたり命題的に思惟されたりしてはじめて有意味なものでありうると考えられているが、その場合でも反省や思惟という作用それ自体がそれらに先立つ別の作用を前提にしている。つまり主知主義は、それを突き詰めていけば、無限後退に陥るのである（本書三七‐三八頁）。そこで、述定作用の基底にある有意味な経験や知覚について考える必要が生じてくる。

第三に、二元論では身体の存在が疑われているということ。このことは、デカルト自身が、当時すでに優勢だった自然科学の影響下にあったことを示している。身体は科学的諸理論によって定義される「物質」(matter) と同じ位置に貶められているのである。だが私たちの原初的な経験は、身体と精神という区別はできないどころか、むしろきわめて身体的である。たとえば、私の身体を動かす経験は、何かに向かって行為しているのではないという点で、外的諸対象を動かす経験とはまったく異なる。「私たちの身体は、そもそも私たちにとっての経験の対象ではなく、むしろ私たちの経験の手段そのものである」(本書、四〇頁)。

二元論的世界の内部では、心的で私的な生と、社会的な生とが相互に独立しており、前者が後者に先行すると考えられている。そして、人間は傍観者であるがけっして世界の一部ではないものとして描かれがちである。したがって、他者の心的な内側には直接的に接近することはできず、身体だけが他者と出会い相互作用することができる、ということになる。だが、私たちは実際の相互作用において、他者の雰囲気や性格を不断にモニターしつつ社会的世界を展開しているのであり、その意味では、身体だけが出会うという考え方にもまた問題がある。つまり、相互作用は身体的かつ精神的なのである。

心＝脳同一理論の「罠」

二元論の問題を解決する策として、精神と身体、より具体的に言えば、精神と脳とを同一視する考え方がある。それを、クロスリーは「心＝脳同一理論」(mind-brain identity theory) と呼んでいる。近年、日本において見られる「脳ブーム」は、この一つのバージョンであると言えよう。心身の相互作用が不可能であるなら、この二つが実は一つであり、身体は確かに存在しているのであるから、精神は身体すなわち「脳」である、というわけである。ここでは、身体のなかでも脳という部位が中心的役割を果たすと考えられている。

だが、脳について知っているということと、人間心理について優れた観察力をもつこととは異なる。一方で私たちは、たとえば役者の演技のように、ある精神状態を、身体を通じて伝達／理解することで、社会的相互作用を実現している。他方で、心＝脳同一理論は、これこれの脳の活動時にはしかじかの精神状態であると言うために、市井の私たちと同様に脳(身体)の意味を解釈すること、つまり「日常心理学」(folk psychology) に依拠せざるをえないことになる。ここにはある種のトートロジーがある。もっとはっきり言えば、「脳科学」は日常心理学の域を出ていないのである。〝これは不安を感じているときの脳です〟、〝この問題を解くと脳のここがこうなります〟と言われても「私たちを納得させることはできないだろう」(本書、五六頁) とクロスリーは述べている。だが、実のところ私たちの多くが納得した気にさせられているのは事実であろう。

たとえば、「鬱」と「セロトニンの生産過剰」とを関連づけようとすれば、相互作用や因果関係といった幻想が生み出される。だが、これらは同じことを異なる論理域で言及しているにすぎない。つまり、ある状況に対する行為者の応答が、心的側面から説明すれば「鬱」となり、身体=物理的側面から説明すれば「セロトニンの生産過剰」となるにすぎないのである。したがって、意思決定を説明する場合も、脳の諸状態（身体=物理的側面）を原因として考える必要はない。むしろ、意思決定の際に与えられていた情報や選択肢といった状況、行為者が何を選び何を選ばなかったかというある種の計算が重要なのであり、それらを知るためには生理学的分析よりもむしろ社会学的分析のほうが優れているといえよう。

また、意思決定によって、たしかに目的は設定されるかもしれない。だが、実際のところどのように身体を動かしてその目的を達成するのかは未決定のままである。たとえば、「水を飲もう」と目的を設定するかもしれないが、実際に水を飲むまでの（食器棚まで歩いて扉を開けて……などの）一連の微細な身体的過程まで意思決定する人はいないだろう。人間の諸活動は脳のような身体=物理的レベルには還元できないのである。

人間に影響を及ぼす「意味」

人間に影響を及ぼすのは、物理的刺激でも実際の出来事でもなく「意味」である。この「意味」のレベルで影響を及ぼすのは、身体的な（embodied）意味であり、物理的な（physical）意味ではない。だが、このことは唯物論それ自体に対する批判ではない。あくまでも「俗流唯物論」に対する批判なのである。

ここで言っている「意味」とは知覚的な意味であり、それを私たちが志向性をともなって意識しているということを表わしている。重要なのは、意味が意識されるということは身体が世界に開かれているということであり、またその意味は全身にわたっているということである。たとえば、「桶のなかの脳」は、何らかの知覚的インプットがなければ脳それ自体は自ら動くことはないということを示しているにすぎない。そのインプットは、環境とのまさしく全身的な関わりから生じるのである。

デカルトによる身体の定義に戻ろう。知覚は感覚を前提にする。だが、身体をそれとして知覚するための感覚は見過ごされている。その場合、身体は物質として、感覚されるものであっても感覚するものではないことになる。だが、身体には何ものにも還元できない「可逆性」（reversibility）や「移調可能性」（transability）という特質があり、客観＝身体（body-object）だけでなく、主観＝身体（body-subject）としての側面も備わっている。心＝脳同一理論は精神を脳に還元する際、こうした身体の性質を取りこぼしているのである。

デカルト的二元論への解決として見いだされたかのように映った心＝脳同一理論。しかしその実は、デカルトの抱える問題を同じように抱えたままであるどころか、デカルトの考えていた、自然科学では説明しきれない人間の生への問題意識すら、そこにない。

二元論の根本的誤謬としての「カテゴリー・エラー」

クロスリーは二元論を超えるための第一歩として、ライルの『心の概念』に着目する。題名からわかるように、それは「心」（mind）に関する議論であるが、この研究を通して、「心」がいかに身体性から生じるものであるのかが理解できるようになる。

ライルは、デカルトがひとつの論理階型に属す諸現象を別々に扱う過ちを犯していると指摘し、それを「カテゴリー・エラー」（category error）と呼ぶ。たとえば、誰かが「私には、AとBと私という三人きょうだいがいる」といったとしよう。「私」は「三人」のなかに含まれるのか否か、混乱させられることもあるだろう。この場合、「私」は三人のなかに含まれており、どちらの「私」も同じ一人の人間を指している。だが、なぜ混乱するのか。それは、「私には……がいる」と語る「私」と、「三人きょうだい」のなかでAやBと並置される「私」とが二度カウントされ、「二重化」（doubling up）しているからである。それこそが誤解の元なのだ。つまり、語る「私」の背後に、語られる「私」、すなわちAやBと並置される「私」が別にいる、と想定するからである。だが「私」は結局のところ一人しかいない。まさしく「カテゴリー・エラー」なのである（本書、八二頁）。

じつは、デカルト主義的二元論もこれと同様の過ちを犯している。人間の行動や感覚の背後に、「精神という実体」がそれらとは別にあると前提し、二重化しているのである。だが、それらは同じひとつの現象である。「われ思うゆえにわれ在り」も、それを記述と考えれば「我」が指示する存在者を探さざるをえなくなり、二重化およびカテゴリー・エラーに陥る。だからといって、精神や心と称される側面は身体や行為それ自体のなかにある、といいたいわけではない。むしろそれは、やり方（manner）のなかにある。たとえば、「ごめんなさい」という言葉も土下座という行為も、行為者が感じている謝罪の気持ちを指示しているのではないし、その指示物が重要なのでもない。むしろ状況や相互作用におけるそれらの機能のほうに意義があるのだ。

心の概念と身体性

とはいうものの、身体性も否定されるわけではない。むしろ、心の様子を描写する諸々の概念は、身体性と密接に関わっている。ここで「身体性」（embodiment）とは、感情、習慣、欲望のように、社会的なものではあるが、必ずしも意識的にではなく身体的に内自化される性質のことを指している。

たとえば、ドキドキするという身体的な「感じ」（feeling）は、緊張や愛といった「情動」（emotion）と関連づけられる。同じドキドキという感じが異なる情動を生み出す場合もあるし、個人差もある。したがって情動概念は、ある感じを、特定のタイプの状況に対する特定のタイプの反応として学習されねばならず、それゆえ公的かつ間主観的なものである。複線的で可塑的な「傾向性」ないしは「性向」（disposition, inclination, tendency）、散発的な「気分」（mood）、行動の流れをかき乱す「動揺」（agitation）といった情動も同様である。つまり、情動とは精神状態でも身体状態でもなく、社会的状況に対する反応なのである。

「意識」（consciousness）は知覚と感覚に基づく世界との関係の一特性である。私は、感覚を知覚するのではなく、感覚を持っていてそれでもって対象に差し向けられ知覚する。ここでライルは、意識はつねにそれとは別の何ものか「についての意識」（consciousness of）であるという現象学的な考え方とつながる。あえて図式的にいえば、私たちのまなざしは「外部」へと向かうと同時に、「内部へと転回する」（inward turn）のである。

より明確な認知的現象である「理解」（understanding）も同様である。説明と実践とは別に理解があるのではない。理解の正誤に言及することは間主観的基準、すなわち規範の存在を示す。だが理解とは正しい行動ではなく、正しい行動に向けた一般的かつ身体的な傾向性であり、「とにかくやる」（just do）としてしか表現できない。ここに、主知主義における反省的で命題的な知とは異なる、精神的かつ身体的な知のあり方、すなわちライルの言う「仕方に関する知」（knowledge-how）や「仕方を知ること」（know-how）が見出せる。

また、「意志」(will)、「意志作用」(volition)、「意図」(intention)を行為の原因として考えれば「二重化」が再来する。私は行為から独立した作用を自覚しないし、その作用に先立つ別の作用など問い始めれば、また無限後退に陥る。たしかに、私たちは日常生活のなかで、行為が自発的か否かを区別することができるし実際そうしている。だが、その区別が問われるのは道徳的に受け入れがたい行為だけであり、行為者が別様に行為しえたかどうかが問われる。つまり、意志に関する問いは、社会的な知識や状況に関する問いなのである。

このように私たちは、心の概念を学習してから、後にそれを私的なものにするよう教えられ沈黙のうちに思惟し行動するようになる。重要なのは、その過程が公的かつ間主観的なかたちで行われるという点である。そして、自分で自分をみつめること、すなわち「内観」(introspection)が生じる。だが、それによってみつめられる私は、私の審問をつねに逃れる。これは、ライルが「私に関する体系的な捉えがたさ」(systematic elusiveness of the I)と呼ぶ性質である。さらに、そうしてみつめられる私はつねに過去の私である。したがって、結局のところ「内観」とは、過去を振り返って見ること、すなわち「回顧」(retrospection)なのである。私とは経験的なものであり、「いかなる超越論的自我も存在しないのである」(本書、一二〇頁)。

クロスリーはライルによる一連の説明を、デカルトも恐れていた「機械論のお化け」からの「亡霊祓い」と表現している。ただ、機械論それ自体からも距離を置くことがさらに必要になってくる。

3　ブルデューの「身体の社会学」

ブルデューのプラクシス

クロスリーが現代の社会学でもっとも興味深く説得力を持つと考えているのが、ブルデューのプラクシス(practice)に関する理論である。(1)

ブルデューは、構造主義(および社会物理学)と、社会現象学の双方に対して批判するなかでハビトゥスについての理論を登場させている。前者に対しては、規則が観察者の知的構成概念にすぎない点、人びとは単に規則に従っているのではなく実際には規則を避けたりねじ曲げたりしているにもかかわらずそれが考慮されていない点、規則が正しく用いられることを決める別の規則を前提にすると無限後退に陥るという点を、批判として挙げている。後者は、行為者の解釈的地平にとどまり構造的背景に行為者を位置づけ損なっていることから、集団間の差異、特定の枠組みとそれらの差異を引き起こす条件、権力諸関係――階級間の不平等を正当化するように働く象徴的権力の諸関係――を説明できないとしている。

これらの批判から、人間のプラクシスを生み出すハビトゥス（habitus）の考え方が要請される。それは、集団のなかで獲得されるがゆえに、集団によって異なるタイプのプラクシスを生み出す原理である。だが、同時に、人生がまったく同じである人間などいないように、集団の変数として個々の行為者のハビトゥスも異なる。ハビトゥスは構造化された構造であると同時に構造化する構造であり、またそれは、内自化された構造である「資本」（capital）および「界」（field）とともにプラクシスを生成するのであり、そのことが「〔（ハビトゥス）（資本）〕＋界＝プラクシス」という等式で表わされている。

だが、この等式をクロスリーは問題視している。第一に、ここでは、あたかも数学的あるいは社会物理学的なものとしてプラクシスが説明されており、機械論的な人間観が垣間みえる。第二に、プラクシスを生み出す行為者がこのなかに位置づけられるとしたら、「ハビトゥス」として以外にはない。だがそこに、プラクシスに属する意味や即興性は含まれていないようにみえる。より正確にいえば、界や構造を再生産するだけでなく変容させもする、行為者のもつ生成的な性質およびその契機が見いだせないとクロスリーは指摘しているのである。

資本・界

先の等式に表わされている資本は、ある界で交換価値をもつ諸資源を指す。金銭的価値としての「経済資本」のみならず、交換価値をもつ文化の形式としての学歴や資格などの「文化資本」、地位や承認に相当する「象徴資本」、ネットワーク形成における「社会資本」といった考え方を、ブルデューは練り上げている。基本的に資本は界特有の価値をもつのであり、前‐反省的なハビトゥスのレベルで生じる「誤認」（misrecognition）に依存している。[2] 資本はハビトゥスと連動することで行為者のおこなうことの可能性を形づくり、行為者はヘクシス（hexis）として、ハビトゥスに形を与える。ブルデューは、言語化されず疑問にも付されない身体化された信念を、「ドクサ」（doxa）という語で言い表わしている。界や資本の価値はドクサとして、行為者に内自化されるのである。

資本、階級、支配は垂直的差異をもたらすものであるが、界は水平的差異をも示している。だがこれは、機能主義社会学のように社会空間を「制度」と同一視することではない。社会空間のなかには、前‐制度的、副‐制度的、超‐制度的なものがある。界としての社会空間は、水平的な軸を背景に、垂直的な軸を通じて表わされる。たとえば、家族を界としてとらえれば、法、メディア、教育などと水平的に差異化されている一方で、ジェンダー、人種といったかたちで垂直的に差異化されていると考えられる。界は「仮想現実」としてのゲームであり、その外部ではまったく価値を持たないこともある特定の点数や賭金をめぐってプレイが為される。そこでプレイする気になるかどうかは、その人物のハビトゥスと、それが知覚、動機、行為を形づくる仕方に拠る。こうして、界とハビトゥスとが循環関係にあることがわかる。

プレイヤーは、特定の界で賭けられている賞賛という承認、あるいは他者の欲望を求めて、場合によっては命を賭けてまで欲望する。「承認を求める欲望」は、特定の仕方で行為することへと向かう傾向性であり、ブルデューが「イリュージオ」（illusio）と呼ぶもの、あるいは「ゲームへの信念」（belief for game）である。界とは、まさにこうした欲望と必要性とに表現を与えるための、構造化された構造である。界の内部で働く「見えざる手」は、対面的なレベルだけを考察していては文字通り見えない。何が行われていないか、誰がいないかを知るためには、必然的に界の外部へと目を向けなければならない。そもそもある界にアクセスできるか否かには、ある種の力――すなわち権力あるいは象徴権力――が関わっている。したがって、界への問いは権力への問いを含んでいる。界とは、こうした社会のダイナミクスを背景に持つ概念なのである。

そして特に文化資本のなかでも身体的な資本は、アクセントであれ体力であれ、特定の界のなかで価値を持っており、その要求に沿って行為者は自らの身体を作り上げる。ボクサーのように、痛みに耐え、イリュージオのなかでときには死に至る危険性にも自らをさらす。かれらは主観的にはボクシングを生き、客観的にはプラクシスのなかでボクシングを再生産している。ここに循環性を見出せる。また、たとえば黒人が多く女性が少ないというボクサーの身体的特性は、ボクシング界それ自体がどのような社会空間であるかを示している。そこでは、階級、人種、ジェンダーといった象徴資本の形式が、入「界」の条件となっているのである。

ブルデューへの批判、および批判への批判

こうした豊かな水脈をもつブルデューの理論は、多くの批判にもさらされてきた。クロスリーは、いくつかの観点からのブルデュー批判を扱い、またそれに反論もしているが、なかでも、ブルデューに対する決定論という批判は「誤読」である、と述べている。つまり、変動よりも再生産を語ろうとする強調の問題にすぎず、むしろ循環論なのである、とクロスリーは反論している。たしかに客観的構造は主観的構造に先行するが、決定するわけではない。行為者はそれぞれの集団で、それぞれのプラグマティックな関心やドクサに基づき行為するのであり、客観的構造そのものを内化しているわけではない。

私たちは日常生活において、ドクサに根づく「自然的態度」でもって非再帰的に、換言すれば、とりたてて反省したり思惟したりすることなく、生を営んでいる。だが、社会的危機のような「問題状況」が生じた場合や非日常的な経験をした場合――客観的構造と主観的構造との間の「調和」が破壊されるとき――に、ドクサ的信念ははじめて問われるようになる。ここに再帰性が生まれる。だが、そもそも学問をする態度は、理論的であれ実証的であれ、社会的世界に立ち戻ろうとするものであることから、つねに再帰的な営為である。社会学もまた社会的世界についてのより批判的な見解を獲得するためのプラクシスであり、他のすべての科学と同様に「解放の手段」であると言えよう。

とはいえ、クロスリーはブルデューを完全に擁護するわけではない。ブルデューが決定論という批判にさらされているのは、その議論が哲学的に不十分であるからだ、とクロスリーは指摘している。とりわけ、ハビトゥスの概念が、行為者や行為作用（agency）を先取りしており、ハビトゥス獲得前あるいは前-習慣的な行為はいかにして説明されうるのかが曖昧である点を問題視している。クロスリーはこうした「不備」を補うために、ブルデューが嘆いていた「英語使用者の怠慢」にも言及しつつ、その研究の根底にあるとされる現象学に立ち返る。

4　メルロ＝ポンティの社会学的応用

知覚と行為

そこで、クロスリーは、ブルデューが影響を受けているといわれているメルロ＝ポンティの現象学を再検討することによって、より豊かな「身体を射程に入れた社会学」を展開しようと試みている。

まず、クロスリーが着目するのは、メルロ＝ポンティによる機械論批判である。たとえば行動主義における刺激‐反応回路の考え方には、有機体の行動と意味や意識との関連性は含まれておらず、異なる身体的反応ごとに異なる回路が仮定されることになる。そこでは、身体はまさに機械のアナロジーでとらえられている。こうした機械論的身体観は、自然科学のみならず社会科学のなかにも潜んでいる。

メルロ＝ポンティは、動物が「明るいほう」「高いほう」の容器から食べ物を探すよう訓練されうる実験を紹介している。このことは、刺激の客観的特性だけでなく、主観的な志向性が反応をもたらすことを示しており、行動主義的観点からはけっして明らかにならない。ある刺激が刺激として現われるためには、それを取り巻く環境と受容する有機体によって意味が形づくられなければならない。有機体は単に刺激を受け取るのではなく、環境のなかからそれを選択するのである。何を選択するかは身体と環境との関わりのなかで培われていく。つまり、有機体と環境との間には、知覚と行為に先立つ相互作用、きわめて脱中心的で循環的な関係がある。メルロ＝ポンティの「肉」(flesh) の概念は、こうした世界「の一部」(of) としての身体の両義性および可逆性を言い表わすものである。

このように、知覚と行為は相互依存関係にある。ある対象をそれとして知覚するためには行為をともなうのであり、その意味で、知覚は行為の関数あるいは「関心」(interest) である。そして行為には、前‐反省的なかたちで知覚に続く素早いものもある。こうした行為の状況、意味、目的は社会的構築物であり、シンボル的なものを含んでいる。ゲームはプレイヤー間の相互作用のなかで生じ、ある行為が全体の配置を変え、そこで知覚と行為の循環性が、より正確には弁証法的関係性が生じる。ただし、構造はそれ自体で存在するのではなく、行為者がそれに対して働きかける限りで存在する。

言語と情動

言葉には発話《パロール》と言語《ラング》の側面がある。個々の行為者が用いるのはパロールであるが、ラングはひとつの抽象として、行為者の身体図式の内部に沈殿している。そこで、個々の言葉やその意味は、互いに互いを異なるものとして位置づける示差的構成によって全体に依存しているのではない。言葉の全体性は「動的均衡」(moving equilibrium) である。むしろ言葉は、具体的な相互作用状況での「使用法」なのである。言葉は事を為す。他者の言葉を思惟することもないわけではないが、知覚の場合と同様に、言葉の意味を理解するという先立つ作用を差し挟むことなく、他者の言葉とともに思惟する。賛成や反対ができるようになるには、他者との共通基盤、すなわち「間世界」(interworld) を形成しなければならない。

また、パロールは情緒と密接に関わっている。私は他者の身振りから情動を「読む」。それはあたかも、文字を「読む」とき、文字それ自体の物理的な形ではなく、その意味を「読む」のと同様の行為である。しかも、私がその文字と意味を知っているかぎりで、私はそれを理解することができる。つまり、文化が異なれば情動行動のかたちも異なるのである。

そして、情動は有無によって語ることのできるようなものではない。たとえば、状況に「魔術的変容」をもたらすような情動がある。だが、そもそも何かを欲望していなければ、魔術的変容をもたらす情動など生起しようがない。また、無情という情動もある。私たちはつねに何かを欲望し、それと情動的なつながりを持っているのである。

承認を求める欲望

私たちはつねに何かを欲望している。なかでも、もっとも人間的な欲望である「承認を求める欲望」(desire for recognition) は、社会化や社会統制の過程にとって重要な動機を人間に与える。だがその反面、それは人間間の競争を促すものでもあることから、安定をもたらしにくい。承認を求めて闘争するそのとき、人間はシンボル的な「仮想現実」のなかにいる。そこでは、他者の欲望を表わす、それ自体としては無用の対象がシンボル的な価値を持つこともある。社会のなかの行為者は、恣意性と競争性をその要素として持つゲームのなかのプレイヤーである。そこで、人間は他者の欲望を欲望している。

情動と欲望は、スイッチのようなものでもそれ自体独立した論理を持つ自律的な衝動でもない。私と世界との関係は、つねにすでに欲望的であり「気分が漂っている」(mooded)。有機体と環境との相互作用は、有機体の諸部分の合計以上の全体を構成しており、脱中心化された行動のシステムおよび構造の問題である。このように主体を脱中心化することは、身体を単なる客体以上のものとして、主体/客体の間の第三項、あるいは「主観身体」(body-subject) として考えることにつながる。

身体図式と内自化

クロスリーは、習慣についての現象学的研究を援用し、ブルデューがハビトゥス概念によって行為作用を先取りする傾向がある点について考察している。

私たちの行為は志向的であるが、志向それ自体は意識される必要はない。メルロ＝ポンティの「身体図式」とは、身体的な「仕方を知ること」および実践感覚であり、「知ることなく知っている」前-反省的な知を指す。「身体図式」を獲得することは、外的諸対象を自己の一部として取り込み「ものにする」こと、すなわち「内自化」である。たとえば、車を自在に運転できるようになって車を「内自化」した場合、私たちは車について思惟するのではなく、車の観点から車として思惟する(だから道路や信号に集中できる)。同様に、社会集団を「内自化」した場合、集団の観点から集団として思惟する。これらの例は、私たちがまったく恣意的な社会構造やゲームを「内自化」できるということ、だが、その身体的な知はそれとして自覚されていないことを示している。このように、身体図式の獲得は新たな習慣の獲得だということになる。

身体図式は移調可能性をその性質としてもつ。たとえば、私たちは文字を書くことを内自化すれば、それを手で、足で、お尻で書くことさえできる。人間行動は、行動主義の示すような機械論的反応でも、ランダムで偶有的なものでもなく、ある刺激に対する機械論的反応の合計より大きな構造を含んでいるのである。また、行為者と環境との関係は前-反省的で実践的なものであり、主知主義的な考え方からも距離を置いている。人間は、仕方を知ることによって行為を学習するのではなく、行為することによって仕方を知る。

習慣

メルロ＝ポンティは、自然／文化の二元論の観点からも習慣について考察している。彼は、身体図式の内部に「意味」を内自化し、文化的存在になることが人間の自然であると論じる。ここには、習慣化に向けての傾向と、革新や創造に向けての傾向との二重性がある。その様子を、「首尾一貫した変形」(coherent deformation)(本書、二一五頁ほか)と言い表わしている。個人レベルでのこの変形は微々たるものであるが、その原因は構造の側ではなく、あくまでも行為者の実践の側にあることが重要である。

さらに、習慣の問題は、自由／決定論の二元論の観点からも考察されている。行為が決定されると言うためには、その外部にある出来事や要因によって決定されると言わねばならない。だが、習慣についてはこのことは当てはまらない。習慣は、行為者としての私たちの部分だからである。その意味では完全なる自由はありえないことになる。人間の行動はその外部にある出来事によって引き起こされるのではなく、行動が行動に対してもつ意味に従って、出来事に対して目的的に応答することである。習慣が行為者と世界との相互作用から生じるものであり、行為作用の内部に位置づけられるということは、ハビトゥスもまた「動的均衡」「首尾一貫した変形」に従属するものとして考えることができる。

5　再帰的な社会学に向けて

再帰性という問題

ここで、ひとつの問題が未解決のままに残されている。ブルデューは内省と選択を、習慣とは異なる根源をもつものと考えている、とクロスリーは論じる。しかし、習慣は私たちの存在様態である。であるならば、むしろ習慣の内部に反省と再帰性の根源を探究しなければならないことになる。

じつはハビトゥスの概念にはその可能性が潜んでいる。それには、次のような根拠がある。第一に、ハビトゥスの内部にある言語図式およびその内自化によって、私たちは自分自身と対話することができるようになる。第二に、反省的なかたちでなされる選択は、選択を迫られる状況を理解する仕方や反省の仕方という習慣によって形づくられる。第三に、たとえば現象学という学問のように、習慣から自由になろうとする習慣、言い換えれば再帰的な習慣がある。

「主我」と他者

人間身体は「それ自身で」存在しているのではなく、「それ自身のために」も存在している。存在と所有の二元性である。このことは習慣にも当てはまる。だが、私の身体や習慣を所有しているのは、じつは私ではない。私はけっして自分自身を完全に所有することはできない。むしろ、私の身体を所有しているのは「他者」である。実際、私は「他者」として自分をまなざすことではじめて、自分を所有の対象としてまなざすことができるようになる。

私が自分自身に当てはめるどんな属性も、つねに外側の視点を前提にしている。私は世界に身を挺しているのであるが、そういうものとして、私は私自身の盲点である。自分の目(eye)と主我(I)はそれ自体を見ることができないが、どちらも世界に向かっている。私が他者との間主観的世界に巻き込まれることではじめて、私の感覚は主題的なものになる。

ミードは、行為者は他者の態度や役割を内自化するという他者との相互作用を経てはじめて自分自身について熟考することができると考えた。彼はそのことを、模倣を主とするプレイの概念によって理論化している。子どもは、たとえば自分の母親になりきって遊びながら、母親の観点から自分自身を対象化する。こうしたプレイの繰り返しのなかで、シミュレートされた他者とそのパースペクティブは、子どもの身体図式の内部に沈殿し、それが習慣を形成していく。プレイは子どもと他者、子どもと世界とをつなぐ創造的過程の、いわば身体的乗り物である。こうして、子どもは自分自身にとっての「他者」となり、内省へと向かう傾向性が獲得されていく。

「客我」の獲得と再帰性

プレイによって達成された「他者」の態度の内自化は、ゲームによってさらに展開される。規則の構造やポジションをともなうチーム・ゲームのなかで、子どもはチーム全体の観点、ゲームや規則の観点、すなわち「一般化された他者」（generalized other）の観点から、自分自身をみることを学ぶ。

こうして子どもは、ミードが「客我」（me）と呼ぶ自分自身についてのパースペクティブを身につける。それに対して、「主我」は反応する。ミードにとって社会化されていない自己の相などない。「主我」は自己の「部分」などではなく自己であるところのすべてであり、「客我」もまた部分ではなく、自分自身の表象、鏡像なのである。これらの関係性は、自分自身の影を追い求める再帰的な自己 - 関係性であり、「遅延」（lag）によって定義される関係性でもある。だが、「主我」はライルのいう「体系的に捉えがたい私」よりも経験的なものである。

「主我」と「客我」は、いわゆる無意識として言及されるものの可能性を開くが、ミードの強調点は「主我」が「客我」を意識するようになるという再帰性にある。クロスリーが「再帰的な社会学」（reflexive sociology）と呼ぶのは、社会学におけるこうした再帰性の拡大である。「一般化された他者」の観点によって私たちが再帰性を獲得するならば、再帰性の限界は、私たちの社会における「一般化された他者」の限界、あるいは集合表象の限界であるということになろう。

身体的差異のカテゴリー化

さらに、私たちの自己理解のみならず身体も、集合表象によって形づくられている。たとえば、性別、障害などの身体的差異があるが、それらはまさしく差異にすぎないのであり、私たちは生まれながらにして「女である」「障害がある」というかたちで自己の身体を経験するわけではない。にもかかわらず、私たちは生まれる前から差異を付与され、分類およびカテゴリー化される。解剖学的、可視的な差異は象徴資本として機能することもあるが、その意味はあくまでも社会的世界から引き出される。ここで、メルロ＝ポンティによる先の「仮想現実」の議論、それに加えて「肉」の可逆性という考え方を思い起こしておこう。カテゴリー化するとともに、カテゴリー化される身体。意味や差異は、行為者の身体図式に内自化される限りで存在するのである。

身体的差異のカテゴリー化は、行為者自身のハビトゥスや自己アイデンティティを形づくり、やがて行為者の身体的な振る舞いの様式、すなわち「身体技法」（body technique）における可視的な差異へと転化する。そして、身体的特徴や解剖学的差異よりも行動の仕方のほうが、行為者が特定の集団に属していることを表わす象徴資本として機能することもある。つまり、行為者に、その集団に備わった権力の保持（あるいは欠如）を保証するのである。そして、身体的差異はライフチャンスにおける差異へと転化するのである。

たとえば、ジェンダーの例を挙げると、男性性は力強さ、率直さといった象徴的かつ身体的な有意味性および性質を付与されている一方で、女性はこうした男性性からあらかじめ除外されている。そのため、女性的に振る舞う女性は、男性性の対極——たとえば「ふしだら」——を表わすこととなる。だが逆に、男性的に振る舞う女性も結局は非難の対象となる。つまり、女性はどのように振る舞うにせよ、まなざしに晒され非難されることから、ダブル・バインドに陥る。また、ヘクシスにおける差異は「生きられる」。他者のまなざしに囚われ、あるいは他者に住み着かれる者は、自己の身体の「なか」で心地よさを感じられないのだ。

だが、行為者は単に受動的な存在ではなく、批判すること自体が習慣やプラクシスについて考え変化させる契機となる。たとえば、ホモ・セクシュアルがコメディで取り上げられることは、身体を通じて機能している支配的な社会的カテゴリーにつけ込み、生を別様に構造化するカテゴリーのもつ再帰的で批判的な手段を明らかにするのである。

習慣と再帰性

人間は習慣の生き物である。内省的あるいは再帰的な態度もまた習慣を素地として編みあげられる。クロスリーは、内省および再帰性を、個人から社会的なものへ、特殊性から普遍性への移行過程の達成と考えている。それはまた間主観的な考え方に根づいている。この具体的な取り組みとして、社会運動やアイデンティティ・ポリティクスを挙げることができよう（Crossley 2002＝2009）。社会表象の領域には、単独の見解があるのではなく、賛成／反対のようなかたちの対話的な相互作用がつねに存在している。

クロスリーは、二元論の検討に始まり、それを乗り越える可能性をもつライル、メルロ＝ポンティに着目し、現代社会学においてもっとも説得力ある理論としてブルデューを検討した。ブルデューには批判も投げかけられてきたが、そのうちの「正当な」批判は、クロスリーにおいては主としてメルロ＝ポンティによって深みをもたらされることとなった。心身二元論、主客二元論を乗り越える方策としてメルロ＝ポンティによって哲学的に到達されたものと、行為作用と構造、個人と社会といった二元論を乗り越える方策としてブルデューが到達しようとしたものとは、相補的な関係にある。

6　クロスリーの身体論

クロスリーの主眼点（一）　二元論の超克

本書におけるクロスリーの理論研究は、第一に、彼自身も記しているように「二元論問題の社会学的解決への第一歩」（本書、二九五頁、傍点は引用者）であるところに問題関心がある。ブルデューの理論および概念をその哲学的基礎づけにまで遡って探究しようとする彼の姿勢は、社会学者として見習うべき態度であるように思われる。身体を主題とすれば、必然的に心理学、現象学などへと越境せざるをえない。しかも、私たちのドクサを解きほぐすために、とりわけ現象学的考察は不可欠な作業の一つである。これは社会学ではない、という言い方はまったく滑稽であろう。ましてや近代的思潮――もちろん社会学もその一つである――の根源としての二元論に取り組むことは、自然科学が巨塔を築き日常生活がその手中に収められつつある現代、とりわけ重要な意味を持つ仕事であると思われる。

また、本書は現象学と社会学との問題関心の近接性および「共存」の可能性について、あらためて教えてくれる。ある点では両者は相いれない。なぜなら、前者においては闘争や権力といった主題を扱うことが困難になりがちだからである。だが、権力関係を生成する行為者と社会構造との関係性、あるいは権力の問題がそれとして浮上する背景を問うことにおいては、現象学は優れている。主体が主体として、身体が身体として現われてくる現場をつぶさに探究する学問だからこそ、社会学における「社会学的ドクサ」とでも言うべきものにまみれた諸概念を解体することができるのである。

クロスリーの主眼点（二）　決定論の超克

第二の問題関心として、ブルデューに対する「決定論」という批判をいかに乗り越えるかという点が挙げられる。クロスリーはそのために、ハビトゥスを身体的な行為作用というより広い概念のなかに位置づけることを提案し、メルロ＝ポンティによる習慣と「身体図式」についての考え方、および世界の一部としての身体を表わす「肉」の概念を手がかりに問題に取り組んでいる。そして、ハビトゥスのもつ「構造化する構造」の側面、すなわち生成的な側面を「首尾一貫した変形」という概念でもって説明している（本書、二五二頁）。

だが、それはブルデューが繰り返し述べてきたことの言い換えにすぎないように思われるところもある。ブルデューの言うagency（行為作用）は、彼自身の理論におけるキータームではなく、ソシオロジカル・レビュー誌による英語のインタビューのなかで二、三回発せられたにすぎない。そのことだけでなく、ブルデューはいたるところで「規則に適った即興」[(3)]という言葉でハビトゥスのもつ創造性・革新性を言い表わしている。つまり、ハビトゥスは最初から、身体的行為作用という、より広い概念のなかに位置づけられているのではないか。そのなかでagencyは、とりわけ生成的な面を指しているのではないだろうか。

クロスリーのいう「可逆性」「移調可能性」が行為者のレベルにとどまっており、構造のレベル、より正確に言えば、構造変動を論じるレベルにまで及んでいないのではないかと考えられる。たとえば、クロスリーはこうした考え方の背景にある「肉」の概念について、「世界の一部としての身体」、あるいは「身体のもつ可逆性や両義性」といった性質をもつことには触れているが、それが構造とどのような関係にあることが「首尾一貫した変形」へとつながるのか、その詳細な説明はここではなされていない（本書、二七八頁）。また、身体図式のもつ「移調可能性」についても、クロスリーは行為者のレベルで現われるその性質は描いているものの、それが構造変動をもたらすこともある点については必ずしも十分に論じられていないように思われる。これらのことが、単なる言い換えに聞こえてしまうという危うさの一因であると考えられる。

ブルデューに見いだす「肉」のモチーフ

ここで、クロスリー以上にブルデューを「擁護」しておこう[(4)]。本書でもたびたび登場する主観的構造および「主観的予期」（subjective expectation）と、客観的構造および「客観的諸条件」（objective conditions）との関連性および構造変動について、ブルデュー自身も現象学的な考察をおこなっていたと考えられる。次の文章は

charisme（カリスマ性）と charme（魅力・魔力）に関して論じている部分である。

> 自分自身について抱いている表象を、そのまま自分自身の身体および存在についての客観的・集団的表象として他者に押しつける力であり、……他者に働きかけて、その人が人間に特有の客観化能力を放棄してこれを客観化の対象となるはずだった自分に譲り渡し、その結果自分が、外部をもたず（というのも彼が自分自身にとっての他者であるのだから）、存在することを完全に正当化され公認された絶対的主体となるようにする、そうした力のことなのだ。（Bourdieu 1979：229-30＝1990：316, 強調は引用者）。

charisme と charme といった語は chair（肉）に似ており、実際、ブルデュー自身もそのことを強調している。しかも上の引用は「見えるものと見えないもの」と題された節に書かれており、その題目は「肉」の存在論が論じられているメルロ＝ポンティ最晩年の著書名でもある。したがって、ブルデューはここで明らかにメルロ＝ポンティの研究を意識しているといえる。

カリスマや魅力ある者は主観的構造と客観的構造とがほぼ合致しており、その意味で「外部をもたない」「絶対的主体」である。だがそれは実際には儚い。ブルデューはここで「肉」のモチーフを用いることでこの儚さを暗示しているのではないだろうか。そして、この完遂不可能性と儚さにこそ構造変動がもたらされるヒントがあるのではないだろうか。

たとえば、左手に右手で触れる場合、①右手が支配力を保持し左手がその対象になるか、②右手が対象になり右手の支配力が中断する。また、物に触れている左手に右手で触れる場合、①左手が右手にとっての対象となり物に対する左手の支配力が中断するか、②左手が物に対する支配力を保持し続け、右手は左手そのものではなく左手の外皮に触れる。ここに次のような「肉」の性質を見いだせる。第一に、それは支配力を保持し続けることができず、いつでも（支配の）対象に転ずる可能性を秘めている。第二に、それは自らの支配力を知ることができず、知ろうとすれば、その途端に支配力は事実上、形骸化する。

かりに主観的構造と客観的構造とが合致するとしたら、言い換えれば、客観的諸条件をすべて手中に収め主観的予期とぴったり重なり合うとしたら、それは、自己が完全なる「他者」になった場合しかありえないということになろう。だが、その〝自己〟はもはや「自己」とは呼べない。つまり、「絶対的主体」とは「絶対的他者」である。したがって、主観的予期と客観的諸条件との合致は完遂されえない。「合致は、それが生み出される瞬間に消えてしまう」のであり、「肉」とはこうした「ぶれ」や「隔たり」をつねに伴う réversibilité（可逆性）をその特性として持つ（Merleau-Ponty, 1964：194＝1989：204-5）。だからこそ、主観的構造と客観的構造との間――ハビトゥス（！）――で、「首尾一貫した変形」および「規則に適った即興」が生じるのである。

真正な再帰的な社会学に向けて

最後にクロスリーの問題関心として、再帰的な社会学のプロジェクトを挙げておこう。ドクサとして見逃されてきた日常生活におけるさまざまな側面に目を向け、それらを探究する姿勢は多くの領域に見られ、再帰性は日常的態度、あるいはもはや「自然的態度」（！）として広がっている。ドクサに準ずる正統なもの（ortho-doxa）から、ドクサ以上の逆説的なもの（para-doxa）へと、社会的な関心が向かいつつある。

その背景には、めまぐるしい社会変動と「想定外」のさまざまな出来事に、私たちが翻弄されているという現実がある。「あたりまえの毎日」がけっして「あたりまえ」でないこと、「今日」に続く「明日」は来ないかもしれないこと……人類がこれほどまでに日々、再帰的に自己・他者・社会について考えることを強いられる時代がかつてあったであろうか。その意味では、再帰的な社会学の実践者は社会学者だけではない。

だがしかし、その再帰性は今日、もっぱら自然科学的、機械論的なやり方に焦点化されているように思われる。諸現象についての「科学的な」解明、「脳科学」ブーム、遺伝子工学の進展など、私たちはデカルトの恐れていた自然科学的な人間観にいまだ囚われている。本書の三章で扱われている心＝脳同一理論およびそれへの批判は、今日の社会的状況を踏まえて読むと、よりいっそうその重要性が確認できよう。あるいは、「心理学化」は機械論的なかたちで「身体論化」しているといってもよいだろう。(5) そこに、社会的状況を改善していくことに対する、ある種の諦めすら感じ取れるのは訳者だけであろうか。

「身体の社会学」においても、あるいは社会学そのものにおいても、事情は同じである。実証的であれ理論的であれ、クロスリーの言うような再帰的な社会学はいったいどれほど実践されているであろうか。たとえば、ジュディス・バトラー（Butler 1990＝1999）がフーコーの身体観を発展的に批判し、パフォーマティヴィティの議論を展開したように、私たちは「根本的なところ」からやり直さなければならないかもしれない。再帰的な社会学は「身体の社会学」に、機械論的人間観および身体観から自由になる努力として、「社会学的身体論」を要請しているのである。

【注】

（1）クロスリーのブルデュー論については、『間主観性と公共性』（Crossley 1996＝2003）の巻末に付章として収録されている、論文「ハビトス・行為・変動」も合わせてお読みいただきたい。

（2）「ヘクシス」とは、ハビトゥスが身体技法として具現化されたものである。『社会学キーコンセプト』（Crossley 2005＝2008）も参照のこと。

（3）ブルデューはその著書のいたるところで、ハビトゥスのもつ創造性および即興性を「規則に適った即興」という表現で示している（Bourdieu 1980＝1988: 90 ほか）。それはまさしく音楽における即興曲のように、オーケストラとして編成されている場合であっても集合的に達成される。

（4）ブルデューのプラクシス理論における「肉」の概念のモチーフについては、以下の論考で言及したものを本稿で精緻化している（堀田裕子、2010、「agency に関する一考察――N・クロスリーのP・ブルデュー論に基づいて」『愛知学泉大学コミュニティ政策学部紀要』第13号、133-47）。

（5）心理学化と身体論化との関連性については、次のソシオロジカル・エッセイで触れている（堀田裕子、2006、「身体論化する社会と社会学身体論」『コロキウム』第2号、137-41）。

【文献】

Bourdieu, P., 1979, *La distinction: critique sociale du jugement*, Minuit.（＝1990, 石井洋二郎訳『ディスタンクシオン――社会的判断力批判』藤原書店）

――, 1980, *Les sens pratique*, Minuit.（＝1988, 今村仁司・港道隆訳『実践感覚』みすず書房）

Butler, J., 1990, *Gender Trouble: Feminism and the Subversion of Identity*, Routledge.（＝1999, 竹村和子訳『ジェンダー・トラブル――フェミニズムとアイデンティティの撹乱』青土社）

Crossley, N., 1996, *Intersubjectivity: The Fabric of Social Becoming*, Sage.（＝2003, 西原和久訳『間主観性と公共性――社会生成の現場』新泉社）

――, 2002, *Making Sense of Social Movements*, Open University Press.（＝2009, 西原和久・郭基煥・阿部純一郎訳『社会運動とは何か――理論の源流から反グローバリズム運動まで』新泉社）

――, 2005, *Key Concepts in Critical Social Theory*, Sage.（＝2008, 西原和久監訳『社会学キーコンセプト――「批判的社会理論」の基礎概念57』新泉社）

Descartes, R., 1641, *Meditationes de prima philosophia*.（＝1967, 井上庄七・森啓訳「第1哲学についての省察」『世界の名著 デカルト』中央公論社）

Merleau-Ponty, M., 1945, *Phénoménologie de la perception*, Gallimard.（＝1967, 1974, 竹内芳郎ほか訳、『知覚の現象学 I・II』みすず書房）

――, 1964, *Le visible et l'invisible: suivi de notes de travail*, Gallimard.（＝1989, 滝浦静雄・木田元訳『見えるものと見えないもの』みすず書房）

訳者あとがき

本書は、Nick Crossley, *The Social Body: Habit, identity and desire*, London: Sage, 2001.の翻訳である。邦訳タイトルは、クロスリーがブルデューのハビトゥス概念の検討に意を注ぎ、それがまた本書の理論的な射程を示すので、この点を明示したほうがよいと考えて『社会的身体――ハビトゥス・アイデンティティ・欲望』と表記するようにした。本書の内容に関しては、共訳者の堀田裕子による解題「クロスリーの身体論」が記されているので、クロスリー身体論への彼女の読みも含めて、ぜひ参照いただきたい。したがって、ここではクロスリー社会学における身体論の内容それ自体には立ち入らないことにして、「身体と社会」をめぐる若干の私見のみを示しておきたい。

ここで「身体と社会」を語るのは、クロスリー自身がそうであるように、筆者［西原］もまた、社会学者としての問題意識からである。かつて、ブライアン・S・ターナーは、「身体の社会学」の主要な理論的視点は次の四つの位相に区別することができると示した。①社会的に構築された身体に関するもの（たとえばジェンダー論）、②身体と権力（フーコーの議論など）、③生きられる身体に関する現象学（メルロ＝ポンティの議論など）、④身体実践や身体技法（モースやブルデューの議論など）、である（大野道邦ほか編『身体の社会学』世界思想社、二〇〇五年）。しかし、筆者自身としては、この視角とは異なるかたちで、身体の社会学がもつ「人生問題」と「他者問題」に言及してみたいと思う。

人間には生と死という始めと終わりのある有限なLeben＝life＝ライフの問題がある。人生問題とは、言うまでもなくこの点に関わる。いまここで、死をめぐる先駆性や根本的不安（ハイデガー）、あるいは死のもつ他者への影響およびその記憶といったことを語ろうとするのではない。人間の誕生から始まる自他関係における直接的関係性は、死において終焉するという単純な事実である。逆にいえば、社会関係の直接性は生において存続するということだが、しかし限られた生の時間だとはいえ、そこにはきわめて僥倖な出会いに満ちた出来事にあふれているということができよう。その出会いの現場は、そこでしかみられない「神秘さ」に満ちている。ひとはなぜ、数多くの闘いを経ながらも、他者と共に生きてきて、そして現在も他者と共に生きているのか……。あるいは、他者理解は可能かという哲学的「難問」は別として、シュッツがしばしば語っていたように、日常生活において、自己と他者との間では一定程度、理解（それがたとえ誤解であれ）がなされて数多くの関係が継続する。それは、考えてみれば、「奇跡」に近い出来事ではないだろうか。さまざまな形があるにせよ、ひとが他者と共に生きてきて、そしていま共に生きているという原事実は、ともかくも社会学の出発点である。

その「共生」ともいうべき自他関係の継続の「神秘さ」を、いったん社会学的に受け入れて社会関係の土台に置くことは、社会学理論にとっての出発点のひとつではないだろうか。他者理解はいかにして可能かという問いではなく、事実として我々は「共生」している、その出来事の「不思議さ」ないしは「奇跡」に光を当てること。そして、この点を単に自明視するだけではなく、その自明性を問い直し、明るみに出し、そこから出発すること。筆者には、この「人生問題」つまり生におけるさまざまな営みの基盤に、じつは必然的に「他者問題」が潜んでいるように思われるのである。言い換えれば、自分の人生も他者の人生も身体的存在であることなしにありえず、したがってそれなしに社会の発端を語ることができない。社会学的身体論の議論の根幹はここにある。クロスリーが本書の冒頭（謝辞）で、彼の身の回りに起こった「死」から語り出しているのは、そのような生に関わるメタフォリカルな意味があると思われる。クロスリーの思考には、心身二元論に分断される以前の「共に生きられる身体」に関する知見があふれている。この点が、筆者にとっては、クロスリーの思考の大きな魅力のひとつである。そして本書の訳出の価値のひとつも、ここにあると考えている次第である。

クロスリーは、本書刊行以前にもこのような課題に挑んでいた。たとえば、一九九六年刊行の『間主観性』（邦訳『間主観性と公共性』西原和久訳、新泉社、二〇〇三年）においてである。そこでは、根源的な間主観性と自我論的な間主観性が区別されて論じられ、そしてそこから現代社会における公共圏の問題にまで議論が及んだ。だが、クロスリーは、本書刊行以後にも、ハビトゥスやヘクシスといった本書関連の事項から、グローバル化とともに問われ始めた異種混成性（ハイブリディティ）やレイシズムやエスニシティなどの事項に及ぶような現代社会学の鍵となる諸概念にも論及する著書を上梓した。二〇〇五年刊行の『批判的社会理論におけるキーコンセプト』（邦訳『社会学キーコンセプト——「批判的社会理論」の基礎概念57』西原和久監訳、新泉社、二〇〇八年）である。クロスリー社会学の全体像が、用語集という形式の断片性の中から浮かび上がってくる著作であった。そしてなによりも、こうしたクロスリーの研究の道程を振り返ってみると、じつは本書『社会的身体』は、彼の社会学的思考の、まさにその中心に位置する研究書なのである。要するに、彼の到達点でもあり、出発点でもある、核となる研究書の位置を本訳書は占めているといえるだろう。そしてそこには、「人生問題と他者問題」というグローバル化する現代社会における生活世界＝ライフワールド＝生世界の主要問題が、身体という根本問題から、しかも心身二元論という近代の躓きの石を打ち砕きつつ、未来を展望すべく語られるのである。本訳書によって、その思考の道筋をたどることは、自らの社会学的思考を鍛える上でも、そしてそれと同時に、そこから諸問題を展望するためにも、必要不可欠な土台ないし基盤、あるいは端緒としての跳躍台なのである。本訳書がそのような視角からも、読者にも迎えられることを期待している。

＊＊＊

なお、本書の訳出作業に関わることがらをここで述べておきたい。私たちは、原著出版後ただちに翻訳書刊行を意図して訳出作業に入った。G・H・ミード、M・メルロ＝ポンティ、P・ブルデューを中心に身体論で博士論文を執筆中であった新進の研究者、堀田裕子が名古屋大学大学院の社会学講座にいたので、彼女と筆者〔西原〕とで、読書会形式で少しずつ読み進んだのであった。また当初は大学院生（当時）であった渡辺克典氏なども加わり（なお、本訳書の文献一覧の邦訳データに関しては、同氏の尽力によるところが大きい）、時には本書の一部を名古屋大学の学部学生と読んだりもしながら、訳文を積み重ねてきた。その間に、堀田は身体論で博士号を取り、翌年には母親になった。娘さんはすでに五歳になっている。とはいえ、ひとえに、西原の怠慢と都合で、本書の刊行が遅れてしまった。その間、西原が、グローバル化論の検討やアジアの社会学者との交流、そして長野の外国人研修生が数多くいる農村の調査から3・11の大震災に見舞われた東北への度重なる訪問などで、多忙を極めたからである。共訳者には大変申し訳なく思っている。ただし、この間にも、共訳者とともにクロスリーのところに赴いて訳文上の疑問点を論じあったり、さらにはグローバル化に関するミニ・シンポジウムをマンチェスター大学でクロスリーとともに開催したりするなどして、彼との交流が続けられてきたことは申し添えておく。訳文は、全体の三分の一程度が、読書会方式によって両者が協議し訳語を定めつつ作成され、そして残りの三分の二は堀田が下訳を作り、西原が検討し、さらに両者の協議を経て、作成されたものである。訳語の基本は、これまで刊行されたクロスリーの翻訳に原則として従っている。また索引は、共訳者・堀田が原著の索引を参照しつつ本訳書用に改めて作成したものである。

クロスリーは、二〇一一年に『関係の社会学へ向けて』(Nick Crossley, *Towards Relational Sociology*, London and New York : Routledge.) という彼にとっては八冊目の著作を刊行した。この著書は、彼のこれまでの研究の集大成に位置しているように思われる。そこから、彼が『社会学キーコンセプト』で示した諸項目に関して、つまり批判的社会理論の立場から、さらにどのように展開がみられるのか、今後が大いに楽しみでもある。しかし、そうした議論の出発点であり、かつ基盤となっている立場が直截的に示されているのが、本訳書なのである。本訳書が、現状を追認的に分析するだけの社会学を脱して、人間社会を語る基層理論と未来社会を展望する理念理論という「理論」の厚み、理論の豊饒化に向かう社会学の、ひとつの手引きとなることを願っている。

最後になったが、今回も辛抱強く訳業を見守ってくれた新泉社の竹内将彦氏に心から感謝したい。氏との共同作業をさらに継続したいという思いが一層たかまったことを述べて、重ねての御礼とさせていただきたい。

二〇一二年一月二三日　　西原和久記

著者紹介

ニック・クロスリー　Nick Crossley

＊「解題」「訳者あとがき」参照

訳者紹介

西原和久（にしはら・かずひさ）

東京都生まれ

名古屋大学大学院環境学研究科／文学部社会学講座教授　博士（社会学）

日本社会学理論学会会長，東京社会学インスティチュート代表ほか

著書：『現象学的社会学の冒険』（編著，青土社，1991 年），『社会学的思考を読む』（人間の科学社，1994 年），『意味の社会学』（弘文堂，1998 年），『現象学的社会学は何を問うのか』（共編著，勁草書房，1998 年），『自己と社会』（新泉社，2003 年），『水・環境・アジア』（編著，新泉社，2007 年），『入門 グローバル化時代の新しい社会学』（共編著，新泉社，2007 年），『現代人の社会学・入門―グローバル化時代の生活世界』（共編著，有斐閣，2010 年），『間主観性の社会学理論―国家を超える社会の可能性［1］』（新泉社，2010 年）ほか

訳書：A. シュッツ『シュッツ著作集』（全 4 巻，共訳，マルジュ社，1983-98 年），S. ヴァイトクス『「間主観性」の社会学』（共訳，新泉社，1996 年），N. クロスリー『間主観性と公共性』（新泉社，2003 年），N. クロスリー『社会学キーコンセプト』（監訳，新泉社，2008 年），N. クロスリー『社会運動とは何か』（共訳，新泉社，2009 年）ほか

堀田裕子（ほった・ゆうこ）

岐阜県生まれ

東京外国語大学卒業後，名古屋大学大学院にて博士号（学術博士）取得

愛知淑徳大学・中京大学・徳島大学ほか非常勤講師

著作：『入門 グローバル化時代の新しい社会学』（共著，新泉社，2007 年），「関係としての身体知―問われない問題圏へ」（『名古屋大学社会学論集』第 24 号，2003 年），「テレビゲーム体験における身体―M. メルロ＝ポンティによる時間性と空間性に関する議論を手がかりに」（『現代社会学理論研究』第 4 号，2010 年）ほか

訳書：『社会学キーコンセプト』（共訳，新泉社，2008 年）ほか

索　引

【ア行】

アイデンティティ（identity）　12, 121, 175, 267-8, 276, 280, 291
アフォーダンス（affordance）　143
アレクサンダー（Alexander, J.）　204-8, 214
意志（will）　81, 110-4
　自由――（free will）　114, 214, 224, 247
意思決定（decision-making）　52, 60-3, 174, 253
意志作用（volition）　110-2
一般化された他者（generalised other）　158, 267-8, 270-1, 274, 290 →客我、ゲームも参照
『イデーン』　16, 74-5
『意味と無意味』　132, 160
イリュージオ（illusio）　149, 188, 193, 198, 201-3
ヴァカン（Wacquant, L.）　149-50, 173, 188, 200-4, 220, 230
ヴィトゲンシュタイン（Wittgenstein, L.）　85, 90-1, 117, 154, 175, 245.
ヴェーバー（Weber, M.）　17, 68, 184, 246
エスノメソドロジー（ethnomethodology）　179, 195, 245-6, 252
エリアス（Elias, N.）　21, 118, 230
エルスター（Elster. J.）　63
オースティン（Austin, J.）　84-5, 154, 197

【カ行】

階級（class）　178-80, 184-5, 187, 196, 203, 209, 217, 277, 282
鏡に映った自己（looking glass self）　262-4
可逆性（reversibility）　74-5, 141, 157, 215-6, 275, 278 →肉も参照
学習（learning）　52, 89, 98, 100, 102, 105, 116-9, 139, 153, 157, 231-2, 236, 253-4, 268 →行動主義も参照
革新（innovation）　52, 178, 205, 215-6, 223, 226, 238-9, 249, 252 →創造も参照
仮想現実（virtual reality）　145-6, 168-70, 189, 278
カテゴリー・エラー（category error）　81-3, 99
カラザース（Carruthers, P.）　32-3, 52, 64, 75, 99
ガリレオ（Galileo, G.）　38, 81-2, 99, 115
間主観性（intersubjectivity）　20, 42, 89, 90, 96, 103, 118, 160-1, 258, 261, 264-6, 290
カント（Kant, E.）　110, 119, 180, 270
機械のなかの亡霊（ghost in the machine）　14, 29, 34, 115, 125 →心身二元論も参照
機械論（mechanism）　30, 32, 94, 109, 114-5, 121, 126, 128, 178, 208, 232-4, 237
　――の神話　29, 61, 122-5, 169-70, 293
　――的因果関係　141
　――的世界観　81, 223
ギデンズ（Giddens, A.）　268-9
規範的規則（normative rules）　175
ギブソン（Gibson, J.）　143
気分（moods）　92
客我（'me'）　268-74 →一般化された他者、主我、ゲームも参照

客観的諸条件（objective conditions）
207-8, 210-1
教育（education）　45, 180, 182, 185, 188, 195
クーリー（Cooley, C.）　262, 264
クルター（Coulter, J.）　71, 195
グロテスク・リアリズム（grotesque realism）　285
クーン（Kuhn, T.）　34, 105, 236
『経験と判断』　16, 36, 39, 143, 244-5, 272
経済資本（economic capital）→資本
芸術（art）　176-7, 183, 185, 189, 196
決定論（determinism）　114. 138, 207-9, 214-6, 223-4, 246-7, 250, 252, 294
物理的な――　32
機械論的――　246, 251, 294 →自由も参照
ゲーム（games）（ミードにおける）
158, 267-8 →一般化された他者、客我、プレイも参照
現象学（phenomenology）　16-7, 38, 68-9, 80, 84, 95-6, 99, 101-2, 110-1, 122, 173, 179, 212, 220-1, 239, 245, 248, 254-6, 286
社会――　174-5, 179, 186
権力（power）　168, 179, 183, 188-9, 195, 197-8, 282, 290
象徴――　180, 197
構成的規則（constitutive rules）　175
構造主義（structruralism）　17, 126, 131, 149, 152-3, 174-5
『構造と実践』　218
公的領域（public sphere）　185-7
行動主義（behaviourism）　109, 124-31, 133-6, 140, 164, 193, 198, 223, 231-4, 236-8
心理学的――　16, 115, 124 →心理学、反射も参照
『行動の構造』　13-4, 74, 78, 103, 123, 128-30, 136, 142, 146-7, 169, 189, 233, 279
コグラー（Kogler, H-H.）　211, 219, 273
『心の概念』　13-4, 16, 29, 37, 41-2, 59, 78-9, 81, 108, 112-5, 117, 120, 122-3, 126, 143, 161, 169, 205, 226, 269
コジェーヴ（Kojêve,　A.）　165, 167, 191, 193
個人主義（individualism）　43
ゴフマン（Goffman, E.）　263
ゴールドシュタイン（Goldstein, K.）
129, 131, 165

【サ行】

再帰性（reflexivity）　20-1, 157-8, 211-2, 218-9, 251, 253-5, 257-8, 265, 269, 271-4, 289-91, 294
『再生産』　183, 229, 280
サッカー（football）　142-9, 168, 189, 206, 212, 230
サール（Searle, J.）　68, 71, 101, 154
サルトル（Sartre, J-P.）　163, 247, 249-51, 287-9, 294
思惟（thought）→再帰性
ジェンキンス（Jenkins,　R.）　207-9, 211, 219
ジェンダー（gender）　187, 203, 274-7, 280, 283, 286-9 →セクシュアリティ、男性性も参照
仕方を知ること（know-how）　103-7, 133-7, 143, 176, 179, 196, 206, 219, 226-31, 234-5, 244-5
自我（self）→自己意識、主我、客我、再帰性
自己意識（self-consciousness）　15, 157, 165, 258-63, 272, 288
自己受容（proprioception）　69, 225
市場（market）　181, 188, 195, 202, 204-5
自然的態度（natural　attitude）　188, 212, 246, 254
『実践感覚』　174, 177, 181, 281-3

『実践理性』 22, 186, 190-1, 193-4, 210, 212
実体（substance） 27-30, 32, 35, 41-3, 46-50, 82-3, 93, 115-6, 121, 123, 252
『シーニュ』 17, 148, 151, 153
支配（domination） 168, 182-3, 185, 187, 210, 285, 291
資本（capital） 173, 181-90, 195, 199, 206
　経済―― 96、97、101, 182-3, 189
　社会―― 183
　身体―― 21, 173, 199-204, 202, 204
　文化―― 182-3, 198-9
　象徴―― 182-3, 203, 258, 274, 277, 282
『社会学の社会学』 187
社会資本（social capital）→資本
社会現象学（social phenomenology）→現象学
社会的世界（social world） 17-9, 22, 41-3, 45, 47-8, 57, 135, 147-8, 150, 166, 168, 181-2, 190, 194-6, 211-3, 215, 219, 254, 264, 267-8, 285, 290
社会物理学（social physics） 174
自由（freedom） 30, 125, 171, 246-50, 252, 254, 294 →決定論も参照
習慣的図式（habitual schemas） 139, 150, 181, 251, 257, 279
集団（groups） 18-9, 105, 154, 158, 178-9, 182, 184, 209-10, 229, 239, 243, 245, 247, 250, 267, 269, 276, 278, 281-2
主我（'I'） 268-72 →客我、プレイも参照
主観的予期（subjective expectation） 207-8, 210
主知主義（intellectualism） 37-8, 43, 70-1, 104, 109, 124, 137, 153, 155, 170, 225, 231, 235-6
シュッツ（Schutz, A.） 143, 154, 179, 222, 245-6, 252
述定作用（predicative acts） 29, 35, 37-8, 43, 240
首尾一貫した変形（coherent deformation） 215, 223, 239, 252 →動的均衡
循環性（circularity） 17-8, 21, 147-9, 174, 177, 190, 198, 202, 208, 215
情動（emotion） 15. 22, 81, 87-91, 93, 96, 125, 154, 160-5, 169-70, 191, 194, 198, 231, 294
象徴資本（symbolic capital）→資本
象徴権力（symbolic power）→権力
承認を求める欲望（desire for recognition） 22, 165-9, 191-2, 194, 291
シリング（Shilling, C.） 13, 199
『ジレンマ』 115, 121-2
神経科学（neuroscience） 33-4, 53, 55-9, 76
人種（race） 183, 187, 203, 274-5, 277-8, 289
心身二元論（mind-body dualism） 11-4, 24, 54, 169-70, 293, 295
身体加工（body modification） 173, 200, 202
身体技法（body technique） 20, 106, 140, 152, 281 →モースも参照
身体資本（physical capital）→資本
身体図式（corporeal schema） 124, 149, 153, 158, 171-2, 189, 194, 202, 222, 224, 227-31, 233, 235-6, 238, 258, 261, 265-6, 279-81, .289, 291
身体を射程に入れた社会学（embodied sociology） 11-2, 16, 24, 41, 47, 69
心＝脳同一理論（mind-brain identity theory） 50-8, 60, 62, 64, 67-8, 70-2, 75-7, 79, 83, 102
審美的傾向性（aesthetic dispositions） 179-80
心理学（psychology） 22, 71, 81, 95-6, 102, 118, 122, 141
　ゲシュタルト―― 131
　行動主義的―― 125-6
　日常―― 56-8 →行動主義、反射も参照

ストラットン（Stratton, G.） 141-2
『省察』 14, 24-5, 27, 30, 36, 72-3
政治的正当性（political legitimation） 185
『精神・自我・社会』 20, 63, 85, 121, 154, 157, 160, 166-7, 191, 230, 245, 253, 258, 263, 265, 269-70, 290
『世界の散文』 156
セクシュアリティ（sexuality） 164-5, 283-4 →ジェンダー、男性性も参照
選択（choice） 19, 104, 109, 171, 210, 218-9, 239-40, 247-8, 251, 253-4, 265 →意思決定も参照
相互作用（interaction） 56. 65-6, 77, 128, 136, 138, 140, 151, 153, 160, 163, 193, 195-6, 224, 238-9, 247, 262, 280, 291, 293
　社会的―― 41-2, 47-8, 70, 85, 87, 167, 229, 245
　心身の―― 31-5, 41, 45-6, 51, 54, 60, 75
相互作用論（interactionism） 179, 195, 197
　シンボリック―― 68
創造（creation） 19, 30, 138, 215-7, 238-9, 248-52, 294 →革新も参照
想像（imagination） 58, 95, 138, 215-7, 259, 271

【タ行】

ターナー（Turner. B.） 11, 13
男性性（masculinity） 275, 283-6 →ジェンダー、セクシュアリティも参照
『知覚の現象学』 14, 16, 20, 36, 39-40, 74, 78, 123, 128, 138, 140, 147-8, 152, 154-5, 159, 161-3, 169, 191, 223-5, 227-8, 234-8, 248, 257, 260-1, 287, 290
対化（pairings） 243-5 →統覚、類型化も参照
『ディスタンクシオン』 176, 179, 181, 187
『デカルト的省察』 16, 119, 240-1, 243, 266
デュルケム（Durkheim, E.） 18, 24, 49, 149, 177-8, 202, 269-70
ドーキンス（Dawkins, R.） 53, 70
統覚（apperception） 241-3, 252, 294 →対化、類型化も参照
動的均衡（moving equilibrium） 152-4, 215, 239, 252 →首尾一貫した変形も参照
ドクサ（doxa） 186, 194, 209-11

【ナ行】

内観（introspection） 88, 95, 103, 117-8, 152, 176, 213 →再帰性も参照
肉（flesh） 141, 152, 157, 278 →可逆性も参照
二元論（dualism） →心身二元論
認知科学（cognitive science） 71, 100
脳（brain） →心＝脳同一理論
　――のなかの「ブラック・ホール」 33, 51, 64, 66

【ハ行】

ハイデガー（Heidegger, M.） 106, 110, 163, 220
バーキット（Burkitt, I.） 238
パーソンズ（Parsons, T.） 110, 175, 187, 237
『話すということ』 197
ハーバーマス（Habermas, J.） 187
バフチン（Bakhtin, M.） 285
パブロフ（Pavlov, I.） 126-7
反射（reflex） 126-7, 129, 134, 164-5, 169, 231 →行動主義、心理学も参照
『美術愛好』 176-7, 196
ファノン（Fanon, F.） 289
フッサール（Husserl, E.） 16, 36, 38-9, 74-5, 119, 143, 154, 222, 239-46, 251-2,

254, 266, 270, 272, 294
ブルーマー（Blumer, H.） 229
プレイ（play） 20, 264-8 →ゲーム、主我も参照
フロイト（Freud, S.） 21, 164-5, 194, 269, 271, 276
文化資本（cultural capital）→資本
ヘクシス（hexis） 21, 199, 281-3, 286-7
ヘーゲル（Hegel, G.） 22, 148, 165-6, 168, 191-2, 281, 290-1
ホイジンガ（Huizinga, J.） 106, 135, 146, 167-8, 230
ボクシング（boxing） 105-7, 200-4, 230, 277
ホッブズ（Hobbes. T.） 21, 170, 194
ホネット（Honneth, A.） 166, 191-3
ポパー（Popper, K.） 34, 131
ホマンズ（Hommans, G.） 166, 193
『ホモ・アカデミクス』 195
ポランニー（Polanyi. M.） 105, 236

【マ行】

『見えるものと見えないもの』 76, 123, 141, 156-7, 287
ミーム（memes） 53, 70
ミルズ（Mills, C.） 85
無意識（unconscious） 96, 101, 149, 174, 185, 209-10, 242, 271-2
命題（proposition） 25, 34, 29, 34-7, 80, 104, 208, 291
モース（Mauss, M.） 17, 20, 106, 140, 281, 283 →身体技法も参照

【ヤ行】

ヤング（Young, I.） 286-9
唯物論（materialism） 34, 191-3
俗流―― 50, 54, 68, 71, 76, 79
夢（dreams） 25-6, 96
ヨアス（Joas, H.） 79, 99, 192
『ヨーロッパ諸学の危機と超越論的現象学』 38-9, 74, 154, 241, 245, 254

【ラ行】

ラカン（Lacan, J.） 193, 271
ラマニシャイン（Romanyshyn, R.） 263
リビドー（libido） 173, 190, 198
『リフレクシブ・ソシオロジーへの招待』 149, 173, 188, 220, 230
類型化（typification） 61, 63, 154, 241-5, 252 →対化、統覚
レヴィ＝ストロース（Levi-Strauss, C.） 17, 174-5
レーダー（Leder, D.） 29, 42, 72, 128
レマート（Lemert, E.） 153, 279-80
ロング（Wrong, D.） 21

【ワ行】

私に関する体系的な捉えがたさ（systematic elusiveness of the'I'） 119, 270

文献一覧

Alexander, J. (1995) *Fin de Siēcle Social Theory*, London, Verso.

Austin, J. (1971) *How to Do Things With Words*, Oxford, Oxford University Press. (オースティン，J.『言語と行為』坂本百大訳，大修館書店，1978 年)

Bathtin, M. (1934) *Rabelais and His World*, Bloomington, Indiana University Press. (バフチーン，M.『フランソワ・ラブレーの作品と中世・ルネッサンスの民衆文化』川端香男里訳，せりか書房，1980 年)

Barthes, R. (1973) *Elements of Semiology*, New York, Hill and Wang. (バルト，R.『零度のエクリチュール』渡辺淳・沢村昴一訳，みすず書房，1971 年)

Benjamin, J. (1991) *The Bonds of Love*, London, Virago. (ベンジャミン，J.『愛の拘束』寺沢みづほ訳，青土社，1996 年)

Blumer, H. (1969) 'Collective Behaviour', in McClung-Lee, A., *Principles of Sociology*, New York, Barnes and Noble, 67-121.

Blumer, H. (1986) *Symbolic Interactionism*, Berkeley, University of California Press. (ブルーマー，H.『シンボリック相互作用論』後藤将之訳，勁草書房，1991 年)

Bourdieu, P. (1977) *Outline of a Theory of Practice*, Cambridge, Cambridge University Press.

Bourdieu, P. (1978) 'Sports and Social Class', *Social Science Information*, 17, 819-40. (ブルデュー，P.「どうしたらスポーツマンになれるか」『身体の政治技術』田原音和訳，新評論，1986 年)

Bourdieu, P. (1984) *Distinction*, London, RKP. (ブルデュー，P.『ディスタンクシオン (I, II)』石井洋二郎訳，藤原書店，1991 年)

Bourdieu, P. (1986a) *Homo Academicus*, Cambridge, Polity. (ブルデュー，P.『ホモ・アカデミクス』石崎晴己・東松秀雄訳，藤原書店，1997 年)

Bourdieu, P. (1986b) 'What Makes a Social Class?', *Berkeley Journal of Sociology*, 32, 1-18.

Bourdieu, P. (1990) *In Other Words*, Cambridge, Polity. (ブルデュー，P.『構造と実践』石崎晴己訳，藤原書店，1991 年)

Bourdieu, P. (1992a) *The Logic of Practice*, Cambridge, Polity. (ブルデュ，P.『実践感覚 (1，2)』今村仁司ほか訳，みすず書房，1988，1990 年)

Bourdieu, P. (1992b) *Language and Symbolic Power*, Cambridge, Polity. (ブルデュー，P.『話すということ』稲賀繁美訳，藤原書店，1993 年)

Bourdieu, P. (1993) *Sociology in Question*, London, Sage.（ブルデュー，P.『社会学の社会学』田原音和監訳，藤原書店，1991 年）

Bourdieu, P. (1998a) *Practical Reason*, Cambridge, Polity.（ブルデュー，P.『実践理性』加藤晴久訳，藤原書店，2007 年）

Bourdieu, P. (1998b) *On Television and Journalism*, London, Pluto.（ブルデュー，P.『メディア批判』櫻本陽一訳，藤原書店，2000 年）

Bourdieu, P. (2000) 'The Politics of Protest', (Interview), *Socialist Review* (June), 18-20.

Bourdieu, P., Darbel A. and Schnapper, D. (1990) *The Love of Art, Cambridge*, Polity.（ブルデュー，P., ダルベル，A., シュナッペー，D.『美術愛好』山下雅之訳，木鐸社，1994 年）

Bourdieu, P. and Haakce, H. (1995) *Free Exchange*, Cambridge, Polity.（ブルデュー，P., ハーケ，H.『自由-交換』コリン・コバヤシ訳，藤原書店，1996 年）

Bourdieu, P. and Passeron, J. (1996) *Reproduction*, London, Sage.（ブルデュー，P., パスロン，J.『再生産』宮島喬訳，藤原書店，1990 年）

Bourdieu, P. and Wacquant, L. (1992) *An Invitation to Reflexive Sociology*, Cambridge, Polity.（ブルデュー，P., ヴァカン，ロイック J. D.『リフレクシヴ・ソシオロジーへの招待』水島和則訳，藤原書店，2007 年）

Brett, N. (1981) 'Human Habits', *Canadian Journal of Philosophy*, XI(3), 357-76.

Burkitt, I. (1999) *Bodies of Thought*, London, Sage.

Busfield, J. (1986) *Managing Madness*, London, Unwin Hyman.

Button, G., Coulter, J. Lee, J. and Sharrock, W. (1995) *Computers, Minds and Conduct*, Cambridge, Polity.

Buytendijk, F. (1974), *Prolegomena to an Anthropological Phisiology*, Pittsburg, Duquesne University Press.

Camic, C. (1986) 'The Matter of Habit', *American Journal of Sociology*, 91, 1039-87.

Carruthers, P. (1986) *Introducing Persons*, London, Routledge.

Cooley, C. (1902) *Human Nature and the Social Order*, New York, Charles Schribner's Sons.（クーレー，C.『社會と我』納武津譯訳，日本評論社，1921 年）

Coulter, J. (1979) *The Social Construction of Mind*, London, Macmillan.（クルター，J.『心の社会的構成』西阪仰訳，新曜社，1998 年）

Coulter, J. (1982) 'Remarks of the Conceptualisation of Social Structure', *Philosophy of the Social Sciences*, 12, 33-46.

Coulter, J. (1983) *Re-thinking Cognitive Theory*, London, Macmillan.

Crane, T. (ed.) (1996) *Dispositions: A Debate*, London, Routledge.

Crossley, N. (1994) *The Politics of Subjectivity: Between Foucault and Merleau-Ponty*,

Aldershot, Avebury.
Crossley, N. (1995a) 'Merleau-Ponty, the Elusive Body and Carnal Sociology', *Body and Society*, 1(1), 43-66.
Crossley, N. (1995b) 'Body Thechniques, Agency and Intercorporeality', *Sociology*, 29 (1), 133-50.
Crossley, N. (1996a) *Intersubjectivity: the Fabric of Social Becoming*, London, Sage. (クロスリー, N.『間主観性と公共性』西原和久訳, 新泉社, 2003 年)
Crossley, N. (1996b) 'Body-Subject/Body-Power', *Body and Society*, 2(2), 91-116.
Crossley, N. (1998a) 'Emotions and Communicative Action', in Benedelow, G. and Williams, S. (1998a) *Emotions in Social Life*, London, Routledge, 16-38.
Crossley, N. (1998b) 'R. D. Laing and the British Anti-Psychiatry Movement: A Socio-Historical Analysis', *Social Science and Medicine*, 47, 877-89.
Crossley, N. (1999a) 'Fish, Field, Habitus and Madness: On the First Wave Mental Health Users in Britain', *British Journal of Sociology*, 50(4), 647-70.
Crossley, N. (1999b) 'Working Utopias and Social Movements: An Investigation using Case Study Materials from Radical Mental Health Movements in Britain', *Sociology*, 33(4), 809-30.
Crossley, N. (2000a) 'Emotions, Psychiatry and Social Order', in Williams, S., Gabe, J. and Calnan, M. (2000) *Health, Medicine and Society*, London, Routledge, 277-95.
Crossley, N. (2000b) 'Radical and Egological Intersubjectivity', *The Journal of Existential Analysis*, 11(2).
Crossley, N. (2001) 'Merleau-Ponty', in Elliot, A. and Turner, B. (2001) *Profiles in Contemporary Social Theory*, London, Sage.
Dawkins, R. (1976) *The Selfish Gene*, Oxford, Oxford University Press. (ドーキンス, R.『利己的な遺伝子』日高敏隆ほか訳, 紀伊國屋書店, 1991 年)
Descartes, R. (1968) *Discourse on Method and The Meditations*, Harmondsworth, Penguin. (デカルト, R.「方法序説」「省察」『世界の名著 22 デカルト』野田又夫ほか訳, 中央公論社, 1967 年)
Dewey, J. (1988) *Human Nature and Conduct*, Carbondale, Southern Illinois Univer-ysity Press. (デューイ, J.『人間性と行為』河村望訳, 人間の科学社, 1995 年)
Dreyfus, H. (1993) *Being-in-the-World*, Cambridge, MIT Press. (ドレイファス, H.『世界内存在』門脇俊介監訳, 産業図書, 2000 年)
Dreyfus, H. and Rainbow, P. (1993) 'Can There Be a Socience of Existential Structure and Social Meaning?' in Calhoun, C. LiPuma, E. and Postone, M. (1993) *Bourdieu: Critical Perspectives*, Cambridge, Polity, 35-45.

Durkheim, E. (1915) *The Elementary Forms of Religious Life*, New York, Free Press.（デュルケーム，E.『宗教生活の原初形態（上，下）』古野清人訳，岩波書店，1975年）
Durkheim, E. (1974) *Sociology and Philosophy*, New York, Free Press.（デュルケーム，E.『社会学と哲学』佐々木交賢訳，恒星社厚生閣，1985年）
Durkheim, E. (1982) *The Rules of Sociological Method*, New York, Free Press.（デュルケーム，E.『社会学的方法の規準』宮島喬訳，岩波書店，1978年）
Elias, N. (1978) *What is Sociology?* London, Hutchinson.（エリアス，N.『社会学とは何か』徳安彰訳，法政大学出版局，1994年）
Elias, N. (1984) *The Civilising Process*, Oxford, Blackwell.（エリアス，N.『文明化の過程』（上）赤井慧爾ほか訳，法政大学出版局，1977年；（下）波田節夫ほか訳，法政大学出版局，1978年）
Elster, J. (1989) *Nuts and Bolts for the Social Sciences*, Cambridge, Cambridge University Press.（エルスター，J.『社会科学の道具箱』海野道郎訳，ハーベスト社，1997年）
Evans, F. (1993) *Psychology and Nihilism*, New York, SUNY.
Fanon, F. (1986) *Black Skin, White Masks*, London, Pluto.（ファノン，F.『黒い皮膚・白い仮面』海老坂武・加藤晴久訳，みすず書房，1970年）
Fodor, G. (1968) *Psychological Explanation*, New York, Random House.
Freud, S. (1973) *Introductory Lectures on Psychoanalysis*, (Pelican Freud Library Vol. 1) Harmondsworth, Penguin.（フロイト，S.『フロイト著作集 1　精神分析入門』懸田克躬・高橋義孝訳，人文書院，1971年）
Freud, S. (1985) *Civilisation, Society and Religion*, (Pelican Freud Library Vol.12) Harmondsworth, Penguin.（フロイト，S.『フロイト著作集 3　文化・芸術論』人文書院，1969年／フロイト，S.『フロイト著作集　10　文学・思想篇　I』人文書院，1983年／フロイト，S.『フロイト著作集 11　文学・思想篇 II』人文書院，1984年）
Cagnon, J. and Simon, W. (1973) *Sexual Conduct*, London, Hutchinson.
Gallagher, S. and Cole J. (1998) ‘Body Image and Body Scheme’, in Welton, D., *Body and Flesh*, Oxford, Blackwell, 131-48.
Garfinkel, H. (1967) *Studies in Ethnomethodology*, New Jersey, Prentice-Hall.（ガーフィンケル，H.『エスノメソドロジー』山田富秋ほか編訳，せりか書房，1987年；『日常性の解剖学』北澤裕・西坂仰編訳，マルジュ社，1989年）
Gibson, J. (1979) *The Ecological Approach to Visual Perception*, Boston, Houghton Mifflin.（ギブソン，J.『生態学的視覚論』古崎敬ほか訳，サイエンス社，1985年）
Giddens, A. (1984) *The Constitution of Society*, Cambridge, Polity.
Giddens, A. (1991) *Modernity and Self-Identity*, Cambridge, Polity.（ギデンズ，A.

『モダニティと自己アイデンティティ』秋吉美都・安藤太郎・筒井淳也訳，而立書房，2005 年）
Giddens, A. (1992) *The Transformation of Intimacy*, Cambridge, Polity.（ギデンズ，A.『親密性の変容』松尾精文・松川昭子訳，而立書房，1995 年）
Goffman, E. (1959) *The Presentation of Self in Everyday Life*, Harmondsworth, Penguin.（ゴッフマン，E.『行為と演技』石黒毅訳，誠信書房，1974 年）
Goffman, E. (1972) *Relations in Public*, Harmondsworth, Penguin.
Goldstein, K. (2000) *The Organism*, New York, Zone.（ゴールドシュタイン，K.『生体の機能』村上仁・黒丸正四郎訳，みすず書房，1957 年）
Grosz, E. (1994) *Volatile Bodies*, Bloomington and Indianapolis, Indiana University Press.
Habermas, J. (1987) *The Theory of Communicative Action Vol. II*, Cambridge, Polity.（ハーバーマス，J.『コミュニケイション的行為の理論』（上）河上倫逸ほか訳，未來社，1986 年；（中）岩倉正博ほか訳，未來社，1987 年；（下）丸山高司ほか訳，未來社，1985 年）
Habermas, J. (1988) *Legitimation Crisis*, Cambridge, Polity.（ハバーマス，J.『晩期資本主義における正統化の諸問題』細谷貞雄訳，岩波書店，1979 年）
Habermas, J. (1989) *Structural Transformation of the Public Sphere*, Cambridge, Polity.（ハーバーマス，J.『公共性の構造転換』細谷貞雄・山田正行訳，未來社，1994 年）
Hegel, G. (1979) *The Phenomenology of Spirit*, Oxford, Oxford University Press.（ヘーゲル，G.『精神現象学』『世界の大思想 12　ヘーゲル』樫山欽四郎訳，河出書房新社，1966 年）
Heidegger, M. (1962) *Being and Time*, Oxford, Blackwell.（ハイデッガー，M.『存在と時間』『世界の名著 62　ハイデッガー』原佑・渡辺二郎訳，中央公論社，1971 年）
Heritage, J. (1984) *Garfinkel and Ethnomethodology*, Cambridge, Polity.
Hobbes, T. (1968) *Leviathan*, Harmondsworth, Penguin.（ホッブズ，T.『リヴァイアサン』水田洋訳，岩波書店，1992 年）
Hochschild, A. (1983) *The Managed Heart*, Berkerley, University of California Press.（ホックシールド，A.『管理される心』石川准・室伏亜希訳，世界思想社，2000 年）
Hollis, M. (1994) *The Philosophy of Social Science*, Cambridge, Cambridge Univerisity Press.
Homans, G. (1961) *Social Behaviour*, London, RKP.（ホーマンズ，G.『社会行動』橋本茂訳，誠信書房，1978 年）
Honneth, A. (1995) *The Struggle for Recognition*, Cambridge, Polity.（ホネット，A.『承認をめぐる闘争』山本啓・直江清隆訳，法政大学出版局，2003 年）

Hughes, A and Witz, A. (1997) 'Feminism and the Matter of Bodies: From de Beauvoir to Butler', *Body and Society*, 3(1), 47-61.

Huizinga, J. (1950) *Homo Ludens*, Boston, Beacon. (ホイジンガ, J.『ホモ・ルーデンス』高橋英夫訳, 中央公論社, 1973 年)

Husserl, E. (1970) *The Crisis of the European Sciences and Transcendental Phenomenology*, Evanston, Northwestern University Press. (フッサール, E.『ヨーロッパ諸学の危機と超越論的現象学』細谷恒夫・木田元訳, 中央公論社, 1974 年)

Husserl, E. (1973) *Experience and Judgement*, Evanston, Northwestern University Press. (フッサール, E.『経験と判断』長谷川宏訳, 河出書房新社, 1975 年)

Husserl, E. (1989) *Ideas Pertaining to a Pure Phenomenology and to a Phenomenological Philosophy; Second Book*, Dorderecht, Kluwer. (フッサール, E.『イデーン II-1 構成についての現象学的諸研究』立松弘孝・別所良美訳, みすず書房, 2001 年)

Husserl, E. (1991) *Cartesian Meditations*, Dordrecht, Kluwer. (フッサール, E.『デカルト的省察』浜渦辰二訳, 岩波書店, 2001 年)

Jenkins, R. (1982) 'Pierre Bourdieu and the Reproduction of Detrminism', *Sociology*, 16 (2), 270-81.

Joas, H. (1985) *G. H. Mead*, Cambridge, Polity.

Joas, H. (1996) *The Creativity of Action*, Cambridge, Polity.

Kant, I. (1933) *Critique of Pure Reason*, London, Macmillan. (カント, I.『純粋理性批判』(上中) 原佑訳, 理想社, 1966 年; (下) 原佑・湯本和男訳, 理想社, 1981 年)

Kant, I. (1948) *The Moral Law: Groundwork of a Metaphysic of Morals*, London, Routledge. (カント, I.『道徳形而上学原論』篠田英雄訳, 岩波書店, 1976 年)

Kant, I. (1993) *Critique of Practical Reason*, New Jersey, Pretice-Hall. (カント, I.『実践理性批判』波多野精一・宮本和吉訳 (篠田英雄改訳), 岩波書店, 1979 年)

Kogler, H-H. (1997) 'Alienation as an Epistemological Source', in *Social Epistemology*, 11(2), 141-64.

Kojéve, A. (1969) *Introduction to the Reading of Hegel*, New York, Basic Books. (コジェーヴ, A.『ヘーゲル読解入門』上妻精・今野雅方訳, 国文社, 1987 年)

Kuhn, T. (1970) *The Structure of Scientific Revolutions*, Chicago, Chicago University Press. (クーン, T.『科学革命の構造』中山茂訳, みすず書房, 1971 年)

Lacan, J. (1989) *Ecrits*, London, Routledge. (ラカン, J.『エクリ』(1) 宮本忠雄ほか訳, 弘文堂, 1972 年, (2) 佐々木孝次ほか, 弘文堂, 1977 年, (3) 佐々木孝次ほか訳, 弘文堂, 1981 年)

Leder, D. (1998) 'A Table of Two Bodies', in Welton, D. (1998) *Body and Flesh*, Oxford, Blackwell, 117-30.

Lemert, E. (1951) *Social Pathology*, New York: McGrew-Hill.

Levins, R. and Lewontin, R. (1985) *The Dialectical Biologist*, Cambridge MA, Harvard University Press.

Lewontin, R. (1993) *The Doctrine of DNA*, Harmondsworth, Penguin.（レウォンティン，R.『遺伝子という神話』川口啓明・菊地昌子訳，大月書店，1998 年）

Mauss, M. (1979) *Sociology and Psychology*, London, RKP.（モース，M.『社会学と人類学』(1) 有地亨・伊藤昌司・山口俊夫訳，弘文堂，1973 年，(2) 有地亨・山口俊夫訳，弘文堂，1976 年）

McNay, L. (1999) 'Gender, Habitus and the Field', *Theory, Culture and Society*, 16(1), 95-117.

Mead, G. H. (1967) *Mind, Self and Society*, Chicago, Chicago University Press.（ミード，G. H.『精神・自我・社会』稲葉三千男・滝沢正樹・中野収訳，青木書店，1973 年；『精神・自我・社会』河村望訳，人間の科学社，1995 年）

Merleau-Ponty, M. (1962) *The Phenomenology of Perception*, London, RKP.（メルロ－＝ポンティ，M.『知覚の現象学（1，2)』竹内芳郎ほか訳，みすず書房，1967，1974 年）

Merleau-Ponty, M. (1964) *Signs*, Evanston, Northwestern University Press.（メルロ－＝ポンティ，M.『シーニュ（1，2)』竹内芳郎ほか訳，みすず書房，1969，1970 年）

Merleau-Ponty, M. (1965) *The Structure of Behaviour*, London, Methuen.（メルロ・ポンティ，M.『行動の構造』滝浦静雄・木田元訳，みすず書房，1964 年）

Merleau-Ponty, M. (1968a) *The Visible and the Invisible*, Evanston, Northwestern University Press.（メルロ＝ポンティ，M.『見えるものと見えないもの』滝浦静雄・木田元訳，みすず書房，1989 年）

Merleau-Ponty, M. (1968b) *The Primacy of Perception and Other Essays*, Evanston, Northwestern University Press.（メルロ＝ポンティ，M.『知覚の本性』加賀野井秀一編訳，法政大学出版局，1988 年）

Merleau-Ponty, M. (1969) *Human and Terror*, Boston, Beacon.（メルロ＝ポンティ，M.『ヒューマニズムとテロル』合田正人訳，みすず書房，2002 年）

Merleau-Ponty, M. (1971) *Sense and Non-Sense*, Evanston, Northwestern University Press.（メルロ＝ポンティ，M.『意味と無意味』滝浦静雄ほか訳，みすず書房，1983 年）

Merleau-Ponty, M. (1973) *Adventures of the Dialectic*, Evanston, Northwestern University Press.（メルロ＝ポンティ，M.『弁証法の冒険』滝浦静雄ほか訳，みすず書房，1972 年）

Merleau-Ponty, M. (1974) *The Prose of the World*, London, Heinemann.（メルロ＝ポンティ，M.『世界の散文』滝浦静雄・木田元訳，みすず書房，1979 年／メルロ＝ポ

ンティ，M.『言語と自然』滝浦静雄・木田元訳，みすず書房，1979 年)
Merleau-Ponty, M. (1988) *In Praise of Philosophy and Themes From the Lectures at the College De France*, Evanston, Northwestern University Press.（メルロ＝ポンティ，M.「哲学をたたえて」『眼と精神』滝浦静雄・木田元訳，みすず書房，1966 年／メルロ＝ポンティ，M.『言語と自然』滝浦静雄・木田元訳，みすず書房，1979 年)
Merleau-Ponty, M. (1992) *Texts and Dialogues*, New Jersey, Humanities Press.
Mills, C. (1974) *Power, Politics and People: the Collected Essays of C. W. Mills*, London, Oxford University Press.（ミルズ，C.『権力・政治・民衆』青井和夫・本間康平監訳，みすず書房，1971 年)
Nyiri, J. and Smith, B. (1988) *Practical Knowledge*, London, Croom Held.
Oakley, A. (1972) *Sex, Gender and Society*, London, Temple Smith.
O'Neill, J. (1989) *The Communicative Body*, Evanston, Northwestern University Press.
Orwell, G. (1962) *The Road to Wigan Pier*, Harmondsworth, Penguin.（オーウェル，G.『ウィガン波止場への道』土屋宏之・上野勇訳，筑摩書房，1996 年)
Ostrow, J. (1981) 'Culture as a Fundamental Dimension of Experience', *Human Studies*, 4, 279-97.
Ostrow, J. (1990) *Social Sensitivity: A Study of Habit and Experience*, New York, SUNY.
Parsons, T. (1951) *The Social System*, New York, Free Press.（パーソンズ，T.『社会体系論』佐藤勉訳，青木書店，1974 年)
Parsons, T. (1966) *Societies*, New Jersey, Prentice Hall.（パーソンズ，T.『社会類型』矢沢修次郎訳，至誠堂，1971 年)
Parsons, T. (1968) *The Structure of Social Action* (2 vols), New York, Free Press.（パーソンズ，T.『社会的行為の構造（1〜5)』稲上毅・厚東洋輔訳，木鐸社，1976〜1989 年)
Pavlov, I. (1911) *Conditioned Reflexes*, Oxford, Oxford University Press.（パヴロフ，I.『大脳半球の働きについて（1，2)』川村浩訳，岩波書店，1975 年)
Polanyi, M. (1966) *The Tacit Dimension*, Garden City, Doubleday.（ポランニー，M.『暗黙知の次元』高橋勇夫訳，筑摩書房，2003 年)
Popper, K. (1969) *Conjectures and Refutations*, London, RKP.（ポパー，K.『推測と反駁』藤本隆志ほか訳，法政大学出版局，1980 年)
Popper, K. (1972) *Objective Knowledge*, Oxford, Oxford University Press.（ポパー，K.『客観的知識』森博訳，木鐸社，1974 年)
Porter, R. (1987) *Mind Forg'd Manacles*, Harmondsworth, Penguin.
Romanyshyn, R. (1982) *Psychological Life*, Milton Keynes, Open University Press.（ラマニシャイン，R.『科学からメタファーへ』田中一彦訳，誠信書房，1984 年)

Rose, N. (1989) *Governing the Soul*, London, Routledge.
Rose, S., Lewontin, R. and Kamin, L. (1984) *Not in Our Genes*, Harmondsworth, Penguin.
Ryle, G. (1949) *The Concept of Mind*, Harmondsworth, Penguin. (ライル，G.『心の概念』坂本百大・宮下治子・服部裕幸訳，みすず書房，1987 年)
Ryle, G. (1969) *Dilemmas*, Cambridge, Cambridge University Press. (ライル，G.『ジレンマ』篠澤和久訳，勁草書房，1997 年)
Sacks, O. (1984) *A Leg to Stand On*, London, Picador. (サックス，O.『左足をとりもどすまで』金沢泰子訳，晶文社，1994 年)
Sacks, O. (1985) *The Man Who Mistook His Wife For a Hat*, London, Picador. (サックス，O.『妻を帽子とまちがえた男』高見幸郎・金沢泰子訳，晶文社，1992 年)
Sahlins, M. (1977) *The Use and Abuse of Biology*, London, Tavistock.
Sartre, J-P. (1969) *Being and Nothingness*, London, Routledge. (サルトル，J-P.『存在と無（1～3）』松浪信三郎訳，人文書院，1956～1960 年)
Sartre, J-P. (1972) *The Psychology of Imagination*, London, Methuen. (サルトル，J-P.『想像力の問題』平井啓之訳，人文書院，1975 年)
Sartre, J-P. (1993) *The Emotions: Outline of A Theory*, New York, Citadel. (サルトル，J-P.『哲学論文集』平井啓之ほか訳，人文書院，1964 年)
Sayer, A. (1999) 'Bourdieu, Smith and Disinterested Judgement', *The Sociological Review*, 47(3), 403-31.
Schutz, A. (1970) *Reflections on the Problem of Relevance*, New Haven, Yale University Press. (シュッツ，A.『生活世界の構成』那須壽ほか訳，マルジュ社，1996 年)
Schutz, A. (1972) *The Phenomenology of the Social World*, Evanston, Northwestern University Press. (シュッツ，A.『社会的世界の意味構成』佐藤嘉一訳，木鐸社，1982 年)
Scull, A. (1993) *The Most Solitary of Afflictions*, New Haven, Yale University Press.
Searle, J. (1969) *Speech Acts*, Cambridge, Cambridge University Press. (サール，J.『言語行為』坂本百大・土屋俊訳，勁草書房，1986 年)
Searle, J. (1983) *Intentionality*, Cambridge, Cambridge University Press. (サール，J.『志向性』坂本百大訳，誠信書房，1997 年)
Searle, J. (1991) *Minds, Brains and Science*, Harmondsworth, Penguin. (サール，J.『心・脳・科学』土屋俊訳，岩波書店，1993 年)
Sharpe, S. (1976) *Just Like a Girl*, Harmondsworth, Penguin.
Shaw, G. (1957) *Pygmalion*, London, Longman. (ショー，G.「ピグマリオン」『バーナード・ショー名作集』倉橋健訳，白水社，1966 年)
Shilling, C. (1991) 'Educating the Body', *Sociology*, 25, 653-72.

Shilling, C. (1992) 'Schooling and the Production of Physical Capital', *Discourse,* 13(1), 1-19.

Shilling, C. (1993) *The Body and Social Theory*, London, Sage.

Skinner, B. (1971) *Beyond Freedom and Dignity*, Harmondsworth, Penguin.（スキナー，B.『自由への挑戦』波多野進・加藤秀俊訳，番町書房，1972 年）

Stratton, G. (1896) 'Some Preliminary Experiments on Vision Without the Inversion of the Retinal Image', *Psychological Review*, 3, 611-17.

Stratton, G. (1897) 'Vision Without Inversion of the Retinal Image', *Psychological Review*, 4, 341-60 and 463-81.

Sudnow, D. (1993) *Ways of Hand*, Cambridge, MIT.（サドナウ，D.『鍵盤を駆ける手』徳丸吉彦・村田公一・卜田隆嗣訳，新曜社，1993 年）

Synott, A. (1993) *The Body Social*, London, Routledge.（シノット，A.『ボディ・ソシアル』高橋勇夫訳，筑摩書房，1997 年）

Taylor, C. (1993) 'To Follow a Rule', in Calhoun, C., LiPuma, E. and Postone, M. (1993) *Bourdieu: Critical Perspectives*, Cambridge, Polity, 45-60.

Turner, B. (1984) *Body and Society*, Oxford, Blackwell.（ターナー，B.『身体と文化』小口信吉ほか訳，文化書房博文社，1999 年）

Turner, B. (1992) *Regulating Bodies*, London, Routledge.

Wacquant, L. (1993) 'Bourdieu in America', in Calhoun, C., LiPuma, E. and Postone, M. (1998) *Bourdieu: Critical Perspectives*, Cambridge, Polity,

Wacquant, L. (1995) 'Pugs at Work', *Body and Society*, 1(1), 65-94.

Watson, J. (1930) *Behaviorism*, Chicago, University of Chicago Press.（ワトソン，J.『行動主義の心理学』安田一郎訳，河出書房新社，1980 年）

Weber, M. (1978) *Economy and Society*, New York, Bedminster Press.（ウェーバー，M.『経済と社会』創文社，1960 年〜）

Williams, S and Bendelow, G. (1998) *The Lived Body*, London, Routledge.

Winch, P. (1958) *The Idea of a Social Science*, London, RKP.（ウィンチ，P.『社会科学の理念』森川真規雄訳，新曜社，1977 年）

Wittgenstein, L. (1953) *Philosophical Investigations*, Oxford, Blackwell.（ウィトゲンシュタイン，L.『哲学探究』藤本隆志訳，大修館書店，1976 年）

Wittgenstein, L. (1969) *On Certainly*, Oxford, Blackwell.（ウィトゲンシュタイン，L.「確実性の問題」『確実性の問題・断片』黒田亘訳，大修館書店，1975 年）

Witz, A. (2000) 'Whose Body Matters?', *Body and Society*, 6(2), 1-24.

Wrong, D. (1961) 'The Oversocialised Conception of Man in Modern Sociology', *American Sociological Review*, 26, 183-93.

Young, I. (1980) 'Throwing Like a Girl', *Human Studies*, 3, 137-56.

装幀　勝木雄二

社会的身体——ハビトゥス・アイデンティティ・欲望

2012年3月30日　第1版第1刷発行

著　者＝ニック・クロスリー

訳　者＝西原和久，堀田裕子

発行者＝株式会社　新 泉 社

東京都文京区本郷 2-5-12

振替・00170-4-160936番　TEL03(3815)1662　FAX03(3815)1422

印刷・製本／三秀舎

ISBN978-4-7877-1201-1　C1036

社会運動とは何か　●理論の源流から反グローバリズム運動まで
ニック・クロスリー著／西原和久・郭基煥・阿部純一郎訳　4200円＋税

社会学キーコンセプト　●「批判的社会理論」の基礎概念57
ニック・クロスリー著／西原和久監訳　3800円＋税

間主観性と公共性　●社会生成の現場
ニック・クロスリー著／西原和久訳　4200円＋税

自己と社会　●現象学の社会理論と〈発生社会学〉
西原和久著　3800円＋税

〈入門〉グローバル化時代の新しい社会学
西原和久、保坂稔編　2200円＋税

間主観性の社会学理論　●国家を超える社会の可能性［1］
西原和久著　2600円＋税